A MARCA DA LIDERANÇA

PRIORIZAR O CLIENTE, IMPULSIONAR O DESEMPENHO E CRIAR VALOR DURADOURO

CB011133

Dave Ulrich | Norm Smallwood

A MARCA DA LIDERANÇA

PRIORIZAR O CLIENTE, IMPULSIONAR O DESEMPENHO E CRIAR VALOR DURADOURO

Tradução
Adriana Rieche

best.
business

CIP-BRASIL. CATALOGAÇÃO-NA-FONTE
SINDICATO NACIONAL DOS EDITORES DE LIVROS, RJ.

U41m
Ulrich, Dave, 1953-
A marca da liderança: priorizar o cliente, impulsionar o desempenho e criar valor duradouro / Dave Ulrich e Norm Smallwood; tradução: Adriana Rieche. – Rio de Janeiro: Best Business, 2009.

Tradução de: Leadership brand
ISBN 978-85-7684-323-8

1. Liderança. I. Smallwood, W. Norman. II. Título.

09-4448
CDD: 658.4
CDU: 658:316.46

Texto revisado segundo o novo
Acordo Ortográfico da Língua Portuguesa.

Título original norte-americano
LEADERSHIP BRAND
Copyright © 2007 by Dave Ulrich and Norm Smallwood
Copyright da tradução © 2009 by Editora Best Seller Ltda.

Publicado mediante acordo com Harvard Business Press.

Capa: Sérgio Carvalho
Diagramação: ô de casa

Todos os direitos reservados. Proibida a reprodução,
no todo ou em parte, sem autorização prévia por escrito da editora,
sejam quais forem os meios empregados.

Direitos exclusivos de publicação em língua portuguesa para o Brasil
adquiridos pela
Editora Best Business um selo da Editora Best Seller Ltda.
Rua Argentina, 171 – São Cristóvão
Rio de Janeiro, RJ – 20921-380
que se reserva a propriedade literária desta tradução.

Impresso no Brasil

ISBN 978-85-7684-323-8

PEDIDOS PELO REEMBOLSO POSTAL
Caixa Postal 23.052
Rio de Janeiro, RJ – 20922-970

Dedicamos este livro às nossas mães,
Karin Ulrich e
Elizabeth Anne Smallwood

Sumário

Prefácio — 9

1. A marca da liderança — 17
2. Por que desenvolver uma marca da liderança — 55
3. Como criar uma declaração para a marca da liderança — 81
4. Como avaliar os líderes em função da marca — 107
5. Como investir na marca da liderança — 147
6. Como medir o retorno da marca da liderança — 191
7. Como promover a consciência da marca da liderança — 219
8. Formas de preservar a marca da liderança — 245
9. Implicações para a marca pessoal — 285

Apêndice A. Critérios para a marca da empresa — 321
Apêndice B. Empresas com uma marca da liderança — 331

Notas — 337
Índice remissivo — 347
Sobre os autores — 359

Prefácio

Empenhamo-nos na tentativa de encontrar um modo de criar instituições que ajudem empregados, clientes e investidores a alcançar o sucesso. Parte deste trabalho concentrou-se em identificar como a área de recursos humanos (incluindo práticas, departamentos e pessoas) pode agregar valor. Trabalhamos para definir como as práticas de RH podem desenvolver capacidades empresariais que criam valor. Buscamos aprimorar a qualidade dos departamentos de RH para que tivessem um foco mais estratégico. Estudamos, promovemos e estruturamos a forma como os profissionais de RH podem transmitir valor por meio das competências que demonstram.

Mas as empresas que transmitem valor ao longo do tempo precisam da atenção dos líderes. Nosso estudo sobre a liderança começou com uma premissa básica: os líderes precisam apresentar resultados. O campo da liderança ficou tão enamorado das competências e características pessoais dos líderes que essa função acabou sendo quase esquecida. Nosso livro *Results-Based Leadership* encorajava equilíbrio entre os atributos dos líderes e os resultados comerciais, e nos resultados em quatro áreas (para os investidores, os clientes, os funcionários e o gerente de linha). Ao discutir essas ideias com os executivos seniores em empresas de capital aberto, percebemos que muitos deles estavam particularmente interessados no tópico de resultados para os investidores. Isso nos levou a um melhor entendimento do valor intangível conforme percebido pela comunidade de investimento (proprietários e analistas). Em empresas privadas e em instituições governamentais, essas ideias prosperavam porque forneciam um arcabouço lógico para tornar tangíveis os intangíveis, de forma a aumentar a confiança no futuro. *Why the Bottom Line Isn't* (cujo título mais tarde mudou para *How Leaders Build Value*) foi escrito para ajudar os líderes a determinar como desenvolver intangíveis que criem pelo menos metade do valor de mercado sustentável.

Ao explorar a forma como os líderes fazem diferença com sustentabilidade dentro e fora da empresa, para investidores, clientes e empregados, reconhecemos duas mudanças que precisam ocorrer para permitir que os líderes criem valor duradouro. Em primeiro lugar, temos de deixar de estudar os *líderes* e nos concentrar na *liderança*. É fácil ficar encantado com um líder que tem carisma, personalidade, inteligência emocional e charme, e que produz ótimos resultados. Líderes celebridades tornaram-se presença obrigatória nas capas de revistas de negócios e passaram a ser admirados e respeitados. No entanto, não representam a *liderança*, que retrata o quadro de líderes em determinada empresa. Os bons líderes não desenvolvem apenas a capacidade pessoal; aprimoram a capacidade de liderança da empresa ou a capacidade desta sustentar líderes futuros. Em segundo lugar, ao explorarmos os critérios da liderança eficaz, percebemos que muitas empresas haviam mudado seu foco para o desenvolvimento da liderança, mas as que alcançavam sucesso eram aquelas que concentravam seus esforços na maneira como os líderes mantinham a empresa ligada a clientes e investidores. Algumas empresas, mesmo sem ter plena consciência disso, mudaram o foco de *liderança* para a *marca da liderança*. Nelas, quem está fora da instituição torna-se chave na monitoração da qualidade da liderança dentro da empresa. Os investidores preocupam-se com a confiança nos rendimentos futuros, conforme evidenciada pelos intangíveis, muitos dos quais estão diretamente ligados à liderança. Os clientes estão preocupados com o atendimento de suas necessidades ao longo do tempo, o que, mais uma vez, é função direta da qualidade da liderança.

Para compreender mais plenamente a relação dos líderes com a liderança, usamos nossa experiência pessoal para encontrar uma analogia útil: a relação entre mães e a maternidade. Uma mãe, individualmente, é uma figura poderosa como membro de uma família. Entretanto, o conceito de maternidade está centrado em criar a próxima geração de jovens capazes de contribuir como membros da sociedade e ser fonte de orgulho para suas famílias. O mesmo se aplica aos líderes e à liderança. Os líderes individuais são membros importantes de uma empresa, mas o desenvolvimento da liderança é ainda mais essencial para criar a próxima geração de líderes que produzirão resultados. Criar a marca da liderança é ainda mais importante, porque garante a geração dos resultados certos. É por isso que dedicamos este livro às nossas mães.

Para melhor entender o conceito de liderança definido por critérios externos, criamos e desenvolvemos a metáfora de uma marca da liderança. Ainda podemos lembrar do dia em que usamos essa metáfora em uma palestra em Toronto. Soava bem, mas não entendíamos exatamente o que queria dizer. Tínhamos falado bastante sobre a marca de uma empresa como a extensão da marca do produto e como metáfora para a cultura da instituição. Tínhamos visto a marca ser usada para atrair colaboradores (a marca do empregado) e para ajudar os empregados a desenvolver uma reputação pessoal (o indivíduo como uma marca). Mas, quando começamos a falar sobre a marca da liderança, sentimos que havia algo diferente.

Ao aplicarmos a metáfora da marca à liderança, começamos a entender melhor o que ela significava e qual era seu impacto. A marca da liderança é a identidade da empresa na mente dos clientes, concretizada para os empregados em vista do comportamento dos líderes centrado nos clientes. Em outras palavras, ela ocorre quando o conhecimento, as capacidades e os valores dos líderes concentram o comportamento dos empregados nos fatores que são importantes para os clientes. A marca da liderança é uma extensão da marca ou da identidade da empresa, porque se manifesta nos comportamentos e resultados dos líderes como um todo, consolidando o compromisso entre empregados e clientes.

Quando escrevemos este livro, tínhamos diante de nós duas opções: queremos escrever sobre a responsabilidade dos líderes em *desenvolver* uma marca da liderança ou queremos escrever sobre a responsabilidade do líder em *ser* uma marca da liderança? Os bons líderes fazem as duas coisas. Desenvolvem a marca na empresa e, por meio do seu comportamento pessoal, constituem o modelo vivo dessa marca. Nossa opção neste livro foi analisar principalmente o papel que os líderes desempenham no desenvolvimento de uma marca da liderança. O livro define os passos específicos que os líderes podem seguir para desenvolvê-la. Terminamos com uma análise de como a marca da liderança da empresa deve alinhar-se com a marca pessoal do indivíduo para ter sucesso.

Este livro foi escrito para líderes cuja missão não é apenas liderar, mas também desenvolver a liderança. O público-alvo inclui gerentes de linha seniores e profissionais de RH que ajudam a moldar e aprimorar a qualidade da liderança. O sucesso de um líder pode ser definido pelo que ocorre quando o líder sai de cena: a próxima geração de líderes está preparada para as incertezas futuras que certamente enfrentarão? Esperamos que este livro responda a essa pergunta com perspectivas teóricas e instrumentos práticos.

Os conceitos relacionados à marca da liderança baseiam-se em nossas crenças sobre líderes e liderança.

- Acreditamos que os líderes são importantes, mas que a liderança é ainda mais importante. Todos nós já conhecemos algum líder que nos inspirou e envolveu — mentes, corações e pés. Líderes dinâmicos nos mobilizam em determinada causa e seguimos de bom grado suas orientações. Mas a liderança vai existir quando a empresa gerar mais de um ou dois líderes individuais. A liderança importa porque não está ligada a uma pessoa, mas ao processo de desenvolvimento de líderes.

- Acreditamos que todo líder tem a responsabilidade de criar uma marca da liderança que traduz as expectativas do cliente em comportamentos dos empregados e que permaneça após a passagem do líder individual. Os líderes que estão preocupados apenas com a própria estrutura interna da empresa, com foco em si ou nas próprias funções, cometem um grave erro. O valor é definido muito mais por quem recebe do que por quem o gera, e os líderes que criam valor compreendem que são as pessoas fora da instituição que o definem. Esses stakeholders incluem clientes que compram os produtos da empresa e os investidores que injetam capital. Quando as expectativas de clientes e investidores moldam o conhecimento e as ações dos líderes, o foco está correto.

- Acreditamos que a marca da liderança pode ser desenvolvida. Embora os líderes individuais tenham uma gama de predisposições e estilos pessoais, os princípios subjacentes à marca da liderança podem ser dominados. Neste livro, apresentamos seis passos que podem ser seguidos para criar uma marca da liderança. Cada passo parte de um princípio simples. Os líderes que compreenderem os princípios e os transformarem em prática certamente criarão uma marca da liderança.

- Acreditamos que os líderes individuais precisam ser o modelo da marca que defendem. Observamos mais o comportamento das pessoas do que suas palavras. Se um líder defender determinado curso de ação e agir de modo contrário ou diferente, a hipocrisia latente minará sua credibilidade. Ninguém acreditará em alguém que cria uma marca e age de forma contrária. Alinhar a marca pessoal à marca da liderança valida e consolida a marca da liderança.

- Acreditamos e vivenciamos a marca da liderança em todos os tipos de organizações. As comerciais têm clientes que compram seus produtos ou serviços, ou precisam desenvolver e depois personificar a marca para atender às expectativas de clientes futuros. As organizações sem fins lucrativos (incluindo escolas, igrejas, ONGs etc.) também precisam de uma marca para criar uma mesma atitude entre seus participantes. Quando essa identidade externa da marca for internalizada por meio do conhecimento, das ações e dos resultados apresentados pelos líderes, essas organizações terão muito mais credibilidade. Órgãos governamentais também aumentam ou diminuem sua boa vontade política pela marca da liderança que estabelecem. Os líderes em todos os níveis desses diversos tipos de organizações moldam e são moldados pela própria marca da liderança de cada uma delas.

- Acreditamos que todas as empresas têm uma marca da liderança, quer explicitamente moldada e implementada, quer implicitamente percebida e aleatoriamente perpetuada. Nossa esperança é ajudar os líderes a desenvolver uma forma de liderança que atenda explicitamente às necessidades de investidores, clientes e empregados.

- Acreditamos que a marca da liderança pode ser mudada. As empresas trabalharam para mudar sua marca. Os líderes também podem mudar a marca da liderança na própria empresa e modificar sua marca de liderança pessoal.

Como resultado de todas essas crenças, temos enorme confiança no futuro das práticas de liderança. Boa parte dessa confiança vem de nossa experiência pessoal com líderes excepcionais que não só preenchem os requisitos do bom líder, mas também ajudam a estabelecer uma marca da liderança nas próprias organizações.

Somos especialmente gratos a colegas que ouviram essas ideias, leram os rascunhos dos capítulos e fizeram comentários construtivos (mesmo que não tenhamos sempre concordado com eles). Incluídos nesta lista estão os nomes de alguns dos melhores pensadores no estudo da liderança: Dick Beatty, Jim Bolt, Richard Boyatzis, Jay Conger, Mark Effron, Bob Eichigner, Bob Eulmer, Robert Gandossy, Marshall Goldsmith, Gary Hamel, Bill Joyce, Omar Kader, Jon Katzenbach, Steve Kerr, Jim Kouzes, Dale Lake, Ed Lawler, Morgan McCall, Paul McKinnon, Henry Mintzberge, Karl Moore, Mike Panowyk, Jeffrey Pfeffer, Barry Posner, C.K. Prahalad, Bonner Richtie, Judy Rosenblum, Paul Thompson, Warren Wilhelm e Jack Zenger. Também tivemos a sorte de contar com a colaboração de colegas do The RBL Group (www.rbl.net) que estruturaram boa parte de nosso pensamento, incluindo Wayne Brockbank, Eric Burns, David Creelman, Jim Dowling, Starr Eckholdt, Dave Hanna, Dani Johnson, Kurt Sandoholtz, Kate Sweetman, Ernesto Uscher e Jon Younger. Somos gratos também ao apoio de Ginger Bittter e Judy Seegmller, que nos ajudaram a manter organizadas nossas agendas caóticas. Agradecemos especialmente às nossas esposas, Wendy e Tricia, que aturaram nossa obsessão por essas ideias, e as noites e os fins de semana que passamos escrevendo o livro.

Nosso agradecimento especial a Hilary Powers, que continua a ser nossa "guardiã" talentosa, transformando nossas divagações em texto. Obrigado também à nossa editora sempre presente Melinda Merino, que examina com distinção e estimula com delicadeza.

Como dissemos antes, este livro é dedicado às nossas mães, que foram nobres exemplos do processo de investimento na nova geração. Somos gratos ainda a nossos filhos. Esperamos que eles sejam capazes de superar nossos pontos fracos e desenvolver a própria marca.

Enfim, somos responsáveis pelas ideias deste livro e esperamos que elas moldem algumas das futuras decisões sobre liderança.

>	Dave Ulrich
>	Norm Smallwood
>	*março de 2007*

1

A marca da liderança

Milhares de livros e artigos foram publicados sobre o tema liderança. Por que mais um? Este livro enfoca o que denominamos marca da liderança e oferece duas perspectivas para aumentar a qualidade da liderança.

A primeira envolve *líderes* versus *liderança*. Não são sinônimos. Ambos são importantes. Concentrar-se no líder enfatiza as qualidades do indivíduo e de seu estilo de liderança. O foco no líder leva em conta o conhecimento, as habilidades e os valores demonstrados por ele e faz com que os indivíduos fiquem mais proficientes em sua capacidade de conduzir os demais. O foco na liderança enfatiza a qualidade dos líderes em toda a instituição, e não apenas de um líder individual e nos sistemas e processos que criam esses líderes. Excelentes líderes individuais vêm e vão, mas a verdadeira liderança sobrevive ao tempo. Um líder individual eficaz talvez não seja muito bom no fomento da liderança, ou seja, em desenvolver processos que ajudem os demais líderes a crescer e a se aperfeiçoar.

Um líder individual excepcional poderá gerar resultados extraordinários durante algum tempo, mas é a qualidade da liderança que sustenta esses resultados, permite que as empresas se alinhem com estratégias de mudança e desenvolvam a confiança por parte de empregados, clientes e investidores. Eis alguns casos interessantes:

Caso 1: Os passos de um gigante causam profundas crateras

Uma empresa grande e bem-sucedida prosperou em função da inovação e energia de seu fundador, um homem criativo, perspicaz e prudente. Foi aclamado como o empresário definitivo — alguém que sabia o que fazer e como fazê-lo. Era conhecido como líder, mas insistia em tomar quase todas as decisões estratégicas da empresa. A maioria das informações era centralizada nele, e boa parte da autoridade para agir estava concentrada em suas mãos. Quando os demais conquistavam alguma influência, ele minava os esforços dos colegas de forma direta ou indireta, a ponto de afastá-los da empresa. Quando ele saiu, o Conselho precisou buscar o líder seguinte em outra instituição — e trouxe alguém que hesitava pessoal ou estrategicamente, dando início, assim, à derrocada da empresa.

Caso 2: Fazemos o que sabemos fazer

Outra empresa conseguiu manter-se bem durante muitos anos fabricando produtos com eficiência. Seus líderes eram mestres da cadeia de suprimentos, do processo de produção e do canal de distribuição. Entretanto, a concorrência cada vez mais acirrada fez com que a empresa buscasse obter mais receita dos serviços. Percebendo que os atuais clientes a consideravam uma fonte de produtos e nada mais, seus líderes quiseram mudar a imagem da empresa — mas eles haviam crescido e vencido com uma mentalidade de produto. Tinham bons instintos para projetar, fabricar e entregar produtos, mas não para oferecer serviços excepcionais de atendimento ao cliente, e a empresa perdeu lugar na nova economia.

Caso 3: Enxugar demais acaba com o fôlego

Durante os últimos cinco anos, uma terceira empresa vem trabalhando para fazer mais com menos. Seus líderes reconheceram as pressões competitivas e responderam por meio de reengenharia, downsizing, alocação de recursos, redução de pessoal e funções e terceirização. Todos os números pareciam ótimos — menos um. No passado, a empresa sempre pôde contar com sua equipe de liderança — os cinquenta principais líderes e as principais posições de liderança tinham pelo menos um líder reserva plenamente qualificado para ocupar a posição de liderança seguinte. Com toda a consolidação da empresa, a razão dos reservas para cada cargo importante agora é de 0,5:1, e vem caindo. Por mais competentes e produtivos que os atuais líderes sejam, a empresa enfrenta uma crise da liderança: seus líderes estão caminhando para a aposentadoria, e os potenciais da geração seguinte não têm a experiência necessária para formar uma equipe de líderes.

Caso 4: Tudo que sabemos que queremos não é tudo que queremos

Outra empresa conseguiu identificar a crise iminente da liderança e, ciente de que os líderes fazem diferença na produção de resultados de negócios sustentáveis, partiu em busca do que os líderes sabem e do que mais importa para eles. Desenvolveu um modelo de competência identificando os de alto e baixo desempenho e definindo comportamentos específicos que diferenciavam ambos os grupos. Usou a lista resultante de competências para contratar, pagar e treinar líderes... mas algo ainda estava faltando. Os sobreviventes passam em todos os testes de competência, mas, de alguma forma, não inspiram muita confiança em sua capacidade de responder a futuros desafios comerciais.

A mensagem é a mesma nos quatro casos citados. A verdadeira liderança não envolve apenas a pessoa, mas o processo em si. Hoje, os indivíduos podem ser líderes excelentes, mas a empresa pode não ter liderança. Os líderes podem ser plenamente competentes, mas a empresa pode ter problemas sérios na próxima geração de líderes. As empresas planejam encontrar futuros líderes internamente, mas, em geral, acabam buscando fora a próxima rodada de talentos. Os líderes são tão importantes quanto a liderança. Ambos são necessários para que a liderança seja uma capacidade organizacional.

Onde está o maior erro das empresas? Muitas vezes, resume-se à diferença entre *líderes* e *liderança*. Abordagens recentes tendem a concentrar-se em desenvolver os indivíduos como líderes, em vez de desenvolver a liderança como uma capacidade organizacional na empresa. Embora admiremos e aprendamos com líderes individuais excepcionais, o teste final da força da liderança de determinada empresa vem de sua capacidade geral de desenvolver uma liderança capaz de despertar a confiança dos stakeholders nos resultados futuros. Para entender melhor o conceito de liderança como um processo, e não como um conjunto individual de características, valemo-nos de um conceito simples. Ser líder concentra-se na pessoa; desenvolver a liderança, na instituição que cria os líderes.

Nossa segunda contribuição neste livro envolve mudar o foco da liderança de dentro para fora da empresa. Muitos dos esforços para criar líderes e desenvolver a liderança concentram-se no que acontece dentro da pessoa e/ou da empresa. Estudos internos sobre líderes enfatizam os atributos individuais e mostram que eles precisam ter forte inteligência intelectual, emocional e social. Os estudos internos sobre a liderança dão ênfase à produção contínua de novos líderes e a como investir na próxima geração. Mas esses estudos voltados para dentro da empresa muitas vezes subestimam um ponto simples, qual seja, que a liderança pode e deve concentrar-se em elementos que estão fora da empresa tanto quanto os que estão dentro dela.

Como começamos a falar sobre a dimensão externa da liderança, um importante participante do processo de desenvolvimento de líderes nos disse que sua empresa já tinha um modelo de competência da liderança e sistemas de planejamento de sucessão implantados, e ele achava que nossa proposta não tinha nada de novo a acrescentar. Fizemos uma pergunta simples: até que ponto as competências que sua empresa utiliza para definir a liderança eficaz reflete as expectativas do cliente? Ele confessou que o modelo de competência da empresa se baseava nos comportamentos que estabeleciam a distinção entre líderes de alto e baixo desempenho, e que nem os clientes nem os investidores haviam sido considerados na elaboração desse modelo. Com o foco externo em mente, ele revisitou o modelo de competência da empresa e descobriu conhecimento, habilidades e valores exclusivos que os líderes deveriam demonstrar em toda a instituição para atender às expectativas de clientes e investidores. Os clientes e investidores nesse mercado particular favoreciam as empresas inovadoras, com rápida capacidade de resposta e conexões globais. Ainda assim, no modelo de competência da liderança desenvolvido na empresa, comportamentos como criatividade, assunção de riscos e visões globais estavam pouco representados, com maior ênfase na definição de metas, execução da estratégia e credibilidade pessoal. Ele percebeu que as competências identificadas a partir do foco somente nos líderes internos ficavam incompletas sem incluir as expectativas externas. Embora um foco externo desse tipo talvez não mude por completo as expectativas dos líderes, poderá orientar e fazer com que a liderança atenda aos requisitos exclusivos de seus clientes e investidores.

Essas duas dimensões (líder e liderança; dentro e fora) formam a base do que chamamos de marca da liderança. A Figura 1-1 mostra essa ideia visualmente. A maior parte do trabalho da liderança começa com a célula 1 (líderes competentes), que identifica competências individuais do líder específicas para gerar os resultados esperados. O passo seguinte é alinhar esse modelo de competência do líder com os sistemas da empresa, como, por exemplo, gestão de talentos, gestão do desempenho, planejamento da sucessão e ferramentas de avaliação 360 graus para construir a geração de líderes seguinte (célula 2, capacidade da liderança). Algumas fontes (incluindo a maioria das revistas de negócios mais populares) falam da importância de os líderes desenvolverem uma reputação pessoal que os diferencie dos demais (célula 3, líderes famosos). Esses estudos enfatizam como os líderes individuais se tornam conhecidos por sua marca e reputação pessoais. Queremos aprofundar essas perspectivas, mas nos concentrar na forma como os que lideram em qualquer nível da empresa podem estar preparados para transformar as expectativas dos clientes em comportamento dos colaboradores e da própria instituição (célula 4). Chamamos isso de marca da liderança. De forma simplificada, a *marca da liderança é a identidade dos líderes em toda a empresa que reúne as expectativas dos clientes, e o comportamento dos empregados e da empresa como um todo.*

Quando fazemos palestras sobre liderança, pedimos aos participantes que dividam cem pontos pelas quatro células, dependendo do foco que eles conferem ao próprio estilo de liderança (retórico, treinamento, planos de desenvolvimento) a cada um dos fatores da célula: líderes competentes, líderes famosos, capacidade de liderança, marca da liderança. Inevitavelmente, a maioria dos cem pontos ficava com os líderes competentes e com a capacidade de liderança, já que os participantes reportavam que a ênfase do desenvolvimento da liderança estava no desenvolvimento de seus atributos pessoais.

FIGURA 1-1

A evolução da liderança

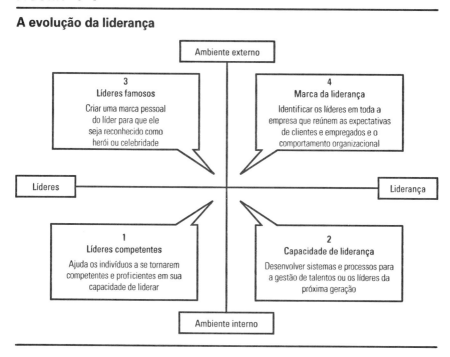

Eles eram treinados para ser mais competentes em nível emocional e social, para definir uma direção e desenvolver relações de confiança. Acreditamos que esse foco pessoal no desenvolvimento de líderes melhores é útil, mas talvez não leve ao apoio institucional necessário para sustentar a liderança em uma instituição. Liderança requer pensar sobre o fator X, ou nos sistemas e processos que criam a próxima geração de líderes, especialmente de líderes que responderão às expectativas de futuros clientes e investidores.

Estudar a liderança como marca é um tema oportuno e importante, em parte porque a liderança importa. As pesquisas apoiam essa visão e a experiência a confirma. A liderança faz diferença. Jack Zenger e Joe Folkman descobriram que, nas filiais de um banco hipotecário, cujo gerente foi classificado entre os dez piores líderes em uma escala de eficácia de líderes, o prejuízo líquido chegava a uma média anual de US$ 1.176.000 durante seu tempo de administração. Nas filiais em que os gerentes tiveram avaliação positiva entre os dez melhores no ranking da mesma pesquisa, os lucros líquidos estavam em torno de US$ 4.500.000 durante o mesmo período. Também descobriram em uma empresa de serviços financeiros diferente que os líderes avaliados como os 30% piores apresentavam uma rotatividade de 19%, enquanto aqueles avaliados entre os primeiros 10% apresentavam uma rotatividade de apenas 9%.[1] Outros estudiosos verificaram que as diferenças na liderança executiva explicam até 45% do desempenho de determinada empresa.[2] Ao revisar a importância da liderança e do talento, Bradfort Smart descobriu que os líderes considerados de primeira (talentosos) apresentam uma produtividade 94% maior do que os medianos; os associados de bancos de investimentos mais talentosos são duas vezes mais produtivos do que os associados médios; o retorno aos acionistas nas empresas com grandes talentos é 22% maior do que naquelas com talentos medianos; os principais 3% dos programadores produzem 1.200% mais linhas de código do que os programadores médios, e os principais 3% em termos de liderança de vendas geram 250% mais do que a média.[3]

Claramente, as instituições com melhor desempenho ao longo do tempo contam com líderes que parecem ter conhecimento e capacidade para agir e gerar resultados sustentáveis. No entanto, não é o líder individual que sustenta os resultados; é a força da equipe de liderança que promove a confiança dos investidores, clientes e empregados no futuro, que se traduz em maior valor de mercado.

Bens e serviços com maior valor de mercado do que os da concorrência resultam de marcas fortes. Onde quer que estejamos, compramos ou vemos roupas com a marca da Nike, ou a logo da Polo. Dirigimos veículos com estilos diferenciados incorporados em suas marcas e estampados em suas capotas. Nossos laptops, notebooks, carteiras, canetas e relógios têm marcas distintivas para maximizar a diferenciação. Escolhemos produtos em parte porque sua marca reflete nossa autoidentidade. Assim, é uma extensão natural considerar o fornecimento de uma vantagem de liderança sustentável como uma *marca da liderança*. Essa etapa mental nos permite esclarecer a definição de liderança como um valor intangível e, assim, tornar líderes individuais e equipes líderes mais eficientes. Permite também ter uma nova perspectiva em relação a três perguntas antigas:

- O que torna a liderança eficaz?
- O que pode ser feito para desenvolver a liderança mais eficaz?
- Qual o valor de desenvolver liderança distintiva de alta qualidade?

Por mais diretas que pareçam, não é fácil responder a essas perguntas. Elas requerem pensar não apenas na pessoa do líder, mas também no processo de desenvolvimento de uma marca da liderança. Requerem analisar não apenas os líderes eficazes e o que eles sabem, fazem e oferecem, mas também os processos da empresa que geram futuros líderes. A marca da liderança oferece perspectivas únicas para essas três perguntas.

A marca da liderança admite que a liderança eficaz deve incluir um componente pessoal, mas ela não está completa sem a exploração institucional. Os últimos vinte anos presenciaram uma profusão de modelos de como ser ou desenvolver melhores líderes individuais. Eles precisam ser transformacionais e criar a mudança fundamental em suas organizações; precisam ser visionários e articular uma visão para o futuro; precisam ser pioneiros e liberar a inteligência emocional; precisam demonstrar bons princípios por meio de seu comportamento; precisam liderar por meio da ciência e da arte; precisam encontrar eco em suas ações e buscar a renovação para si mesmos e suas organizações; precisam ser corajosos na hora de tomar decisões.[4] Muitos se concentraram no que os líderes devem aprender com os feitos de líderes de sucesso; adaptam lições de líderes de grande impacto no passado, como Jonh Wooden, Átila, o Huno, Colin Powell, Jack Welch, Rudolph Giuliani, Gandhi, Abraham Lincoln e Jesus.[5] Mesmo com esses modelos, a demanda por liderança continua. A partir desses estudos, surgiu um entendimento básico do que os líderes sabem e fazem. Embora esses princípios básicos sejam necessários, não são suficientes para alcançar a liderança eficaz.

Centrando-se nas expectativas de clientes e investidores, a marca da liderança garante que aqueles que lideram ofereçam valor aos que recebem os resultados de seus esforços de liderança. A marca muda o foco de atenção para a forma como o que acontece *dentro* se liga ao que acontece *fora* da empresa. A liderança eficaz não envolve apenas o que os líderes sabem, fazem e entregam, mas como esse conhecimento cria valor aos clientes e investidores. Se pensarmos no que acontece dentro da empresa como uma ilha e no que acontece fora dela com clientes e investidores como outra, a função da marca da liderança consistirá em servir de ponte entre as duas — fornecendo uma maneira para os líderes traduzirem o que os stakeholders externos sabem sobre a empresa no que os empregados realizam dentro dela.

A marca da liderança também ajuda a desenvolver a próxima geração de líderes. Aqueles que investem em marcas estão menos centrados em um único produto do que na reputação da empresa como um todo. O desenvolvimento de líderes engloba não apenas o indivíduo, mas também os próprios processos envolvidos nesse trabalho, que se tornam tão parte da marca da liderança quanto o líder que é criado por eles. Assim como a marca de um produto ou da empresa não é um evento aleatório ou acidental, mas o resultado de uma série de escolhas integradas, o desenvolvimento da liderança como uma marca resulta de um conjunto integrado de escolhas sobre como desenvolver e preparar a próxima geração de líderes. Isso vai além da quantidade de líderes — da capacidade e do tamanho da linha de produção de líderes.[6] Concentra-se na capacidade de os futuros líderes responderem a expectativas em constante mudança dos clientes.

Finalmente, a marca da liderança manifesta-se em uma liderança identificável e distinta. Empresas com uma marca de liderança têm reputação sólida e duradoura. Quando sua marca corporativa se tornar intimamente ligada à marca da liderança, a marca corporativa sobreviverá a qualquer líder individual.

Casos de marca da liderança

As marcas da liderança existem em empresas de variados tamanhos e tipos, e estão ligadas explicitamente à marca da empresa. Um cliente da Nordstrom sabe que os empregados e gerentes lhe oferecerão excelente atendimento. Um turista que visita o parque temático da Disney pressupõe que os empregados serão alegres, amigáveis e simpáticos. Os clientes da McKinsey entendem que os consultores se valerão do estado da arte em gestão para resolver seus problemas. A 3M, a Herman Miller e a Google empenham-se para conquistar e manter suas reputações como empresas inovadoras, por isso estimulam seus líderes a assumir riscos, buscar alternativas, experimentar novas ideias. A Marriott, a UPS e a UBS concentram-se em oferecer o melhor atendimento, e em consequência os líderes dedicam seu tempo identificando e estabelecendo contato com clientes potenciais, e são avaliados de acordo com a capacidade de oferecer um atendimento excepcional ao cliente. Em casos tais, a marca desejada na mente das pessoas fora da empresa se traduz no conjunto de comportamentos de empregados e da empresa como um todo. Centrando-se nas expectativas de clientes e investidores, essas instituições determinam o que os líderes sabem e fazem. A Tabela 1-1 mostra exemplos de como as marcas da empresa estabelecem uma relação com as marcas da liderança.

TABELA 1-1

Estilo de liderança

Empresa	Identidade da empresa *Essa empresa é conhecida por...*	Identidade da liderança *Os líderes dessa empresa são conhecidos por...*
Wal-Mart	Preços baixos todo dia	Gerenciar custos com eficácia; cumprir prazos
Lexus	Busca incansável da perfeição	Gerenciar processos de qualidade (fabricação e design enxutos, Seis Sigma) para melhorar constantemente
P&G	Gerenciar marcas	Definir e desenvolver as marcas no mercado
McKinsey	Estrategistas analíticos e inteligentes	Gerenciar talentos e organizar as pessoas em equipes para resolver os problemas dos clientes
Apple	Inovação e design	Criar novos produtos e serviços fora das normas da indústria
Baxter Healthcare	Espírito empreendedor	Promover a inovação e tentar novas oportunidades
PepsiCo	A próxima geração	Desenvolver a próxima geração de talentos

Os casos seguintes demonstram como a marca da empresa pode traduzir-se em uma marca da liderança.

Canadian Tire

Desde sua fundação em 1922, a Canadian Tire teve posição exclusiva no mercado canadense.[7] A empresa começou em Toronto para atender à crescente indústria automobilística. Embora tenha iniciado no ramo de peças automotivas, rapidamente diversificou suas ofertas de produtos para incluir equipamento de camping, suprimentos para rádios e uma série de acessórios particulares e outros artigos domésticos. Com a proliferação dos automóveis, também expandiu para o ramo de postos de gasolina na década de 1950 e continuou a ampliar suas operações varejistas. Hoje, é uma rede crescente de negócios inter-relacionados, envolvidos em serviços automotivos (PartSource), varejo (Canadian Tire Retal e Mark's Work Warehouse), serviços financeiros (Canadian Tire Financial Services) e petróleo (Canadian Tire Petroleum).

Esses negócios oferecem uma gama exclusiva de produtos e serviços que alavancam as principais capacidades da Canadian Tire e exemplificam sua visão como a varejista mais respeitada e confiável do Canadá. Essa visão também representa seu desejo de reter "cada cliente para sempre", oferecendo um atendimento consistentemente bem embasado e amável, programas de fidelidade envolventes e preços justos em todos os negócios. A Canadian Tire tem reconhecimento de marca praticamente universal em todo o Canadá, com uma consciência da marca sem auxílio na ordem de 97%. Suas lojas estão localizadas a 15 minutos de 91% da população, 40% dos canadenses compram nessas lojas semanalmente, e nove entre dez adultos canadenses compram na Canadian Tire pelo menos duas vezes por ano. Essas estatísticas demonstram a força da identidade de marca da empresa.

Ela deseja desenvolver sua reputação como uma parceira confiável levando novos produtos e inovação ao mercado em cada um de seus vários negócios. Deseja que seus clientes vejam a marca Canadian Tire como de confiança, em cujas lojas encontrarão ótimo atendimento, uma marca canadense que cumpre todas as promessas. A empresa acredita que seu mix de negócios oferece produtos e serviços aos clientes em todo o seu ciclo de vida — da compra de sua primeira bicicleta ou par de skates à aquisição de produtos e serviços para seu primeiro carro e/ou casa, e até mesmo a compra de roupas confortáveis da linha Mark's Work Wearhouse ao longo da vida.

A Canadian Tire também deseja ser reconhecida por seu compromisso com as comunidades que atende. Em geral, está entre as primeiras a responder aos desastres nas comunidades em que atua, e tem um histórico de investimento comunitário que a população reconhece. Por exemplo, em 2005 e 2006, a empresa ajudou mais de 60 mil crianças carentes.

Quando um cliente passa por uma de suas redes ou tem alguma experiência em uma de suas lojas, a Canadian Tire quer que o cliente pense:

- Confio nas pessoas que administram esse negócio.
- A empresa tem bons produtos e serviços, e pratica preços justos.
- Sempre há algo exclusivo e diferente, o que me encanta.
- O programa de fidelidade da Canadian Tire (Canadian Tire "Money") proporciona descontos adicionais em todos os seus negócios.
- A equipe fica contente em me receber e responder às minhas perguntas.
- É uma empresa *canadense*.
- Tem um trabalho comunitário expressivo.

Garantindo que os clientes validem essas imagens por meio de experiências consistentes, a Canadian Tire espera tê-los conquistado para sempre.

A fim de estabelecer e garantir essa sólida marca do cliente externo, a Canadian Tire implementou uma série de iniciativas e programas. Articulou uma visão e valores que se alinham com as expectativas dos clientes. Sua visão é criar crescimento sustentável e ser a varejista mais respeitada e confiável do Canadá. Ela espera crescer a partir das conquistas alcançadas com a alavancagem da confiança em suas marcas, seu exclusivo mix de produtos e serviços, sua capacidade de capitalizar a inter-relação de seus negócios e programas de fidelidade inovadores. Está comprometida em tratar seu pessoal, seus clientes, parceiros e acionistas com honestidade, integridade, dignidade e respeito inabaláveis.

Ao trabalhar para criar líderes que orientem seus aproximadamente quarenta mil empregados, a Canadian Tire busca garantir que eles demonstrarão comportamentos consistentes com essas expectativas dos clientes. Esses líderes, por sua vez, trabalham para garantir que os colaboradores entendam o que a empresa deseja que seus clientes conheçam e lembrem. A Canadian Tire também criou sistemas de gestão do desempenho, recrutamento e desenvolvimento para garantir que os líderes tenham um comportamento condizente com a marca da empresa.

Entretanto, ainda mais importante: os executivos se empenharam em desenvolver o modelo de liderança da Canadian Tire a fim de oferecer uma estrutura comum e simples para atrair e desenvolver liderança que incorpore a marca da empresa. O modelo de marca da liderança da Canadian Tire inclui quatro dimensões que os executivos acreditam que confirmam e estimulam as expectativas dos clientes:

- *Liderança empresarial*: Concentra-se em desenvolver o contexto estratégico para avançar cada negócio de modo a aprimorar a criação de relações duradouras com os clientes.

- *Liderança voltada às pessoas*: Concentra-se em conduzir todos os empregados para que estejam comprometidos em estabelecer relações duradouras com os clientes.

- *Liderança individual*: Concentra-se em desenvolver capacidades e atributos individuais para criar relações duradouras com os clientes.

- *Liderança orientada a resultados*: Concentra-se em gerar resultados de negócios que criem relações duradouras com os clientes.

Os executivos também desenvolvem comportamentos específicos de liderança nessas quatro dimensões que estão centradas em diferentes níveis de gestão e os diferenciam.

A Canadian Tire também estimula que líderes de todos os níveis hierárquicos se mostrem sensíveis aos anseios dos clientes e centrados neles. Dispõe de canais sofisticados para envolvimento da clientela, incluindo um processo de "Ideation", no qual clientes, líderes empresariais e fornecedores colaboram para criar novos produtos. A empresa acompanha as percepções dos clientes em múltiplos atributos da marca e garante que haja pleno entendimento de seu desempenho em relação a esses atributos nas equipes de liderança. Muitos líderes dedicam tempo considerável visitando as operações na linha de frente, sejam lojas, centros de distribuição, centrais de atendimento ou no campo, com os empregados.

As atividades de desenvolvimento da liderança interna estão alinhadas com a marca externa para o cliente. Estabelecer um elo entre os líderes de toda a empresa e os clientes externos torna a experiência do cliente mais real. E a Canadian Tire alcançou grande sucesso financeiro e em número de clientes nos últimos 85 anos como resultado de seus esforços.

Bon Secours Health Systems, Inc.

Em 1824, um grupo de 12 mulheres respondeu à devastação causada pela Revolução Francesa formando uma comunidade religiosa católica em Paris, dedicada a levar compaixão e assistência aos doentes e necessitados e a ajudá-los a sentir a caridade e o amor de Deus. À medida que mais mulheres se juntaram às 12 originais, o grupo se estruturou melhor e expandiu seus serviços para atender em qualquer lugar e a qualquer momento em que a ajuda fosse necessária.[8] Hoje, a Sisters of Bon Secours é uma congregação internacional de mulheres católicas que levam a presença reconfortante de Cristo ao mundo oferecendo "boa ajuda a quem precisa".

A identidade das Sisters of Bon Secours é marcada por seu compromisso em testemunhar a missão curadora de Cristo por meio de sua participação na luta para criar um mundo mais justo e humano, conforme expresso por sua vida de oração e serviço em vários ministérios: hospitais, hospícios, centros de reabilitação, centros de bem-estar, clínicas, paróquias, centros de tratamento prolongado, centros comunitários, centros de atendimento doméstico e organizações de serviço social. Nessas várias áreas, elas servem como cuidadoras, diretoras espirituais, capelães, líderes de missões, administradoras, gerentes, organizadoras de eventos comunitários, assessoras e membros do Conselho. Seu dom diferenciado — sua marca — é levar a cura, a compaixão e a libertação de Deus aos mais necessitados. Atenção especial é conferida aos pobres, doentes ou moribundos, ajudando a aliviar seu sofrimento e levando uma mensagem de esperança e de certeza de que existe um Deus que os ama. Elas captaram o espírito do seu trabalho usando as seguintes descrições:

- Cuidamos dos doentes
- Rezamos com os moribundos
- Confortamos os solitários
- Ouvimos e respondemos aos gritos dos pobres e idosos
- Choramos junto com quem chora
- Ajudamos a restabelecer a saúde e a integridade das pessoas
- Estamos a seu lado nos momentos de alegria e de tristeza
- Apoiamos sua busca por Deus e sua luta por experimentar o significado redentor do sofrimento.[9]

Guiadas por essa identidade e pela força da marca, as irmãs chegaram aos Estados Unidos em 1881 para oferecer cuidados domésticos aos doentes e moribundos. À medida que as práticas de assistência evoluíam, as irmãs também mudavam; abriram seu primeiro hospital em Baltimore em 1919, seguido por mais hospitais e centros de assistência médica em toda a Costa Leste dos Estados Unidos. Em 1983, fundaram a Bon Secours Health System (BSHSI) para oferecer recursos de gestão qualificados, profissionais e centralizados para todas as operações de assistência da Bon Secours, preservando, ao mesmo tempo, sua missão de cura e a tradição da Bon Secours de oferecer serviços de assistência de qualidade a todos, especialmente aos pobres, doentes e moribundos.

Nos últimos anos, os líderes na Bon Secours Health System perceberam que, para sustentar sua missão externa, eles precisavam de líderes em todos os níveis hierárquicos que demonstrassem que compartilhavam os valores centrados no paciente em seu comportamento diário. Líderes de sucesso da BSHSI respondem a seu próprio "chamado" pessoal e personificam os valores da Bon Secours e do ministério de assistência católica ao lidar com realidades operacionais para produzir resultados estratégicos. Os recursos espirituais das tradições de assistência católica, sua própria fé e espiritualidade pessoais, além da espiritualidade de seus colaboradores, conferem significado diário e profunda motivação, fundamentação e determinação para levar a cabo essa missão. Chamam esse processo de *integração reflexiva*, e ele constitui o âmago da filosofia do Sistema de Desenvolvimento Contínuo da BSHSI. A filosofia desse sistema está retratada na forma de uma cruz que combina quatro "grupos" ou áreas de competência da liderança: ação (criar resultados no mundo real), foco (desempenho eficaz orientado por realidades operacionais), valores (equilíbrio entre o desempenho operacional e os valores baseados na fé do ministério) e vocação (o chamado único para servir aos necessitados, especialmente aos pobres ou moribundos). A integração reflexiva, como já observado, sustenta os quatro grupos em um diálogo criativo, permitindo que os quatro conjuntos sejam colocados em prática. Para cada um desses grupos ou áreas de competência da liderança, a organização identificou competências básicas (as qualidades esperadas de todos os líderes na BSHSI) e as competências diferenciadoras (as esperadas dos líderes excepcionais). Esses resultados estão resumidos na Tabela 1-2.

TABELA 1-2

Modelo de liderança da Bon Secours para integração reflexiva

Competências	Básicas	Diferenciadoras
Vocação	Integração do ministério de saúde católico	Responder à missão da Bon Secours
Foco	• Foco no cliente • Pensamento analítico • Pensamento conceitual	• Busca de informações • Excelência no desempenho • Clareza e determinação
Ação	• Consciência organizacional • Trabalho em equipe e cooperação • Impacto e influência	• Liderar a mudança • Moldar a organização
Valores	• Integridade • Autocontrole	• Compreender a si e os outros • Desenvolver a si e os outros

A Bon Secours acredita que, à medida que os líderes em toda a organização desenvolverem e demonstrarem essas competências, a marca que desejam será concretizada, qual seja, a de oferecer assistência a pacientes e residentes. As competências foram desenvolvidas considerando como aqueles que se valem de seus serviços precisam se sentir e que experiência precisam ter. Com essa abordagem de fora para dentro, a Bon Secours conseguiu identificar os requisitos internos de liderança para continuar a cumprir sua missão. Como comentou David Jones, vice-presidente sênior de recursos humanos, "a Sisters of Bon Secours já existe há mais de 180 anos, mas seus números estão caindo. Estão enfatizando cada vez mais a intenção de compartilhar sua missão com líderes leigos que possam ajudar a sustentar o ministério por mais 180 anos. O modelo de competência foi criado para identificar e desenvolver líderes capazes não apenas de administrar um negócio de assistência médica com sucesso, mas de cumprir com eficiência a missão das irmãs no futuro".

Para apresentar esse modelo de competência, a organização elaborou um processo detalhado de desenvolvimento e gestão de desempenho segundo o qual os líderes em qualquer parte do sistema sabem como representar a marca externamente e como estão conseguindo dar conta desses valores. Níveis de proficiência foram estabelecidos em termos comportamentais para eles em todos os níveis da empresa. Estabelecendo um elo entre sua missão externa e as práticas internas de liderança, a Bon Secours garante a realização de sua missão.

A Bon Secours investe pesado para garantir que os líderes tenham um comportamento focado no ambiente externo. Isso é feito por meio de avaliação, treinamento e desenvolvimento. Em termos de avaliação, a Bon Secours continuamente avalia seus líderes em relação a padrões para garantir que permanecerão centrados em atender aos clientes da forma certa. Em termos de treinamento e desenvolvimento, a organização oferece cursos e tarefas para ajudar os líderes a aprender e a crescer.

Nessa organização sem fins lucrativos, o conceito de marca da liderança persiste. A identidade externa almejada é concretizada para os empregados, por meio de um conjunto disciplinado e centrado de comportamentos de liderança, identificados tendo o cliente em mente.

Drugstore.com

A drugstore.com é a principal fornecedora on-line de produtos de saúde e beleza, para a visão e farmacêuticos.[10] Sua posição número um em vendas on-line a torna uma das 15 maiores drogarias nos Estados Unidos. Com mais de 8 milhões de clientes atendidos desde a sua fundação, em 1998, a empresa atendeu a mais de 25 milhões de pedidos e alcançou 90% de satisfação do cliente. Boa parte desse sucesso se deve ao foco no cliente, mantendo líderes centrados nos desejos dos clientes e sendo ágil o suficiente para responder às necessidades e aproveitar as oportunidades de mercado e de produtos.

Desde o início, a missão da drugstore.com estava centrada em torno de cinco elementos da proposição de valor:

1. Tamanho e qualidade do suprimento de produtos — mais de 25 mil unidades de estoque
2. Conveniência e qualidade da experiência de compra
3. Melhor preço
4. Privacidade
5. Fonte confiável de informação

Como resultado, a drugstore.com foi pioneira na forma como os clientes compram produtos de saúde e bem-estar pela internet. Por meio da inovação e do conhecimento do mercado, mudou o modo como os clientes tomam conhecimento, procuram e compram produtos de saúde, beleza, cuidados pessoais e bem-estar geral.

Os líderes nessa empresa de alta tecnologia e grande crescimento trabalharam diligentemente para garantir que todas as atividades estivessem centradas nos requisitos dos stakeholders externos, particularmente clientes e investidores. Como ocorre com muitas start-ups fundadas com capital de risco, o primeiro período de crescimento da drugstore.com (1998-2003) envolveu a realização da visão: lançar um site que permitisse aos clientes comprar artigos on-line. Durante esse período, a marca da liderança deveria inspirar confiança nos investidores e nos clientes externos. À medida que o mundo externo passou a acreditar que ela poderia cumprir suas promessas, os empregados sentiam-se atraídos por causa de sua confiança na liderança.

O segundo período (2004-2006) envolveu ajustes no modelo de negócios e a melhoria da execução, e tratava, essencialmente, de colocar a empresa rumo aos lucros. Nesse período, a marca da liderança mudou: deixou de incentivar a confiança e passou a garantir a execução. Os líderes de sucesso eram aqueles que cumpriam o que prometiam, algo além do campo dos sonhos e inteiramente centrado na realidade. A marca da liderança da drugstore.com ganhou forma rapidamente em 2004, com a contratação de uma executiva experiente como CEO: Dawn Lepore, uma veterana com mais de vinte anos de atuação na Charles Schwab. Sua contratação mostrou ao mercado — e aos empregados — que o que importava, e o que caracterizou a liderança na empresa desde então, eram alguns temas importantes: acreditar e empenhar-se para conquistar e ir além, desenvolver um senso de urgência, um otimismo fundamentado, saber dizer "não" para a autopromoção e "sim" para a colaboração, e encontrar líderes em todos os níveis que estejam comprometidos com os objetivos da empresa. Na drugstore.com, eles viram que a força da marca da liderança em uma empresa raramente supera a da pessoa que está no comando.

A partir do final de 2006, o foco entrou em uma terceira fase: acelerar o crescimento das receitas e dos lucros por meio da expansão dos canais e de categorias (maior diferenciação competitiva). Nesse período, a marca da drugstore.com evoluirá e se fortalecerá. Passar do estágio de "alcançar o lucro" para a fase de "aumentar os lucros" exigirá que todos os líderes continuem a buscar a execução e a agilidade ao mesmo tempo em que se concentram em fazer e realizar "grandes apostas" muito bem selecionadas. Como muitas outras empresas de médio porte, ela deve atuar buscando acertar suas metas. Assim, sua marca da liderança, hoje mais do que nunca, valoriza muito o equilíbrio entre o curto e o longo prazo, o estratégico e o tático, o planejamento e a execução, a força funcional e a agilidade entre as diferentes funções, o autodesenvolvimento e o desenvolvimento de terceiros, a rapidez e o cuidado da execução. Demonstrando esses comportamentos, os líderes de hoje e de amanhã na drugstore.com responderão a expectativas em constante mudança de clientes e investidores. Da perspectiva da liderança, a empresa se preparou para essa terceira fase de três formas significativas: desenvolvendo uma equipe de líderes que entende de crescimento, dedicando seus esforços para articular e impulsionar uma cultura organizacional centrada em valores e orientada ao futuro, e estabelecendo uma ligação entre os clientes, empregados e líderes organizacionais e os principais aspectos da administração da empresa.

Nessa empresa start-up de rápido crescimento, a marca da liderança evoluiu, assim como as expectativas de clientes e investidores. Conquistar a liderança certa garante aos clientes e investidores que a drugstore.com tem condições de responder aos desafios hoje e poderá se manter estável no futuro.

O que é a marca da liderança?

Em cada um dos casos anteriores (representando empresas grandes e pequenas e empresas públicas e privadas), a marca da liderança desenvolve a liderança mais do que os líderes e concentra-se no ambiente externo mais do que no ambiente interno. Para compreender plenamente como desenvolvê-la, temos de explorar o que a constitui. Consideramos que toda marca consiste em dois principais elementos: o básico (que chamaremos de código da liderança) e os elementos diferenciadores (veja a Figura 1-2).

FIGURA 1-2

Elementos da marca da liderança

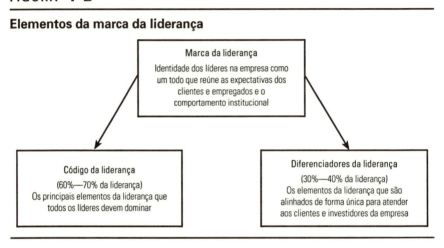

Os dois elementos são necessários. Se voltarmos nossa atenção para o ramo automotivo, por exemplo, o chassi, o sistema de transmissão, o sistema de suspensão e os demais componentes devem ser projetados e fabricados com excelência, embora não estejam à vista. Em seguida, os diferenciadores visíveis da marca, que envolve o estilo do automóvel, o acabamento e os acessórios, podem tornar o carro mais atraente a um segmento de mercado ou a outro — mas, por melhor que seja a aparência final do carro, sua participação de mercado cairá se os componentes internos forem defeituosos ou ruins. No ramo têxtil, a qualidade do tecido e a capacidade de produzir roupas que vistam bem são elementos básicos invisíveis que podem ser transformados em designs visíveis no mundo da moda, por meio de estilo, cores, materiais e etiquetas.

Uma marca da liderança alia tanto os elementos básicos invisíveis quanto os diferenciadores visíveis. Como já mencionado, a marca da liderança é a identidade dos líderes em toda empresa que reúne as expectativas dos clientes e o comportamento da instituição e dos empregados. A liderança tradicional parte de dentro para fora, enquanto a marca da liderança parte de fora para dentro. Existem pontes de variados tamanhos e formas, mas o aspecto mais importante é conseguir acertar os elementos invisíveis básicos, a engenharia estrutural e o suporte que permitirão que as pontes aguentem todo o tráfego e as intempéries. Da mesma forma, os líderes precisam acertar os elementos invisíveis básicos: eficientemente organizar e oferecer um alicerce capaz de manter produtos e serviços em níveis que atendam e superem as expectativas dos clientes. Assim como as pontes com fundações sólidas podem ter torres de suspensão como as da ponte de São Francisco, com vigas suspensas de uma ponta a outra, ou assumir qualquer outra configuração aérea ou terrestre, uma marca da liderança solidamente embasada pode avançar para o campo dos diferenciadores visíveis da marca: os elementos que os clientes percebem como valiosos.

O elemento básico: o código da liderança

Duas perguntas surgiram ao desenvolvermos os elementos básicos da liderança, ou o que chamamos de código da liderança:

- Que proporção da marca da liderança pode ser atribuída ao código da liderança? Para uma marca de produto, a pergunta equivalente é: quanto da marca advém dos processos internos, invisíveis e eficientes que constituem o produto?

- Quais são as principais lições e perspectivas encontradas no código da liderança? Para um produto funcionar com eficiência e se diferenciar como marca, sua constituição deve ser bem compreendida e eficientemente administrada. Da mesma forma, o código da liderança sintetiza e integra estudos da liderança e mostra o que todos os líderes devem saber e fazer.

Analisar a proporção do código da liderança que é genérica, em vez de diferenciada, afasta o foco da eterna discussão sobre se os líderes nascem prontos ou são criados — uma pergunta que pesquisas recentes respondem com 50-50,[11] ou seja, metade das habilidades dos líderes é herdada e a outra metade é aprendida com a experiência. O código da liderança representa comportamentos existentes ou assimilados que ajudam a criar líderes eficazes. O que queremos saber é que percentual da marca da liderança é genérico e parte de um código de liderança compartilhado por todos os líderes, e, também, da parte genérica, o que ele realmente significa.

Para responder a essas duas perguntas sobre o código da liderança, procuramos especialistas que estudaram profundamente o tema. Estudiosos do assunto fizeram investidas teóricas e empíricas nesse campo. Escolhemos líderes de renome com um longo histórico de teoria e pesquisa em liderança (em detrimento de outros com um único ponto de vista ou estudo). Dentre esses estudiosos, procuramos teorias publicadas sobre liderança (queríamos encontrar aqueles que entendiam não apenas *o que* torna os líderes eficazes, mas *por quê*) e evidências de avaliações empíricas do que torna a liderança eficaz (queríamos aqueles que testassem suas ideias com evidências e verificamos que esse grupo participou de mais de um milhão de programas de avaliação de liderança 360 graus). Fizemos as duas perguntas a esses líderes e acreditamos que suas perspectivas ajudam a definir o código da liderança.[12]

Quando perguntamos aos colegas quanto de uma marca da liderança os elementos universais compartilhados representam, recebemos como resposta uma variação de 50 a 85%, o que implica que nenhuma resposta definitiva emergiu nesse momento, mas a direção é consistente. Embora alguns de nossos mais estimados colegas considerem que o código da liderança abrange praticamente todos os aspectos do que constitui a boa liderança, preferimos usar uma percentagem menor, o que nos faz acompanhar a maioria dos especialistas no ramo. Nossa hipótese de trabalho é que o código abarque entre 60 e 70% da boa liderança. Essa aproximação parece ser especialmente útil, porque coincide com o que os líderes na área da marca de produtos afirmam; eles consideram que cerca de 66% das qualidades dos produtos de marca e genéricos com razoável sucesso sejam compartilhados, deixando uma proporção semelhante de qualidades como característica de suas marcas. Esses elementos podem ser chamados de elementos *descarriladores* (ou seja, que causam o fracasso dos líderes se não forem evitados), *competências* (elementos que os líderes devem saber e fazer, caso queiram vencer) e *compromissos* (foco exigido dos líderes), ou atributos ou dimensões, independentemente do nome, os líderes certamente precisam adquirir e dominar alguns fatores essenciais. Conhecer esses fatores não vai garantir a liderança, mas desconhecê-los quase certamente afastará o líder do sucesso.

Se 60 a 70% da eficácia na liderança são compartilhados entre os líderes, então o que é? O que todos os diferentes estudos sobre liderança indicaram? Quais as lições que emergem de todo esse trabalho? Seria muito trabalhoso enumerar todas as pesquisas sobre liderança realizadas até hoje.[13] Entretanto, ao examinarmos estudos exemplares sobre liderança, podemos começar a identificar alguns padrões que revelam seu código. Nossa síntese do trabalho sugere que o código compreende cinco dimensões (veja a Figura 1-3).

- *Estrategistas.* Os líderes precisam ter um ponto de vista sobre o futuro e ser capazes de posicionar a empresa para os clientes futuros.
- *Executores.* Os líderes precisam ser capazes de realizar, apresentar resultados, fazer a mudança acontecer, ter boa base técnica e desenvolver sistemas organizacionais que funcionem.
- *Gestores de talentos.* Os líderes precisam trabalhar com seus atuais empregados para motivá-los e estimulá-los por meio da comunicação.

- *Desenvolvedores de capital humano.* Os líderes precisam trabalhar com os futuros empregados para delegar poder e desenvolver novos talentos.
- *Proficiência pessoal.* Os líderes precisam conquistar credibilidade pessoal por meio de sua capacidade de aprender, agir com integridade, exercer inteligência social e emocional e tomar decisões corajosas e audaciosas, além de desenvolver confiança.

Os líderes que seguem o código e dominam o básico conhecem os fundamentos da liderança. Realmente existe um manual para a liderança: um conjunto de regras básicas que devem ser seguidas ou ignoradas pelos líderes por sua própria conta e risco. O vasto campo da teoria e prática da liderança estabeleceu os elementos essenciais. O código da liderança é a base da marca da liderança. Sem excelência nesses elementos essenciais da liderança, os líderes fracassarão. Dominando esses elementos básicos, os líderes poderão passar à fase de desenvolvimento da marca da liderança para sua empresa e para si mesmos.

FIGURA 1-3

O código da liderança

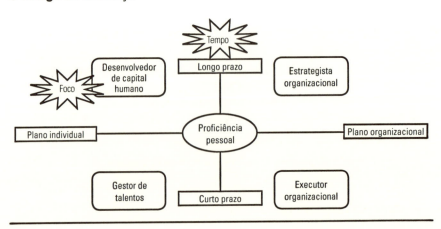

Para desenvolver liderança em diferentes empresas, começamos com seu código. Muitas instituições desenvolveram modelos de competência para seus líderes. Quando mapeamos esses modelos em relação ao código, podemos começar a testar a solidez do modelo. Em uma empresa, 12 competências foram identificadas, e nove delas estavam no domínio de proficiência pessoal do código. Outra empresa detectou dez competências, das quais oito estavam no quadrante de execução. Comparando suas competências de liderança com o código, ambas podem desenvolver um modelo de liderança mais completo.

Em outra obra, exploramos mais profundamente o código da liderança; neste livro, examinamos em alguns detalhes os elementos diferenciadores. Ambos são importantes para uma marca da liderança sustentável.

A marca da liderança vai além do código

A marca da liderança inclui o código, mas vai além dele. O código refere-se aos 60 a 70% dos atributos essenciais que todos os líderes devem ter. Mas a marca da liderança também requer habilidades exclusivas e diferenciadas para gerar valor aos principais stakeholders de hoje e de amanhã (os 30 a 40% restantes que diferenciam os líderes). Os líderes devem ser capazes de adaptar suas habilidades essenciais às estratégias e metas do próprio negócio. Desenvolver uma marca da liderança requer atenção aos elementos básicos e essenciais, bem como aos elementos avançados e diferenciados da liderança.

A metáfora é mais verdadeira hoje do que se tivesse sido proposta há algumas décadas. As marcas dos produtos ainda estão à nossa volta, mas a ênfase mudou do produto para a empresa. Cada vez mais, os clientes estão menos interessados no produto específico e mais ligados na reputação da empresa.[14] Quando os aeroportos procuraram fornecedores de marca (Starbucks, McDonald's, Chili's), a receita em termos de locação de áreas de alimentação — que não mudaram — subiu 40%. Não eram os produtos, e sim as marcas, que comunicavam o valor. Quando um hotel comum tornou-se um Hyatt, o mesmo quarto no mesmo local com muitas das mesmas características rendia cerca de 20% mais por noite. Marcas orientadas aos produtos como essas aparecem invariavelmente nas das empresas correspondentes e, embora a ideia, por si só, seja relativamente nova, as marcas das empresas são sustentadas e aprimoradas pela da liderança correspondente.

Para que tenham uma marca da liderança, os líderes precisam pensar e agir de forma congruente com a marca do produto ou empresa que desejam ter. À medida que a estratégia da empresa evolui, a marca da liderança também deve evoluir. Uma marca da liderança que hoje reflete uma organização orientada a produtos talvez precise evoluir amanhã para refletir uma orientação a serviços, a fim de evitar o destino da empresa retratada no segundo caso deste capítulo. Para que uma instituição faça essa evolução, os principais elementos da liderança precisam estar presentes para a próxima geração de líderes; assim, os líderes podem perceber que precisam alinhar sua experiência com os desafios exclusivos que enfrentam. A marca da liderança requer que eles dominem o básico e se adaptem aos requisitos distintos de sua estratégia.

A marca da liderança deve refletir a marca da empresa. Quando uma instituição consegue que sua identidade esteja na mente dos clientes, as expectativas que fluem dessa identidade precisam tornar-se realidade para os empregados por meio de políticas e da cultura da empresa. Os líderes em todos os níveis da instituição podem transferir a identidade do cliente para ações de liderança.

Reestruturar a liderança como marca oferece uma série de perspectivas sobre a eficácia da liderança e a criação de liderança sustentável e consistente que aumentará o valor da empresa. No apêndice A, vamos revisar os critérios para as marcas de produto e da empresa e como eles se aplicam à marca da liderança.

A marca da liderança é importante: um roteiro para o livro

Uma empresa com uma marca da liderança é vitoriosa em múltiplas dimensões — com investidores, clientes e empregados.

Ganha com os investidores, porque eles conferirão maior valor de mercado a rendimentos semelhantes sustentados por uma sólida marca da liderança.[15] Ou seja, a qualidade da administração ou da liderança dará aos investidores confiança no futuro e isso conduz a aumentos no preço da ação. Todo ano, a revista *Fortune* solicita ao Hay Group que prepare seu índice de reputação, que inclui uma dimensão sobre liderança e mostra consistentemente que as empresas com melhor reputação são aquelas com maior valor de mercado. Essa constatação está alinhada com pesquisas recentes que mostram a importância dos intangíveis. Estes representam o valor de mercado de uma empresa além de seu valor contábil e, nos últimos anos, a razão entre o valor de mercado e o valor contábil subiu drasticamente.[16] Evidentemente, conforme observado, se o valor percebido da marca não estiver bem fundamentado na realidade, ou se a marca não traduzir os anseios dos novos clientes, a imagem se perde. Mas os líderes com uma marca característica estão em empresas com uma razão preço-lucro (índice P/L) mais alta do que a encontrada em sua indústria, porque a alta qualidade da liderança aumenta a confiança dos clientes e investidores no futuro.

Para testar essa hipótese, fizemos a média dos índices P/L durante um período de dez anos por setor da indústria. Não é possível afirmar que empresas com um registro de dez anos de índices P/L mais altos têm os melhores líderes. Mas é tentador. Obviamente, os últimos dez anos nada informam sobre os próximos dez, mas essa comparação dos índices em um mesmo setor mostra a importância relativa dos intangíveis. Vamos analisar alguns setores:

- Na fabricação de bebidas, a Coca-cola é a campeã dos intangíveis, com um índice P/L médio nos últimos dez anos de 36,55. Esse valor se compara com 28,75 da PepsiCo e 19,76 da Cadbury Schweppes. Observe que, nos últimos anos, a PepsiCo conseguiu superar o índice da Coca-cola desde que se desfez de seus negócios de restaurantes — Taco Bell, KFC, entre outros.

- No setor aeroespacial, a Boeing está na frente com 26,2 e parece que vai continuar no topo por mais dez anos, em função dos problemas enfrentados pela Airbus. Compare esse resultado com o da General Dynamics, de 17,05.

- No setor de equipamentos sem fio, a Qualcomm lidera com uma média em dez anos de 44,09. Compare com o da Ericsson, de 35,46.

- No setor empresarial geral, a General Electric conquista a confiança dos investidores com uma média de 27,58, que se compara com a da Philips, de 21,59, ou a da Siemens, de 18,96.

Mais uma vez, essas diferenças no índice P/L não se devem apenas à qualidade da liderança, mas os líderes tomam decisões que aumentam ou diminuem a confiança dos investidores nos lucros futuros. Como cabe ao líder desenvolver a confiança dos investidores no futuro, a Coca-cola, a Boeing, a Qualcomm e a GE ganharam a corrida da qualidade da liderança em seus respectivos setores. Esses líderes criaram as condições necessárias nos últimos dez anos para que a qualidade de seus lucros seja maior do que a qualidade dos lucros dos concorrentes. Também podemos afirmar que os próximos dez anos poderão mostrar uma história diferente.

Empresas com um estilo de liderança característico conquistam os clientes porque eles confiam que suas necessidades serão atendidas de maneira consistente e apropriada. A Nordstrom ganha no jogo do serviço porque seus líderes têm um estilo de liderança voltado à mentalidade do atendimento. Nessa empresa, as pessoas não precisam pedir permissão para atender aos clientes; simplesmente o fazem como reflexo do que são. E os clientes respondem com alta participação de mercado. A Nordstrom define seu público-alvo como clientes que gastam US$ 1.000 a cada seis meses em produtos que a cadeia de lojas vende, e estabeleceu que sua marca de serviço é fator essencial para determinar que percentual desses US$ 1.000 são gastos em lojas da Nordstrom, e não nas lojas dos concorrentes.[17]

Empresas com estilos de liderança característicos conquistam os empregados. Uma marca da liderança consistente e eficaz aplica com os empregados a mesma filosofia que adota para o mundo exterior. Isso significa que os empregados sabem o que esperar, eliminando a dissonância entre o público e o privado, que afeta a produtividade e o envolvimento dos colaboradores. Um líder nos disse que tratava seus melhores clientes como se fossem seus melhores empregados e vice-versa. A relação entre envolvimento e compromisso dos empregados e a satisfação do cliente está bem estabelecida. Quando os colaboradores estão envolvidos, é maior a probabilidade de os clientes voltarem e gastarem mais.

Se determinada empresa transforma a marca do cliente em comportamento atencioso e oportuno, a mesma marca deve ser refletida nas relações com os empregados. A Herman Miller quer ser conhecida como inovadora no ramo de móveis de escritório, por isso inova consistentemente nos produtos e serviços oferecidos aos clientes. Quando determinada empresa amplia e aplica continuamente a marca da liderança, o mesmo espírito de inovação permeia a forma como os líderes tratam seus subordinados em todos os níveis, oferecendo enfoques criativos e flexíveis para determinar as condições e os ambientes de trabalho para os empregados, e os processos de trabalho que precisam ser implantados para gerar receita para a empresa e tornar a marca realidade.

Como desenvolver a marca da liderança

Se uma marca da liderança sólida é uma fonte de valor, a pergunta a ser feita é: como essa marca pode ser desenvolvida? Propomos seis etapas para seu desenvolvimento que são consistentes com a forma de organização deste livro (veja a Figura 1-4).

FIGURA 1-4

Desenvolvendo um estilo de liderança

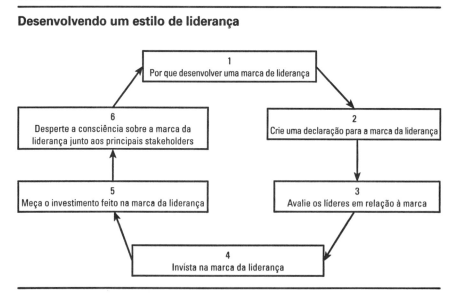

Etapas para desenvolver um estilo de liderança característico

Neste livro, fazemos uma análise detalhada das seguintes etapas fundamentais para desenvolver a marca da liderança:

- *Etapa 1: Por que desenvolver uma marca da liderança?* Quando indagados sobre suas prioridades de negócios, muitos executivos falam sobre ganhar participação no mercado, conquistar novos mercados, gerar produtos inovadores e reduzir custos. Acreditamos que a maioria das listas de prioridades deve incluir o desenvolvimento da liderança. Desenvolver líderes individuais concentra-se nos atributos pessoais dos líderes da empresa; a liderança é um meio de alcançar outras metas da instituição (participação de mercado, crescimento global, inovação ou custos), mas também um fim, pois cria valor intangível aos olhos dos principais stakeholders. (Este tópico será abordado no Capítulo 2.)

- *Etapa 2: Crie uma declaração para a marca de liderança.* Uma declaração da marca da liderança articula a reputação da liderança em função dos atributos que o líder individual deve possuir e os resultados que ele deve apresentar. Uma declaração voltada para o líder individual concentra-se nos requisitos pessoais para liderar com eficácia; a declaração da marca da liderança estabelece a ligação entre a reputação exterior da empresa e as ações diárias da liderança no âmbito interno da organização. (Este é o tópico do Capítulo 3.)

- *Etapa 3: Avalie os líderes em relação à marca.* Assim que a marca da liderança estiver delineada, os líderes poderão ser avaliados conforme sua capacidade de estruturar os elementos básicos e "vivenciar" a marca quando geram resultados, e pela maneira como desenvolvem as habilidades e as perspectivas ao longo de sua própria trajetória no caminho da liderança. As práticas de RH também devem ser avaliadas e alinhadas para sustentar a marca. Em cada estágio de desenvolvimento da liderança, a avaliação da marca pode mudar. A avaliação inclui os elementos essenciais da liderança e os diferenciadores das marcas. Essa avaliação pode ser feita por uma pessoa ou por meio de práticas da empresa, como avaliação 360 graus. (Este tema será abordado no Capítulo 4.)

- *Etapa 4: Invista na marca de liderança.* As marcas da empresa ou de produto não existem por acaso e o mesmo se aplica à marca de liderança. As empresas líderes (identificadas por sua reputação e pela mobilidade da liderança) investem em práticas específicas que estimulam o desenvolvimento da marca da liderança. Esses investimentos incluem treinamento, experiências de desenvolvimento e experiências de vida. (Este é o tema do Capítulo 5.)

- *Etapa 5: Meça o investimento feito na marca da liderança.* Medir os resultados da liderança envolve duas etapas. Primeiro, é importante saber quais investimentos funcionam melhor em qual ambiente organizacional. Isso significa acompanhar os investimentos em liderança (como coaching) e os resultados do investimento (mudança de comportamento, resultados financeiros, valor intangível). Em segundo lugar, o investimento em liderança deve responder à necessidade apresentada na etapa 1. Ou seja, se o motivo para o desenvolvimento da marca de liderança for a criação de uma estratégia de crescimento para os mercados emergentes, então a medição do sucesso da liderança será função da estratégia de crescimento esperada e de como ela está avançando. (O Capítulo 6 aborda este tema.)

- *Etapa 6: Desenvolva a conscientização da marca de liderança entre os principais stakeholders.* A marca da liderança aparece na reputação da empresa conforme a visão dos múltiplos stakeholders. O CEO é o gerente da marca da liderança e deverá assumir a iniciativa de comunicar a eficácia dessa marca às partes interessadas. Vincular liderança e reputação de longo prazo é fundamental para explicar por que um estilo de liderança característico é mais importante do que líderes individuais heroicos. (Este é o tema do Capítulo 7.)

Com base nessas seis etapas, pode-se avaliar o desempenho de sua empresa na construção da marca da liderança (ver Avaliação 1-1). O índice da marca da liderança informará em que área você deve se empenhar para ser mais eficiente.

AVALIAÇÃO 1-1

Índice da marca da liderança

Dimensão da marca da liderança	Pergunta *Até que ponto minha organização:*	Pouco				Muito
Por que desenvolver uma marca da liderança	1. Tem um elo claro entre a liderança e a estratégia de minha empresa?	1	2	3	4	5
	2. Conta com líderes que prestam atenção à liderança?	1	2	3	4	5
Declaração da marca da liderança	3. Tem uma lógica singular que os líderes representam e pela qual são reconhecidos?	1	2	3	4	5
	4. Estabelece uma ligação entre os comportamentos da liderança e as expectativas dos clientes?	1	2	3	4	5
Avaliação da marca da liderança	5. Identifica lacunas na próxima geração de líderes?	1	2	3	4	5
	6. Investe em experiências de treinamento para desenvolver líderes?	1	2	3	4	5
Desenvolvimento da marca da liderança	7. Investe em capacitação e qualificação para desenvolver líderes?	1	2	3	4	5
	8. Investe em experiências de vida para desenvolver líderes?	1	2	3	4	5
Medição da marca da liderança	9. Avalia a eficácia e a eficiência dos esforços de liderança?	1	2	3	4	5
Reputação da marca da liderança	10. Garante a conscientização de todos os stakeholders para que continuem a investir na marca da liderança?	1	2	3	4	5
	Total					

Resultado:

Acima de 45 = Você tem um estilo de liderança característico em sua empresa. Compre ações de sua empresa. Ela terá valores intangíveis ainda maiores.

35-44 = Sua empresa praticamente tem uma marca da liderança. Identifique as áreas em que seu desempenho foi menor e trabalhe nelas.

25-34 = Existem muitas áreas para melhorar. Escolha uma área na qual você acredita ter mais impacto e comece a trabalhar.

Abaixo de 25 = Comece a agir, faça qualquer coisa e invista em liderança.

Em suma

Seguindo essas seis etapas, qualquer empresa poderá criar uma marca da liderança que a caracterize internamente para os empregados e externamente para clientes e investidores. Criá-la requer o compromisso de todos na empresa. Os Conselhos de Administração precisam estimular e prestar atenção à marca da liderança; os executivos seniores precisam patrocinar as iniciativas que a desenvolvam; os profissionais de RH precisam criar e facilitar a criação de uma marca da liderança (veja o Capítulo 8).

Por fim, a marca da liderança deverá afetar os líderes individuais. É impossível sustentar uma marca da liderança organizacional a menos que — e até que — líderes individuais alinhem seu comportamento a ela. À medida que os líderes em todos os níveis hierárquicos da empresa aprenderem a dominar a essência da liderança e demonstrarem ter os elementos diferenciadores que constituem a marca da liderança, eles agregarão valor às suas instituições (veja o Capítulo 9).

A metáfora da marca da liderança agrega valor ao conceito de criar líderes melhores. Primeiro, mudamos o foco dos líderes para a liderança. Com isso, as empresas criam os sistemas e os processos institucionais que sustentam a próxima geração de liderança, não apenas os líderes individuais atuais. Em segundo lugar, queremos mudar o foco da liderança para a marca da liderança, que concentra a liderança em torno de processos diferenciados, fazendo a clara distinção entre a liderança da empresa e a de seus concorrentes, aumentando o valor da instituição. Concentrando-se em clientes e investidores externos, os líderes atuais e futuros demonstram atributos e apresentam resultados realmente significativos.

2

Por que desenvolver uma marca da liderança

Alguns executivos simplesmente não entendem. Podem dizer que acreditam na liderança, mas suas ações não refletem isso. Quando tudo está bem, investem em liderança e se proclamam bons cidadãos corporativos; nos momentos difíceis, no entanto, o investimento em liderança é um dos primeiros orçamentos a serem cortados. Eles realmente precisam entender como esse investimento poderá ajudá-los a alcançar as metas e as estratégias da empresa — e como a falta de liderança inibe o crescimento e a confiança, além de reduzir o valor.

Os executivos que entendem o valor da liderança demonstram seu compromisso por meio de ações consistentes nos bons e maus momentos. Este capítulo parte das definições apresentadas no Capítulo 1 para explicar em mais detalhes qual a importância da marca da liderança e como demonstrar o valor que ela cria. Este é um importante primeiro passo para o desenvolvimento de uma marca da liderança, porque torna o restante do processo mais durável. Entender os motivos por trás do processo ajuda a aceitar o conceito. Quando todos souberem como a liderança poderá ajudá-los, aceitarão o que precisa ser feito para torná-la realidade.

O motivo pelo qual devemos desenvolver uma marca da liderança é, na verdade, uma proposição bastante simples: a liderança ajuda a tornar realidade a estratégia. Sem os líderes certos em todos os níveis, a empresa não consegue cumprir as promessas da marca para atender aos clientes, ou as promessas financeiras para atender aos investidores, ou as promessas sociais para atender à comunidade, ou as promessas culturais para atender aos empregados. Às vezes, os executivos entendem isso e concluem que a liderança importa. Outras vezes, precisam ser treinados para entender como ela poderá ajudá-los a realizar estratégias pessoais e corporativas. Neste capítulo, vamos analisar o motivo pelo qual é importante desenvolver uma marca da liderança, seja para uma estratégia de crescimento ou de valor, estabelecendo um elo entre o desenvolvimento de líderes de alta qualidade e o crescimento e maior valor e confiança dos stakeholders.

O crescimento e a marca da liderança

Um exemplo recente (suavemente disfarçado aqui) ilustra essas ideias:

Crescer a todo custo?

Todas as principais revistas de negócios estamparam o CEO "Buzz Nielsen" na capa para comemorar o domínio global de sua empresa, que parecia destinado a durar vários anos. Nielsen era modesto, mas estava orgulhoso da taxa de crescimento e dos lucros alcançados por sua empresa. Nas entrevistas para a tevê e as revistas, ele atribuiu seu sucesso às pessoas e à cultura da empresa — fatores que tornam esta história única.

De repente, algo aconteceu. Pela primeira vez na história, uma unidade iniciante em uma importante área metropolitana estava mal das pernas após sete meses de intensos esforços de recuperação. Nielsen iniciou um processo de revisão para determinar quais elementos contribuíram para o fracasso. Toda a análise apontou para o mesmo problema — a gerente da unidade.

No final, a empresa estava sem candidatos internos para ocupar postos de gerência da unidade e começou a contratar líderes de fora para que as novas operações mantivessem o mesmo ritmo de crescimento. Essa candidata especificamente tinha um bom currículo e fez uma ótima entrevista. Ela reunia todas as qualificações técnicas necessárias, mas logo ficou evidente que não entendia bem nem vivenciava a cultura da empresa. Ela rapidamente dispensou empregados antigos que ocupavam cargos importantes e, quando esse pequeno grupo saiu, a motivação dos demais desmoronou. Desse ponto em diante, o fracasso da unidade era apenas uma questão de tempo.

Nielsen estava diante de opções difíceis. Será que ele deveria deliberadamente diminuir o ritmo de crescimento da empresa e continuar com a política de contratar pessoas que pareciam ser capazes de apresentar os resultados certos e da maneira certa? Ou será que ele deveria investir em um processo para desenvolver a marca da liderança e promover os tipos certos de líderes dentro da empresa? Não havia certeza alguma de que o segundo enfoque poderia funcionar: se ele escolhesse a rota de desenvolvimento da marca da liderança, será que teria condições de desenvolver o tipo de líder certo com rapidez suficiente?

Uma falha da equipe de líderes é um problema concreto para qualquer empresa; mas torna-se uma crise quando a empresa está crescendo rapidamente. A estratégia aponta a direção e promete resultados aos empregados, clientes, comunidades e investidores. Os líderes em todos os níveis precisam encontrar formas de produzir esses resultados de maneira sustentável. Se não houver um número suficiente de líderes certos, a estratégia simplesmente não pode ser implementada. Contar com um grupo de líderes talentosos é um elemento importante para o crescimento da empresa.

Para decidir quanto investir na marca da liderança, Nielsen pode reunir informações com antecedência confirmando a conexão entre a qualidade da liderança e os resultados desejados. Armados com informações precisas, Nielsen e sua equipe de executivos puderam fazer escolhas embasadas sobre o que era possível ser feito para aumentar a qualidade e a quantidade de líderes disponíveis. Isso significa que a estratégia deve ser compreendida e operacionalizada em termos de necessidades da liderança.

Seis motivos justificam investimento na marca da liderança para gerar uma estratégia (apresentados em mais detalhes na Tabela 2-1).

- Planejamento de pessoal
- Resultados certos da maneira certa
- Mudanças na estratégia
- Geografia
- Combinação de Fusões & Aquisições e crescimento orgânico
- Funções críticas

Planejamento de pessoal

Fatores qualitativos e quantitativos influenciam o tipo de marca da liderança que determinada empresa precisa desenvolver. No caso de Nielsen, as informações quantitativas de que ele precisa podem ser obtidas por meio de uma análise de planejamento de pessoal. Ele disse ao mercado que pretende dobrar o número de unidades nos próximos cinco anos.

Alguns anos atrás, quando a empresa era menor, esse tipo de crescimento era muito mais fácil. Como ela ultrapassou a casa do

TABELA 2-1

Estabelecendo a conexão com a estratégia

Desafio	Justificativa para desenvolver a marca da liderança em função da estratégia de crescimento
1. Planejamento de pessoal	É preciso desenvolver um número suficiente de líderes para ajudar o crescimento da empresa no futuro. A marca da liderança importa porque ter um contingente de líderes prontos para fazer o negócio crescer da maneira certa é uma necessidade comercial.
2. Resultados certos da maneira certa	Precisamos ter líderes cujo comportamento demonstre as expectativas dos clientes. A marca da liderança importa porque, quando os líderes demonstram em suas ações o que realmente é mais relevante para os clientes e transferem essas expectativas para o comportamento dos empregados, aumenta o compromisso dos clientes.
3. Mudanças na estratégia	Ao passarmos da estratégia A para B, temos de desenvolver os líderes que atendam aos requisitos da nova estratégia. A marca da liderança importa porque promove as capacidades de liderança que ajudarão a tornar realidade as novas estratégias.
4. Geografia	Ao avançarmos em novas partes do mundo, precisamos de líderes em toda a empresa com competência necessária para se adaptar às condições locais. A marca da liderança importa porque identifica e desenvolve líderes que mais facilmente se adaptam às condições locais e transferem conhecimento de uma área para outra.
5. Combinação de Fusões & Aquisições e crescimento orgânico	Os futuros líderes devem ter as competências necessárias para atender às necessidades impostas pelas aquisições e pelo crescimento orgânico. A marca da liderança importa porque cria líderes com as capacidades necessárias para garantir a bem-sucedida integração das fusões e o crescimento orgânico lucrativo.
6 Funções críticas	Certos cargos de liderança críticos sofrerão muita pressão durante o crescimento. A marca da liderança importa porque cria processos que fazem com que os líderes de alto potencial ocupem cargos críticos.

bilhão de dólares, dobrar esse valor torna-se cada vez mais difícil em função do número de pessoas e da complexidade do negócio, que cresce exponencialmente. Aumentar a receita de US$ 100 para US$ 200 milhões em cinco anos é um feito e tanto, mas fazê-la crescer de US$ 3 bilhões para US$ 6 bilhões é ainda mais difícil e complexo.

Para entender o tamanho desse desafio, Nielsen precisa responder a algumas importantes perguntas de planejamento de pessoal:

- Considerando as taxas atuais de rotatividade (número de aposentados, demitidos ou desligados de outro modo), quantos líderes e em que níveis (gerentes assistentes, gerentes, diretores regionais e executivos) devem ser contratados todos os anos para atender à demanda prevista de líderes?

- Quais suposições devemos fazer sobre a qualidade de nossos líderes atuais ao avançarmos para o futuro? Quantos dos que têm bom desempenho hoje terão bom desempenho no futuro? Essa análise de lacunas é reveladora: por exemplo, considerando um grupo de líderes "A", "B" ou "C" *versus* necessidades futuras, como a distribuição se compara com as necessidades da empresa com níveis de receita de US$ 6 bilhões, em vez de US$ 3 bilhões?

- Quais são as implicações das opções de estrutura, sistemas de entrega e tecnologia alternativa para as necessidades de capacidade gerencial? Que mudanças tenderão a alterar o equilíbrio dos recursos da liderança?

Nossa experiência mostra que muitos executivos seniores intuem que essa análise de pessoal é importante, mas acham difícil encontrar as informações necessárias. Reunir esses dados ajuda a criar um motivo para desenvolver a marca da liderança: articular o desafio dos números e competências em geral é suficiente para chamar a atenção até mesmo do executivo mais cético.

Em resumo, para que a marca da liderança seja desenvolvida, deve haver um profundo entendimento dos desafios em relação ao número de líderes existentes em primeiro lugar. Quantos líderes precisaremos desenvolver? Em que níveis eles estarão trabalhando? Onde tendem a ser mais necessários? Quantos temos disponíveis? Como atenderemos à demanda projetada em termos de liderança?

Resultados certos da maneira certa

Além de ter um bom número de líderes disponíveis, as empresas precisam também avaliar a qualidade deles. A importância de tê-los em todos os níveis da empresa deve ser enfatizada, líderes que obtenham os resultados certos (conforme definido pelos clientes) e da maneira certa.

A Starbucks oferece um exemplo interessante dessa questão. Howard Schultz, presidente e principal estrategista global da Starbucks, não está apenas abrindo lojas da forma mais rápida possível; ele está criando a "experiência de um terceiro lugar" (o primeiro lugar é a casa; o segundo é o trabalho; o terceiro é uma comunidade — um papel que, no caso de algumas pessoas, é atendido pela igreja e, no de outras, pelo bar ou a academia... ou o *coffee shop* local).[1] Assim, na Starbucks, não se trata apenas de ter o número suficiente de baristas (pessoas treinadas para preparar e servir café com a qualidade mantida pela empresa), a fim de atender aos objetivos de crescimento. Também envolve desenvolver o tipo certo de gerente para suas lojas — excelentes baristas que também possam administrar as lojas para que os clientes vivam a experiência de um "terceiro lugar".

Uma empresa com o nível de crescimento rápido como a Starbucks enfrenta três possíveis resultados:

- Não é capaz de alcançar o ritmo de crescimento desejado, porque não consegue desenvolver seu quadro de líderes de forma rápida o suficiente; acaba sucumbindo ou diminuindo de ritmo.
- Atende aos objetivos de crescimento, mas as unidades não cumprem a promessa da marca (no caso da Starbucks, isso significaria não fornecer a experiência de um terceiro lugar ou não cumprir a declaração da missão de "estabelecer a Starbucks como o principal provedor dos cafés mais finos do mundo, sem

jamais comprometer seus princípios, ao longo de todo o nosso processo de crescimento") e a empresa se torna grande e perde vivacidade.
- Atende aos objetivos de crescimento e cumpre suas promessas.

A implicação para a marca da liderança é que o crescimento de sucesso requer um processo explícito para entender o que significa "resultados certos da maneira certa". Os processos de recompensa e reconhecimento precisam pesar igualmente o que quer dizer "resultados certos" e "maneira certa". A maneira certa envolve desenvolver a marca da liderança, e não apenas contratar ou promover líderes aleatórios, e começa articulando claramente o que os clientes esperam quando interagem com a empresa. No caso da Starbucks, o que vai garantir que ela cumpra sua missão "sem jamais comprometer seus princípios ao longo de todo o nosso processo de crescimento"? Como os líderes podem comportar-se de maneira consistente com as expectativas desses clientes? Quando a maioria das empresas está crescendo muito rapidamente, os executivos seniores são facilmente levados a acreditar que seus líderes estão aprendendo os valores essenciais da empresa por osmose. O desejo de concentrar as atenções no crescimento sem investir na liderança é forte, porque o crescimento rápido pode ocultar os defeitos da liderança. O não investimento tem seu preço. O investimento nesse estágio consome tempo, mas é essencial. A marca da liderança é desenvolvida quando um número suficiente de líderes em cada nível da empresa sabe como gerar os resultados certos (para os clientes) da maneira certa.

Mudanças de estratégia

Quando a estratégia futura da organização difere de sua estratégia anterior — como acontece com muita frequência hoje —, os requisitos da marca da liderança também devem mudar. A Payless ShoeSource viu-se nessa posição. Nos últimos anos, o modelo de negócios original da Payless vem sofrendo pressões cada vez maiores. A ideia inicial (vender muitos sapatos baratos) alcançou um sucesso enorme durante décadas. Quando as grandes varejistas acrescentaram departamentos de calçados em seu mix de produtos, a concorrência apenas baseada em preço não era mais suficiente.

Um novo CEO, Matt Rubel, conhecido por transformar a marca Cole Haan em uma potência da moda, trouxe uma nova visão para a Payless quando assumiu o comando em 2005. Sob a liderança de Rubel, a empresa implementou uma nova estratégia de negócios para: democratizar o estilo, o design e a inovação na categoria calçados e acessórios, oferecendo produtos autênticos e originais; tornar-se um centro varejista de marca, oferecendo produtos de marcas conhecidas com as últimas tendências, tecnologia e qualidade, mantendo, ao mesmo tempo, o preço tradicional; aprimorar a experiência de compra e reposicionar a imagem da marca da Payless para atrair novos clientes; estender sua integração vertical superior para oferecer produtos excelentes a um preço excepcional. A nova estratégia gerou uma mudança do modelo de negócios da Payless de uma revendedora de produtos comprados de outras fontes para a identificação e a interpretação de tendências e a criação de designs originais.

Trabalhando com Jay Lentz, vice-presidente sênior de Recursos Humanos, Rubel identificou lacunas nas qualificações de sua equipe de líderes. Estava claro que a nova estratégia de negócios precisava de novos especialistas e líderes em funções importantes. Em 2006, a Payless aproveitou o número de líderes existentes na empresa acrescentando mais de duas dúzias de novos líderes nos níveis de diretoria e superior em áreas importantes, incluindo estratégia, fornecimento global, cadeia de suprimentos, criação e design.

Com novos talentos em posições importantes, a Payless fez progressos significativos em direção à implementação da nova estratégia. Alguns pontos de sucesso incluem:

- A primeira atualização da logomarca da empresa em vinte anos;
- O lançamento de um novo formato de loja, denominado "laboratório da moda", e uma renovação de 11% da cadeia de lojas da Payless na América do Norte no fim de 2006;
- A criação de um Centro de Design em Nova York, cuja equipe de design recentemente atuara como designers em marcas de luxo como Kenneth Cole, Michael Kors e outras;
- Alianças com importantes designers e estilistas e lançamento da primeira linha com design da Payless, a Abaeté for Payless, a marca de calçados de maior distribuição nos Estados Unidos hoje;
- A aquisição da American Eagle e o lançamento da nova marca Tailwind em parceria com o Exeter Brands Group da Nike Inc. (essas marcas fazem parte das ofertas ampliadas da Payless com a Champion, Airwalk, Spalding e Dunkman).

Após três anos de desempenho negativo, a Payless registrou oito trimestres consecutivos de vendas positivas na mesma loja e alcançou um recorde de vendas em 2006 para o conceito Payless.

A marca da liderança pode ser ajustada à medida que a estratégia vai mudando. Em 1963, o presidente da IBM Thomas J. Watson Jr. publicou *A Business and its Beliefs: The Ideas that Helped Build IBM* (Uma empresa e seus credos: as ideias que ajudaram a construir a IBM), que lançou as bases para o estilo de liderança esperado na IBM. O livro tem como princípio a tese de que, para uma empresa sobreviver e prosperar, deverá ter um conjunto sólido de crenças subjacente a todas as suas políticas e ações, que o fator mais importante no sucesso corporativo é a fiel adesão a esses credos e, finalmente, que, para uma instituição atender aos desafios de um mundo em mudança, deverá estar preparada para alterar tudo a seu respeito ao longo da vida corporativa, à exceção desses credos.[2]

Watson, que tinha todos os motivos para saber o que estava dizendo, acreditava que a IBM precisava de três credos básicos:

- Respeito pelo indivíduo
- Foco no cliente
- Excelência em tudo o que faz

Esses credos e a cultura, e a marca da liderança que se seguiu, funcionaram durante décadas, e a IBM tornou-se uma das maiores empresas do mundo, sendo o ano de 1990 o mais lucrativo de sua história. A cultura da IBM se manifestava na imagem da Big Blue de ternos e gravatas escuros e camisas brancas, e nas histórias de que "IBM" queria dizer, na verdade, "*I've been moved*" (literalmente, "fui transferido"), de que todos nos lembramos.

Com o tempo, entretanto, cada um desses credos assumiu novas camadas de significado que não mais se encaixavam com o ambiente externo. *Respeito pelo indivíduo* significava emprego vitalício e nunca despedir ninguém. *Foco no cliente* implicava dizer aos clientes o que fazer (particularmente, defender o uso de computadores de grande porte) diante do interesse cada vez maior em tomar decisões independentes (com o advento do laptop e dos computadores portáteis). *Excelência em tudo que faz* levou a um nível de perfeccionismo tamanho que dificultava cada vez mais a introdução de inovações e novos produtos no mercado.

Em 1993, a indústria da computação havia mudado. Apenas três anos após alcançar o auge em lucros, a IBM estava prestes a perder US$ 16 bilhões e se encontrava à beira de uma provável falência — resultado de seu tamanho, cultura insular e da era do

PC que ela havia ajudado a inventar. Foi então que Lou Gerstner foi chamado para administrar a empresa. Gerstner percebeu que os três credos clássicos e a marca da liderança baseada neles tinham de ser abandonados. E era ele quem iria abatê-los.[3]

Gerstner levou a IBM a identificar uma nova marca da liderança, baseada no apoio a um novo conjunto de valores que criaram um grupo de três credos básicos para os líderes na IBM — sua nova marca da liderança:

- Vencer
- Executar
- Trabalhar em equipe

De acordo com nossos colegas na IBM na época, esse novo sistema de credos não encontrou resistência; os líderes da IBM em todos os níveis hierárquicos adotaram logo o sistema porque ele se encaixava perfeitamente à nova realidade. Quase imediatamente, a sorte da empresa mudou.

A implicação para o desenvolvimento de uma marca da liderança na Payless e na IBM é que os esforços estratégicos que posicionam a empresa em um estado futuro devem ser projetados no presente por meio da evolução da marca da liderança.

Geografia

Sua localização física como instituição pode ter impacto significativo em sua forma de planejar as futuras necessidades de liderança. Por exemplo, a Central Utah Clinic (CUC) é uma empresa independente de profissionais médicos com sede em Provo, no estado norte-americano de Utah; o presidente e o presidente do Conselho de Administração é o gastrenterologista Dr. Tom Dickinson. A assistência médica na região é fortemente dominada pela Intermountain Healthcare, um sistema de saúde integrado, com a própria divisão de médicos. Nos últimos anos, a CUC cresceu muito, apesar da acirrada concorrência da Intermountain. Cresceu de trinta associados médicos com receitas anuais de US$ 28 milhões para cem associados com receitas anuais de US$ 100 milhões.

Alguns anos atrás, a CUC contratou Scott Barlow como CEO. Barlow concentrou-se em reduzir os custos da prática médica instalando um sistema de TI de ponta que fornece serviços centralizados de administração e faturamento. A CUC também investiu em equipamentos médicos que geram lucros para o grupo. Em uma pesquisa realizada no ano passado sobre a folha de pagamento, os médicos da CUC, em média, estavam no 90º percentil em termos de renda nacional. Trata-se de uma conquista extraordinária para um grupo de médicos que vivem na região central de Utah.

A pergunta que Dickinson, Barlow e os médicos da CUC se fazem é se devem ou não continuar expandindo em termos de localização. A CUC tem uma cultura sólida, e tanto os médicos quanto a equipe consideram a empresa o empregador de preferência. Se ela continuar crescendo, talvez enfrente queda na eficiência de escala com a admissão de novos grupos de médicos e a nomeação de novos líderes administrativos nessas áreas — e os atuais empregados e médicos temem, com razão, que terão de arcar com esses custos adicionais. Por outro lado, se o grupo não continuar a crescer, poderá enfrentar preocupações com o fraco crescimento e os baixos lucros, que poderiam prejudicar o ambiente de trabalho e a cultura da empresa como um todo.

Em uma reunião recente, o comitê executivo e o Conselho de Administração da CUC examinaram suas opções e decidiram continuar a crescer, expandindo para outros municípios próximos. Fizeram isso com um claro entendimento de suas opções e das implicações dessas opções para a liderança e a eficácia da instituição. A marca da liderança foi consistente com sua localização geográfica, e reconhecer isso permitiu que a CUC crescesse.

O motivo para desenvolver uma marca da liderança no âmbito geográfico é garantir que a empresa entenda as implicações de entrar em novas regiões e garantir um processo eficaz para administrar todos os desafios da liderança que podem ser razoavelmente previstos. Hoje, a maioria das grandes empresas fala sobre expansão geográfica para entrar em países como China, Índia, Rússia, Brasil e Indonésia — uma expansão muito mais complexa do que a pretendida pela CUC em municípios próximos em Utah. Esses países são considerados importantes para o futuro por conta de seu crescimento populacional e econômico. Instrumentos de planejamento de pessoal podem ser usados para identificar as necessidades numéricas de líderes em determinada região. Entretanto, isso não é suficiente. Se países como Brasil, Índia, Rússia e China são o futuro, então os futuros líderes seniores precisarão de experiência nessas culturas para que saibam como operar eficientemente nessas regiões, e reconhecer os processos de liderança que terão de ser ajustados. Definir a marca da liderança, avaliar líderes futuros, criar programas de desenvolvimento, oferecer planos de carreira e usar talento local *versus* global são algumas questões a serem abordadas para desenvolver uma marca da liderança adaptada a regiões geográficas. Sem atenção a esses elementos que devem estar refletidos na marca da liderança, uma estratégia de expansão poderá fracassar rapidamente. Por exemplo, a Wal-Mart saiu da Alemanha em parte porque não conseguiu adaptar suas práticas ao ambiente alemão.

Combinação de fusões e aquisições e crescimento orgânico

Se você comer demais ou muito rápido na mesa de jantar ou na mesa de negociações, poderá se atrapalhar. O sofrimento e a recuperação do Citigroup — uma potência de serviços financeiros de US$ 90 bilhões ao ano, que é consistentemente uma das empresas mais lucrativas do mundo (ele concorre com a ExxonMobil nessa categoria, dependendo do preço do petróleo) — mostram a força desse alerta. O Citigroup atual foi formado em 1998, quando o lendário CEO Sandy Weill, de Travelers Insurance, incorporou sua empresa ao Citicorp. Durante os anos seguintes, Weill liderou uma série de aquisições que fizeram o Citigroup crescer para se transformar em um grupo altamente descentralizado de empresas de serviços financeiros, incluindo a Smith Barney, a Banamex, a CitiFinancial, The Associates e a Primerica. Quando Weill tornou-se presidente em 2004, seu sucessor como CEO foi Chuck Prince, que na época era diretor jurídico. A expectativa era de que o Citigroup continuaria a crescer principalmente por meio de fusões e aquisições.

Isso mudou em 2005, em meio a uma série de contratempos enfrentados pelo grupo. A divisão de Private Banking do Citigroup foi expulsa do Japão pelos reguladores por não seguir os protocolos. Isso teve impacto imediato no valor de mercado de cerca de US$ 12 bilhões, pois os investidores perderam a confiança no futuro próximo do Citigroup. O cenário só fez piorar quando se tornou pública a perda de informações de clientes, que ocorrera meses antes, em Cingapura (depois que uma caixa caiu de um caminhão). Para piorar a onda de más notícias, o governo alemão processou a empresa por suposta falta de ética em suas práticas de negociação em Londres. Durante esse período, os reguladores globais se uniram para proibir que o Citigroup fizesse novas aquisições até que encontrasse uma forma de controlar o que já possuía.

Em vez de se concentrar em continuar a expansão do grupo, Chuck Prince precisava demonstrar uma mudança das prioridades internas de forma rápida e eficiente. Prince respondeu esclarecendo e disseminando com vigor a marca da liderança do Citigroup. Ele o fez criando o que chamou de Plano de Cinco Pontos, que incluía uma estratégia para alinhar as práticas da empresa com as práticas éticas de liderança e os casos representativos das lições aprendidas pelo Citigroup. Nos dois anos seguintes, Prince conseguiu definir uma direção com base em uma marca da liderança que equilibrava as responsabilidades compartilhadas do Citigroup (responsabilidade para com a franquia, para com o cliente e entre si) com a exaltada disposição do grupo em gerar resultados. À medida que a empresa demonstrava — interna e externamente — que queria alcançar os resultados certos da maneira certa, os reguladores responderam favoravelmente, eliminando restrições às atividades de aquisição do Citigroup, as flutuações dos analistas perderam força, a segurança dos empregados foi restaurada e os clientes reconquistaram a confiança de que seus parceiros financeiros estavam firmes em seu propósito. Curiosamente, Prince agora está buscando o crescimento orgânico como opção preferencial para o futuro e, no ano em que este livro foi escrito, mudou o foco de "responsabilidades para com a franquia" para a ênfase em desenvolver o compromisso com o cliente e o crescimento.

A justificativa para desenvolver a marca da liderança por meio de crescimento orgânico ou aquisições é articular as implicações para a liderança de cada opção de crescimento. Uma boa estratégia deixará isso claro. Se o objetivo da empresa é crescer através de fusões e aquisições, a marca da liderança deverá ser inculcada de forma ativa e meticulosa nas novas empresas adquiridas. Essa integração da liderança significa transferir líderes para a nova empresa, mas também articular e investir na marca da liderança na empresa adquirida. Em um modo de crescimento principalmente orgânico, os líderes precisam saber como desenvolver a marca da liderança em suas instituições ou divisões — e se comprometerem com esse desenvolvimento, sendo devidamente recompensados por isso. Esse processo se dá com valores compartilhados, cooperação, cultura e talento. As empresas envolvidas em uma combinação de esforços de fusões e aquisições e crescimento orgânico devem desenvolver líderes futuros com experiência nas duas áreas para que tenham uma perspectiva sobre os desafios oferecidos por cada opção.

Funções críticas

Planejar as funções críticas nas empresas sem uma marca da liderança em geral concentra-se em questões relativas ao executivo sênior individual, sem um enfoque mais abrangente e profundo envolvendo a marca da liderança. É preciso pensar nos líderes em todos os níveis da empresa para desenvolver a marca da liderança. Qualquer estratégia colocará maior pressão em determinados cargos de chefia do que em outros, à medida que a estratégia é implementada com sucesso e o crescimento ocorre. Identificar esses "cargos críticos" e o impacto que terão no sucesso da estratégia organizacional é um componente essencial do desenvolvimento e do reconhecimento de onde concentrar a atenção da liderança no futuro.

A Lowe's é um exemplo da importância dessa questão. Concorrente direta da Home Depot, está expandindo suas operações muito rapidamente. Qualquer empresa que cresce nesse ritmo enfrentará pressões em todas as funções e em todos os níveis da liderança. Entretanto, que nível sofrerá as maiores pressões? Ainda mais importante: se a Lowe's alcançar sucesso, quais líderes terão mais impacto na execução bem-sucedida da estratégia? Nosso palpite é que os gerentes das lojas terão as funções mais críticas para o futuro da empresa.

Como parte da justificativa para desenvolver a liderança, é necessário revisar a estratégia buscando identificar que cargos são mais críticos para a implementação bem-sucedida da estratégia. Em geral, tende a envolver uma revisão da estrutura atual, assim como uma previsão sobre as prováveis mudanças estruturais no futuro. Essa análise é muito útil, pois centra-se em onde investir os recursos de desenvolvimento. Saber como e onde a estratégia criará demanda pela marca da liderança diferencia estratégias bem-sucedidas das malsucedidas.

O valor e a marca da liderança

Um segundo enfoque para o desenvolvimento da marca da liderança é o impacto da qualidade da liderança sobre o valor. Discutimos, em outro momento, que o valor é definido mais por quem recebe do que por quem dá, o que significa que o valor da marca da liderança deverá aparecer:[4]

- para os investidores
- para os clientes
- para os empregados

A Tabela 2-2 resume a maneira como isso funciona.

TABELA 2-2

Estabelecendo a conexão com o valor

Oportunidade	Valor derivado da marca da liderança
Investidores	Uma sólida marca da liderança aumenta a confiança dos investidores nos lucros futuros e aparece nos intangíveis dos investidores. A marca da liderança importa porque sustenta o valor de mercado.
Clientes	À medida que as necessidades e os gostos dos clientes mudam, a marca da liderança deve adaptar-se para continuar a gerar proposições de valor sustentáveis que tenham sentido para os clientes. A marca da liderança importa porque aumenta a participação dos clientes.
Empregados	A marca da liderança garante o valor contínuo, criado pelos clientes, aumentando o compromisso e o envolvimento dos empregados. A marca da liderança importa porque afeta a competência e o compromisso dos colaboradores, que estão intimamente relacionados com a retenção e a satisfação dos clientes e, por sua vez, com os retornos financeiros e o valor de mercado.

A marca da liderança cria valor para os investidores

Warren Buffet é um dos maiores investidores do mundo e sua empresa está entre as principais colocadas na lista da revista *Fortune*. Buffet concentra-se basicamente em dois fatores: (1) quer investir em negócios que ele entenda; e (2) aposta na qualidade dos líderes. Se ele acredita na liderança, acredita na empresa.

A maioria dos investidores sagazes decide investir em uma empresa em vez de outras porque preveem que o futuro da empresa escolhida será melhor. Conhecer a equipe de liderança — seu histórico, como lidaram com os problemas antes, como atraíram capital e assim por diante — é um sólido indicador da probabilidade de sucesso futuro. Em *How Leaders Build Value*, exploramos como os intangíveis aumentam ou reduzem a confiança no futuro.[5] Um parâmetro para avaliar esse desempenho é o múltiplo de preço–lucro. Quando comparamos empresas no mesmo setor, um múltiplo maior indica mais confiança dos investidores no futuro. Como já mencionado no Capítulo 1, os índices de P/L em determinado setor podem variar até 50%. Embora flutuações de curto prazo possam ocorrer em função de vários fatores, prêmios ou descontos de longo prazo começam a refletir a confiança dos investidores na qualidade da liderança.

A confiança dos investidores pode subir ou cair, dependendo da confiança coletiva dos investidores na seriedade da liderança na empresa. Os exemplos atuais de instituições em que a marca da liderança criou valor intangível que se reflete no índice de preço–lucro incluem as altas taxas de confiança dos investidores da Pfizer em produtos farmacêuticos, ou dos da Herman Miller em móveis de escritório, dos da Toyota no setor automotivo, além da maneira como as receitas relativamente baixas da Southwest Airlines sustentam seu valor de mercado muito acima do que o de seus concorrentes.

Os líderes também destroem o valor da marca da liderança quando agem de forma contrária aos melhores interesses dos acionistas. Como muitos leitores, acompanhamos com fascínio mórbido o julgamento de Jeffrey Skilling e Kenneth Lay, ex-CFO e CEO da Enron. Os promotores acusaram Skilling e Lay pela falência da Enron. Nesse processo, ambos ganharam notoriedade por serem párias — representam exatamente o oposto da liderança eficaz. Mentiras e a manipulação da real situação da empresa podem impulsionar a confiança momentânea dos stakeholders, mas é a receita para o desastre quando vêm à tona. Um exemplo mais comum de como a marca da liderança pode destruir o valor para os investidores vem da mudança de líderes na Pfizer, em que a saída de Henry McKinnel e a nomeação de Jeffrey Kindler resultaram em queda no preço das ações, pois a confiança dos investidores no futuro caiu quando o Conselho substituiu um CEO de sucesso e conhecido por um novato com pouca experiência no ramo farmacêutico.

A marca da liderança deve ser sustentável ao longo do tempo para criar valor para os investidores — não pode basear-se em promessas vazias e em falsas premissas ou em líderes indesejados ou desconhecidos.

A marca da liderança cria valor para os clientes

Em meio à preparação deste livro, a mídia está falando sobre a falência da General Motors praticamente como um fato consolidado. Mas será verdade? Os especialistas nos dizem que a GM não sabe como construir carros que satisfaçam os anseios dos clientes; é por isso que os clientes estão procurando a Toyota, a BMW e a Mercedes. Apontam uma série de problemas da GM, especialmente os altos custos legados de sua operação (cada funcionário ativo nos Estados Unidos sustenta 3,2 aposentados, chegando a um custo de US$ 1.500 por veículo e destruindo os lucros de todos os produtos, exceto dos carros mais caros).

Apesar disso, confiamos que Rick Wagoner, o CEO da GM, tem condições de restaurar o vigor da empresa para o futuro. No último ano, uma das principais prioridades da GM foi a de melhorar seus negócios na América do Norte a fim de posicionar a empresa para lucratividade e crescimento sustentável a longo prazo e alcançar competitividade em nível global. Em 2005, a GM anunciou um acordo histórico para compartilhar os custos de planos de saúde com os trabalhadores do setor automobilístico, o que reduziu o passivo de assistência médica dos aposentados norte-americanos em US$ 15 bilhões. Essa é apenas uma das muitas medidas que a GM adotou para se tornar mais competitiva e enfrentar seus custos operacionais legados. Enquanto isso, está vendendo fábricas e oferecendo pacotes a todos os empregados horistas na América do Norte. Também está alienando ativos — incluindo uma participação de 51% na GMAC Finance, vendida para uma empresa de private equity por US$ 14 bilhões. Nos mercados fora da América do Norte (Europa, Ásia e América Latina), a GM é lucrativa.

Mas Wagoner não está satisfeito em apenas reduzir os custos como seu estilo de liderança da GM. Em 2001, ele recrutou Bob Lutz, conhecido pelo seu trabalho na Ford com carros como o Mustang, para chefiar a renovação de sua linha de produtos. Lutz é considerado um grande líder, que pode desenhar carros que os clientes queiram comprar, e parece estar no caminho certo na GM. A revista *Time* descreveu novos grandes carros como candidatos a restaurar a lucratividade da GM, por causa de sua conexão com os principais clientes.[6]

- *Saturn Aura:* "Seu design alemão é uma aposta para reconquistar compradores que partiram para modelos da VW, Honda e Toyota."
- *Buick Lucerne*: "Elogiado por proporcionar excelente direção, fácil manuseio e oferecer uma cabine silenciosa."
- *Chevrolet HHR*: "Está conquistando compradores atraídos pela boa economia de combustível e interior espaçoso. A GM teve de aumentar a produção... e parece com um PT Cruiser."
- *Chevrolet Tahoe*: "O pessoal que gosta de grandes veículos utilitários vai adorar este modelo para toda a família."

Finalmente, a GM agora está agradando aos clientes chineses — um mercado gigantesco e com potencial para salvar a empresa. Está investindo na China, sem downsizing, pois seus veículos estão vendendo a bom preço em função de sua qualidade. Com esses novos lançamentos de produtos, os líderes da GM como Wagoner e Lutz demonstraram que a empresa está trabalhando para criar uma marca da liderança mais orientada aos clientes.

A marca da liderança gera valor para os empregados

A atitude dos empregados na empresa (em geral, chamada de envolvimento ou compromisso) está ligada ao comportamento do cliente em relação à empresa (satisfação e retenção dos clientes). Existem várias maneiras como essa ligação foi estabelecida.

A Sears fez uma pesquisa que demonstrou que a atitude dos empregados era um dos principais indicadores da atitude dos clientes e do desempenho financeiro da empresa. Descobriu que um aumento de cinco pontos na atitude dos empregados correspondia a um aumento de 1,3 ponto na satisfação do cliente e de 0,5% em termos de crescimento dos lucros.[7]

Além disso, todos os anos, a revista *Fortune* publica uma edição especial sobre as melhores empresas para se trabalhar. Nesse estudo, elas são avaliadas em termos de remuneração, rotatividade, diversidade e moral dos empregados. Além dessa pesquisa, a *Fortune* examina o desempenho dessas empresas em termos financeiros, e fica evidente que aquelas consideradas boas também realizam ótimos investimentos.

A Figura 2-1 mostra que, se você tivesse comprado ações das empresas quando a lista foi publicada em 1998 e reinvestido na nova lista todos os anos, seu rendimento anual seria de 10,6%. Isso supera o percentual de 5,7% de retorno anual da S&P 500 para o mesmo período. Esses números representam um índice de capitalização de mercado: avaliando cada ação igualmente, o retorno seria de 18,2% anualmente.[8]

Vale a pena notar que a Enron foi incluída na lista das Melhores Empresas para se Trabalhar em 1998, 1999 e 2000. Uma explicação para esse fato surpreendente é que os empregados e os investidores da Enron foram enganados pela Diretoria da empresa. A Enron não apareceu na lista de 2001.

O que faz com que determinada empresa chegue a esse tipo de lista e também impulsiona os retornos dos investidores? O segredo não envolve remuneração e condições de trabalho, ou a criação de um ambiente tipo clube campestre. O que realmente motiva as pessoas são fatores como desafios no trabalho, oportunidades para crescer e se desenvolver profissionalmente, e relações com outras pessoas no grupo de trabalho, especialmente com o líder.

A marca da liderança gera valor para os empregados quando os líderes criam condições para o alto desempenho, que leva ao compromisso dos empregados. As pessoas que sentem que integram uma equipe vencedora e que sua equipe está fazendo diferença e sendo reconhecida por suas contribuições, estão dispostas a se empenhar ao máximo para gerar resultados contínuos. A Costco é famosa por não só atender às necessidades dos clientes, mas também por ter funcionários comprometidos e engajados. A rotatividade dos funcionários é um terço abaixo da dos concorrentes e, embora pague melhor, sua produtividade é 20% mais alta do que a média da indústria (vendas por empregado).[9]

Conclusão

Na busca por desenvolver a marca da liderança, encontrar bons motivos para tal é uma das etapas menos lembradas. Talvez enfrentemos essa situação de forma inesperadamente frequente

FIGURA 2-1

Retorno no mercado de ações segundo a revista *Fortune* "Melhores Empresas para se Trabalhar"

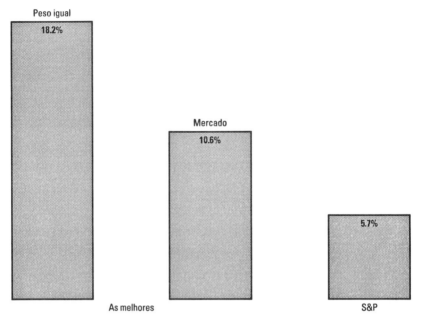

Fonte: *Fortune*, 27 de maio de 2002, p. 162.

porque as pessoas só nos procuram quando já decidiram agir. Entretanto, ignorar essa etapa é prenúncio de um processo de desenvolvimento da marca da liderança apenas para os "bons momentos", que só serve quando os lucros estão ótimos. Ter um caso de negócios explícito como justificativa para a marca da liderança é a única maneira de garantir investimentos contínuos e sustentáveis no processo de desenvolvimento da marca da liderança. O que parece um investimento óbvio hoje pode ser um alvo fácil para redução de custos no futuro, se não houver uma justificativa clara. Preparar-se para a mudança evita a busca infrutífera de líderes e a perda de liderança.

AVALIAÇÃO 2-1

Índice de compromisso para com a marca da liderança

Circule o número que corresponde ao nível de investimento na marca da liderança de sua empresa

	Até que ponto ...	Pouco Muito
1. Planejamento de pessoal	Temos uma visão clara de quantos líderes são necessários, quais as habilidades existentes e onde precisamos que eles sustentem nossa estratégia de negócios e objetivos de crescimento?	1 2 3 4 5 6 7 8 9 10
2. Resultados certos da maneira certa	Existe um processo para garantir a continuidade de nossa cultura e dos valores que entregamos aos novos líderes?	1 2 3 4 5 6 7 8 9 10
3. Mudanças de estratégia	Temos um processo sistemático que garanta que nossos líderes tenham as competências técnicas e sociais certas para levar a cabo estratégias em constante mudança e superar os desafios?	1 2 3 4 5 6 7 8 9 10
4. Geografia	Temos um processo explícito para oferecer aos líderes em todos os níveis hierárquicos experiências em geografias que representem nosso portfólio estratégico futuro?	1 2 3 4 5 6 7 8 9 10
5. Fusões & Aquisições ou crescimento orgânico	Fornecemos tarefas capazes de desenvolver as competências de líderes que sejam consistentes com nossa forma de planejar o crescimento — por meio de aquisições ou do crescimento orgânico?	1 2 3 4 5 6 7 8 9 10
6. Funções críticas	Identificamos e preparamos líderes em funções que enfrentarão as maiores pressões ao longo de nosso crescimento?	1 2 3 4 5 6 7 8 9 10
7. Reservas	Existem reservas suficientes em termos de executivos seniores ou funções críticas?	1 2 3 4 5 6 7 8 9 10
8. Valor para o investidor	Geramos confiança nos investidores sobre a qualidade de nossa marca da liderança?	1 2 3 4 5 6 7 8 9 10
9. Valor para o cliente	Temos líderes capazes de desenvolver uma empresa que atenda ou supere as expectativas dos clientes de forma consistente?	1 2 3 4 5 6 7 8 9 10
10. Valor para o empregado	Temos líderes capazes de atrair, reter e envolver empregados com alto desempenho?	1 2 3 4 5 6 7 8 9 10
	Total	

Resultado:
Acima de 75 = Você já conseguiu mostrar a necessidade de desenvolver uma marca da liderança e pode passar para as etapas recomendadas no Capítulo 3.
Entre 40-75 = Você ainda precisa identificar outros motivos para desenvolver uma marca da liderança.
Abaixo de 40 = Faça seu dever de casa e crie um plano para este importante investimento.

Se você for um líder ou responsável individual pelo desenvolvimento da liderança em determinada empresa e seus líderes seniores entenderem o conceito — *ou seja, eles não apenas afirmam que a liderança é importante, mas investem recursos pessoais e corporativos para torná-la realidade* —, este capítulo só confirma o trabalho já realizado. No entanto, se estiver lidando com um compromisso superficial para com a liderança, poderá usar os argumentos aqui apresentados para desenvolver bons motivos para o investimento em liderança. Faça a Avaliação 2-1 e convide outros membros de sua equipe para fazerem o mesmo. Com isso, ficará claro que o investimento na marca da liderança é um dos mais significativos já realizados para seu próprio sucesso e o sucesso futuro de sua empresa.

3

Como criar uma declaração para a marca da liderança

Quando perguntamos aos participantes de nossas oficinas o que torna um líder eficaz, costumamos obter respostas genéricas: os líderes eficazes têm integridade, paixão e coragem; sabem como definir objetivos, montar equipes e envolver os funcionários. Tudo isso é verdade, é claro, e mostra que nossos participantes internalizaram o código da liderança genérico que apresentamos no Capítulo 1. O que constitui um líder está incorporado neste código, mas não é suficiente para explicar a eficácia da liderança.

Como observado no Capítulo 1, uma vez que o código da liderança pode explicar 60 a 70% da liderança, ele é necessário mas não suficiente para alcançar eficácia. Os líderes que dominam o código têm maior probabilidade de ser eficazes. A menos que adaptem o código a seu ambiente particular e criem diferenciação vendo a própria liderança pelos olhos de clientes e investidores externos, eles continuarão a ser líderes genéricos. Em empresas grandes e pequenas, o sucesso na liderança vai além do código, constituindo uma declaração que inclui o código e o estilo de liderança necessários para adequá-los àquele cenário específico: *a marca da liderança.*

Voltando à analogia com o automóvel, assim como todos os carros contam com sistemas internos semelhantes — suspensão, chassi, freio, combustível etc. —, todas as empresas precisam dos elementos básicos do código da liderança. Da mesma forma, assim como o sistema de suspensão de um veículo utilitário é diferente do sistema presente em um sedã (e novamente diferente caso se trate de um modelo "Lexus" ou "Toyota"), o sistema de gestão do desempenho em uma empresa de microeletrônica será diferente do sistema implantado em uma gigante petroquímica — e novamente diferente entre uma companhia em cada setor e outras no mesmo setor. Ou seja, a expressão da liderança em um setor de rápidas mudanças e a curto prazo será diferente de sua expressão em um setor industrial mais centrado na estabilidade de longo prazo, e vai mudar de acordo com a proposição de valor que a empresa em cada setor mantém. Os líderes em todas essas empresas devem ser pessoalmente eficazes, estrategistas, executores, gestores de talentos e desenvolvedores de capital humano, mas essas capacidades encontrarão expressão diferenciada em cada contexto. Como dissemos, dominar os princípios genéricos implícitos pelo código da liderança explica cerca de dois terços da liderança eficaz. O restante vem de adaptar esses princípios ao contexto específico e construir uma identidade diferenciada que liga o ambiente externo ao interno, o que chamamos de avançar da liderança para a marca da liderança.

Embora sedãs e carros esportivos tenham sistemas diferentes, os vários fabricantes têm características exclusivas de produtos e serviços que diferenciam e posicionam cada marca. Da mesma forma, mesmo depois de os líderes terem dominado o código, eles precisam adaptar a marca da liderança para ajudar sua empresa a se destacar das demais. Essa diferenciação — a criação da marca da liderança da empresa — é o elo entre as visões dos clientes (marca da empresa) e a dos funcionários da empresa (cultura). A marca da liderança torna-se o processo segundo o qual a identidade do cliente externo se traduz no comportamento dos funcionários e nos processos organizacionais. Quando essa ligação entre os ambientes externo e interno é concretizada (em termos de retórica e ação), isso é chamado de *declaração da marca da liderança*.

A imagem da ponte ajuda a entender esse conceito. A ilha em uma das pontas representa a marca da empresa, sua identidade na mente dos clientes potenciais ou a experiência que os clientes têm com a empresa. A marca da empresa posiciona a instituição no mercado, gera reputação e conquista a lealdade do cliente com o tempo. A outra ilha representa os comportamentos dos empregados dentro da empresa com base na cultura organizacional ou de como os funcionários trabalham — entre si e com os clientes. Quando a cultura interna estabelece o elo com a marca da empresa exterior, os empregados entendem como seus comportamentos levam a uma maior participação dos clientes, e estes consideram que seus interesses serão levados em conta pelos empregados. A ponte que liga a cultura interna e a marca externa da empresa é a marca da liderança. Os líderes traduzem as expectativas dos clientes em comportamentos dos empregados. Garantem que as demandas dos empregados se manifestem como ações concretas no ambiente de trabalho. Tornam a identidade da empresa real por meio de políticas e práticas internas. Uma declaração da marca da liderança torna-se o elo entre clientes e empregados.

Uma declaração da marca da empresa requer uma análise cuidadosa e detalhada da imagem que ela deseja que os clientes guardem de si, que resulta em uma declaração que capte essa mensagem. Uma marca complementa as declarações de visão, missão e valor. As declarações de visão explicam por que determinada empresa está no mercado; as de missão definem em que ramo atuam; as de valor concentram-se no que esperam de seus colaboradores internos e, com frequência, geram cinismo, porque há pouca base na realidade ou em ações concretas. Uma marca, por outro lado, estabelece uma ligação da reputação da empresa com as necessidades dos clientes e as esperanças dos investidores. Quando o comportamento de um líder é moldado pelas expectativas dos clientes, ele está enraizado em uma realidade externa maior do que a individual. As expectativas da marca no mercado tornam-se critérios para o comportamento dos empregados e da instituição como um todo no local de trabalho. A lógica da marca reorienta as declarações de visão, missão e valor para um foco de fora para dentro. A marca enfatiza a imagem que a empresa deseja que os *clientes* guardem de si, em vez de pensar apenas nela própria.

Da mesma forma, uma declaração da marca da liderança começa com um alinhamento da liderança (em termos de atributos e resultados) com a identidade do cliente da empresa e a estratégia subsequente, e parte desse alinhamento para chegar a uma declaração simples que é a base para o conjunto de expectativas e padrões para a liderança. Por exemplo, a 3M quer que os clientes a conheçam por sua capacidade de inovar, por isso os executivos transmitem dedicação à inovação em relatórios aos investidores, clientes e funcionários. A 3M avalia seus líderes e divisões pela inovação, ou o percentual de novos produtos criados nos últimos anos. A inovação como marca da empresa torna-se uma marca da liderança quando os líderes em todos os níveis organizacionais ficam cientes da identidade inovadora da empresa e alinham seus comportamentos, resultados e suas próprias identidades pessoais com a necessidade de inovar. As práticas de RH, por meio de critérios usados em decisões acerca da contratação, promoção e remuneração dos colaboradores, reforçam a inovação como marca da liderança. A inovação torna-se o padrão para a liderança e está incorporada nas práticas de desenvolvimento da liderança. A declaração da marca da liderança determina o comportamento dos líderes, de modo a refletir as expectativas dos clientes e o comportamento dos empregados e da instituição como um todo. Essa declaração da marca da liderança é então incorporada em práticas que moldam os líderes em toda a empresa.

Como criar uma declaração da marca da liderança

Em seu nível mais básico, a criação de uma declaração da marca da liderança simplesmente requer transformar os descritores da marca da empresa em comportamentos de liderança. A marca de uma empresa define o que seus melhores clientes sabem sobre ela. A Apple quer ser conhecida pela inovação; a General Electric, pela invenção; o Marriott, pelo atendimento; a Wal-Mart, pelo custo. Essas imagens externas precisam ser transformadas em comportamentos de liderança. Um modelo de marca da liderança na Apple exibiria comportamentos que estimulassem a inovação (ou seja, assumir riscos, experimentar, encorajar o debate e o diálogo, entre outros). Por outro lado, o modelo na Wal-Mart enfatizaria comportamentos que reduzem custos (ou seja, reengenharia de processos, contratação agressiva com fornecedores e controle rígido do orçamento, entre outros). No caso do Marriott, os comportamentos seriam consistentes com o atendimento (conhecer os clientes, ouvir seus anseios, responder às suas necessidades, entre outros). Enquanto o código da liderança sugere que todos os líderes em todas as empresas precisarão dominar o básico, a marca da liderança permite que as empresas adaptem sua liderança aos requisitos externos.

Embora esse processo seja simples, identificamos seis etapas para criar uma declaração de marca da liderança que diferencia os líderes de acordo com a identidade que a empresa deseja estabelecer entre os clientes potenciais. A elaboração dessa declaração aproveita os modelos de competência tradicionais alinhando as competências com a marca da empresa, concentrando-se no futuro, e não no passado, e definindo os resultados que devem ocorrer — em vez de apenas as competências que diferenciam o bom e o mau desempenho. Esse enfoque dado à marca da liderança começa com um entendimento das expectativas dos clientes e de como elas estruturam a estratégia, passa para a definição da marca da empresa e, em seguida, adapta o código da liderança e os resultados previstos. Tudo isso é integrado em uma declaração e os padrões são elaborados para avaliar a liderança. Trata-se de um processo lógico e linear que permite aos executivos criarem uma declaração de marca da liderança que funcione bem para a empresa (veja a Figura 3-1).

FIGURA 3-1

Criando uma declaração da marca da liderança

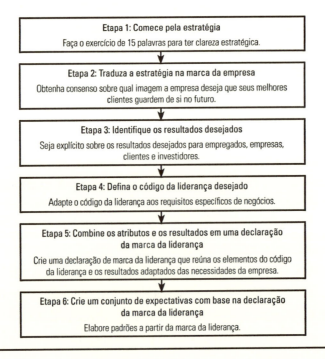

Etapa 1: Comece pela estratégia

Muitos termos são usados para descrever como a empresa se posiciona para o sucesso futuro. Em geral, a visão define o motivo pelo qual ela está no mercado; uma missão define seu ramo de atuação; a estratégia define como vencer; os valores definem o que é mais importante e as metas ou os objetivos definem o que será feito para acompanhar e monitorar o processo. Uma estratégia para vencer pode ser explicada em qualquer um dos muitos níveis da instituição. A estratégia envolve alocar recursos para vencer no mercado. Em uma empresa com várias divisões, a estratégia é uma declaração da carteira de investimentos para que ela administre uma combinação de negócios e vença. A marca geral da empresa permeia a marca de cada divisão, de modo que haja valor agregado para os clientes. Por exemplo, a marca da Marriott de excelência no atendimento ao cliente é agregada às divisões para aumentar a confiança dos clientes: Fairfield Inn by Marriott, Courtyard by Marriott, Residence Inn by Marriott. Em qualquer nível de divisão, uma estratégia pode ser criada para descobrir como conquistar participação de mercado com clientes potenciais. Uma estratégia focada no cliente garante que os investimentos sejam alinhados com suas expectativas. O Courtyard, por exemplo, concentra-se nas breves permanências dos hóspedes que viajam a negócios e garante que as amenidades oferecidas no quarto estejam alinhadas com as preferências dos executivos (conexão com a internet, TV a cabo, máquina de café), enquanto o Residence Inn centra-se em estadas mais longas, oferecendo quartos maiores, pequenas cozinhas e áreas de estar.

Da mesma forma, as marcas das empresas em todos os níveis devem ser criadas de forma consistente com a estratégia geral da empresa. Isso significa que devem refletir a marca corporativa, mas que também devem estar adaptadas à marca da divisão ou subunidade. Um dos exercícios que normalmente fazemos é perguntar

"Quanto da marca da liderança deve ser aplicado em toda a empresa, em vez de ser específico ao negócio?" Dependendo da influência da identidade corporativa, a resposta pode ser de 50 a 80% na empresa toda. Além disso, cada unidade com a própria estratégia de negócios precisa de uma declaração de liderança que se alinhe com a marca corporativa e com os próprios requisitos específicos.

Existem vários enfoques para elaborar a estratégia que, em geral, combina a imagem desejada do futuro (visão, missão, valores) com a alocação de recursos específicos para que o presente se desdobre no futuro (metas, objetivos). Um enfoque de marca à visão e aos objetivos faz a empresa olhar de fora para dentro: é isso que queremos que os clientes vejam de nossa imagem e metas? Clareza estratégica simplesmente significa que os executivos articularam um ponto de vista sobre o futuro que é compartilhado com empregados, dentro da empresa, e com clientes e investidores, fora. Eis um exercício que usamos para ajudar as empresas a testar e desenvolver a clareza estratégica:

- Cada membro da equipe de liderança (em qualquer nível em que o trabalho de estratégia seja realizado — corporativo, divisão, função, fábrica, unidade de negócios) deve elaborar a estratégia de sua unidade usando 15 palavras ou menos.
- Compare as declarações e procure as semelhanças.
- Discuta as semelhanças e diferenças conforme necessário e desenvolva uma declaração de estratégia compartilhada.
- Teste a declaração de estratégia com elementos fora da empresa, por exemplo, clientes e investidores, para descobrir se reflete a imagem que a empresa deseja que eles guardem de si.

Se já houver clareza estratégica na empresa, este exercício vai confirmá-la rapidamente. Por outro lado, se os membros da equipe tiverem visões radicalmente opostas sobre a estratégia de sua unidade, ter consciência dessas diferenças é o primeiro passo essencial em direção ao desenvolvimento de um enfoque unificado.

Lembre-se, no entanto, de que é muito mais fácil elaborar uma estratégia do que colocá-la em prática; aceitar o que deve ser, em vez de demonstrar por meio de ações o que realmente é; criar uma estratégia do que implementá-la. Este exercício mostrará seu real valor somente quando a estratégia estiver ligada à marca da empresa no ambiente externo e incorporada nas ações dos empregados e nas práticas organizacionais dentro da instituição.

Etapa 2: Traduza a estratégia na marca da empresa

Uma estratégia é a declaração de uma aspiração sobre como posicionar a empresa no futuro. Leva à alocação de recursos para concretizar a posição. Também deve levar a uma marca que atenda aos dez critérios delineados no Apêndice A.

- Faça o básico bem.
- Comece de fora para dentro.
- Comunique-se nos termos dos clientes.
- Evolua junto com os clientes.
- Diga o que eles querem ouvir.
- Espalhe a notícia.
- Seja persistente e paciente.
- Faça funcionar.
- Mantenha o interesse.
- Sustente o preço e o valor.

Ou seja, uma marca precisa comunicar a reputação, a imagem e o caráter da empresa para quem utiliza seus produtos ou serviços.

Em geral, tudo isso é transmitido por meio de uma declaração simples mas validada por comportamentos consistentes com essa declaração. Orienta investimentos em propaganda, relações com os clientes, marketing e materiais promocionais. É testada com pesquisas de mercado e evolui à medida que os clientes mudam. Comunica a promessa da empresa aos clientes. É eficaz quando a promessa é cumprida. Dura ao longo do tempo e evolui com os novos requisitos dos clientes.

Às vezes, as empresas já têm uma identidade que precisa de continuidade. Considere as Olimpíadas. Os cinco anéis olímpicos representam as principais regiões geográficas do mundo: África, Américas, Ásia, Europa e Oceania. As cores representam as bandeiras dos países que participam das Olimpíadas, todas incluem pelo menos uma das cores dos anéis: azul, preto, vermelho, amarelo e verde. A ligação dos anéis simboliza a colaboração internacional quando os países se reúnem em eventos olímpicos. Essa imagem tem sido alimentada desde a Olimpíada de 1912, com uma comunicação consistente e com os esforços para a criação da marca olímpica.

Poucas empresas têm o tipo de estabilidade que se reflete constantemente na marca olímpica. A maioria precisa atualizar ou detalhar suas marcas de vez em quando. As marcas de empresas devem evoluir assim como os clientes evoluem. Desenvolvemos um exercício simples que ajuda as pessoas a moldar a identidade desejada da empresa. Uma equipe de líderes deve se perguntar o seguinte: quais são os três elementos principais que nossa empresa deseja que os clientes conheçam no futuro? As respostas ajudarão a identificar até que ponto existe uma identidade compartilhada entre os membros da diretoria que responderam à pergunta e fornecerão os elementos básicos para a criação de uma identidade compartilhada, caso seja necessária.

Uma marca da empresa é legitimada se as respostas da Diretoria corresponderem às respostas que os clientes dariam. Por exemplo, a rede de farmácias CVS é conhecida pelo foco da Diretoria no cliente, no valor e no serviço, como sugere o próprio nome da empresa, e seus clientes a conhecem pelos mesmos valores. A Saudi Aramco trabalhou para se tornar conhecida como fonte confiável de energia por clientes e pela Diretoria sênior. Os valores essenciais do McDonald's de qualidade, atendimento, limpeza e valor têm significado não apenas para a Diretoria, mas também para os clientes, que consideram o valor parte da marca do McDonald's. A Southwest Airlines é conhecida pelos clientes e diretores por oferecer preços baixos e uma experiência divertida, sempre no horário. Quando a marca fora da empresa reflete a cultura desejada dentro da empresa, a marca e a cultura tornam-se duradouras. A marca se traduz em comportamentos do cliente, e a cultura se torna um conjunto de ideias ou valores menos abstratos, com uma identidade mais viva que levará ao compromisso com o cliente. A justificativa para a marca da empresa é clara: marcas sólidas geram mais valor no mercado. Em nossas oficinas, muitas vezes pedimos que um dos participantes esconda o nome da marca estampado em sua camisa (Polo, Ralph Lauren, Eddie Bauer, entre outros) e perguntamos: "Quanto você pagaria pela camisa?" Quando ele tira a mão e revela a logomarca, perguntamos: "Quanto você pagaria agora?" Este exercício simples mostra que a maioria de nós reconhece o poder que toda marca tem de atrair a confiança do cliente em função das receitas geradas.

A marca da empresa na mente dos clientes pode ser incorporada à empresa na elaboração de práticas de RH: contratação, treinamento e remuneração de empregados que personifiquem a marca; alinhamento das práticas de gestão do desempenho com a marca; criação de uma estrutura que reflita as expectativas dos clientes.[1]

Muitas vezes, vimos líderes cometerem o erro de separar a cultura dentro da empresa das expectativas dos clientes de fora. Esse erro em geral cria culturas com base em valores pessoais, e não em expectativas dos clientes. As culturas resultantes tendem a durar enquanto o líder atual acreditar nelas e sustentá-las, mas um novo líder poderá modificar os valores culturais novamente. Quando o foco é nos clientes, a cultura interna tem poder de permanência porque o resultado aparece em termos de maior receita e mais participação de mercado. De forma consistente com uma mudança dos líderes individuais para a marca da liderança, as culturas ligadas aos clientes, mais do que o valor de um gerente, tornam-se institucionalizadas e permanecem. A cultura pode mudar à medida que as expectativas dos clientes vão mudando. A "roliça" Pillsbury Doughboy perdeu massa quando a sociedade reconheceu os riscos da obesidade.

Algumas empresas com declarações de valor válidas e nobres que dedicaram muito tempo em esforços junto aos executivos verificam que seu empenho teve pouco resultado. A declaração parece ótima em sua moldura, mas não tem visibilidade fora da empresa. Felizmente, o trabalho não foi desperdiçado; é possível transformar essas declarações de valor centradas nos clientes em marcas da empresa procurando os principais clientes com essas declarações e fazendo as seguintes perguntas:

1. *Esses são os valores pelos quais queremos ser conhecidos junto a nossos clientes?* Esta pergunta permite que a empresa descubra se os valores declarados são realmente aqueles nos quais os clientes estão interessados. Em geral, a resposta é sim, já que a maioria das declarações de valor contém valores nobres. Mas verificamos que esta questão pode forçar a reavaliação dos valores. Uma empresa tinha como valor "ser a mais lucrativa do setor". Quando perguntamos o que aconteceria se os clientes avaliassem esse valor, seus criadores — percebendo que poucos clientes endossariam um valor que saísse diretamente de seus bolsos — logo reorientaram seus valores, afastando-os das metas financeiras.

2. *Se esses são os valores que devemos adotar, como demonstrar que o fazemos melhor do que os nossos concorrentes?* Esta pergunta transforma os comportamentos associados com os valores de dentro para fora em comportamentos de fora para dentro. Se e quando os clientes conseguirem descrever o que uma empresa pode fazer para ser inovadora, focada nos clientes, ética, flexível, rica em talentos, responsiva, orientada a equipes ou outros valores, essas expectativas dos clientes definem o padrão para a forma como a empresa pode demonstrar que conseguiu cumprir a promessa de sua marca. Essa pergunta tira os valores do campo genérico e talvez dos ideais esotéricos e leva a comportamentos específicos que têm sentido para os clientes.

3. *Se conseguirmos demonstrar que vivenciamos esses valores, os clientes estariam mais dispostos a escolher nossa empresa?* As perguntas agora levam a resultados concretos. O objetivo dos valores não é apenas ter um conjunto de credos, mas um conjunto de credos que faça diferença em função de participação de mercado e receitas.

Essas perguntas e exercícios ajudam a construir a marca da empresa e a desenvolver uma identidade que seja concreta para clientes e empregados. Acreditamos que, para sustentar essa identidade, os líderes também devem traduzir as expectativas que os clientes têm sobre a empresa em comportamentos dos empregados e da própria instituição.

Etapa 3: Identifique os resultados desejados

Obviamente, os líderes devem apresentar resultados. Em nosso livro anterior, identificamos quatro domínios de resultados que os líderes devem apresentar de acordo com os stakeholders envolvidos no processo.[2] Para os investidores, os líderes deverão fornecer um desempenho financeiro hoje e confiança intangível no futuro, o que aparece em termos de capitalização do mercado.

FIGURA 3-2

Resultados genéricos da liderança

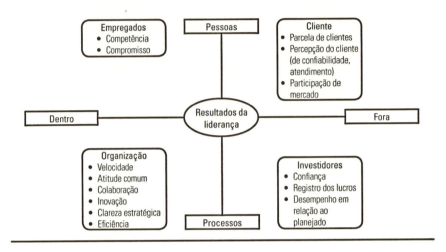

Para os clientes, os líderes devem oferecer produtos e serviços com confiabilidade, consistência e valor, resultando em uma maior parcela de clientes potenciais. Para os funcionários, os líderes devem oferecer condições e oportunidades de trabalho que se manifestem na competência e no compromisso dos empregados. Com relação à empresa, os líderes devem oferecer um conjunto de capacidades que se torne uma cultura duradoura — que não esteja ligada a qualquer líder ou prática, mas que mantenha uma vida organizacional própria. A Figura 3-2 mostra alguns dos resultados que os líderes podem oferecer. Um desafio da liderança é priorizar e adaptar os resultados entregues aos stakeholders.

Esses resultados podem ser definidos de duas maneiras. Em primeiro lugar, os líderes podem simplesmente dizer que, considerando a estratégia e a marca da empresa, uma série de resultados deve ser alcançada — conforme identificado por um mapa estratégico em que as metas de investidores e clientes se transformam em processos organizacionais e ações dos empregados.[3] Para seguir esse enfoque, é útil começar fazendo brainstorming e priorizando metas mensuráveis que se alinhariam com a marca da empresa e, em seguida, dizendo: "Se tivéssemos esta marca, como saberíamos? Que elementos seriam mais ou menos relevantes?" Essas perguntas geram diálogo que ajuda o grupo a estruturar metas mensuráveis e impulsionar os resultados da liderança. Esse tipo de discussão, em geral livre, funciona com as equipes de líderes que já trabalharam juntos durante tempo suficiente para se sentirem confortáveis nesse ambiente, ou que têm muita experiência com a estratégia desejada e a marca da empresa, e capacidade de transformar ideias abstratas em ações concretas.

Alternativamente, a equipe da liderança pode limitar-se a escolher três ou quatro resultados da grade de resultados da Figura 3-2 como uma maneira de definir e priorizar suas metas. Este exercício pede a cada membro de uma equipe sênior que selecione três ou quatro resultados em que a liderança deve focar, considerando a estratégia e a marca da empresa, e depois discuta as escolhas individuais até chegar a um consenso sobre uma lista final. Os resultados genéricos derivados precisam ser elaborados novamente, de forma consistente com a linguagem e a cultura da empresa.

Qualquer um dos enfoques permite o desenvolvimento de uma lista adaptada que define quais devem ser os resultados da empresa, considerando a estratégia e a marca da empresa.

Etapa 4: Defina o código da liderança desejado

A marca da empresa será duradoura quando se manifestar em ações dos líderes. De nada adianta divulgar uma marca de confiabilidade e confiança se houver alta rotatividade entre os líderes ou tolerância a líderes que não geram confiança entre os empregados, pois isso acabará com a marca. Os líderes formulam a marca com base no próprio exemplo: demonstram a marca por suas decisões e vivenciam a marca por meio de seu comportamento.

Uma marca sólida é a essência de uma declaração de marca da liderança. Quando a marca estabelece "que imagem queremos que nossos clientes guardem da empresa", é possível traduzir esses requisitos dos clientes em expectativas. Voltando ao exemplo da 3M, a empresa quer que seus clientes pensem nela como fonte de inovação; portanto, precisa ter líderes que demonstram comportamentos inovadores (assumir riscos, pensar em novos enfoques para resolver problemas velhos e também novos, experimentar, continuar a melhorar continuamente, desafiar o *status quo*, assim por diante). Da mesma forma, a Continental Airlines deseja que os passageiros, especialmente os viajantes frequentes, conheçam-na como uma empresa que cumpre os horários, por isso estimula seus líderes a agirem com disciplina e rigor — e que cumpram seus compromissos.

Alternativamente, podemos usar um processo de elementos críticos como aquele sugerido para a marca da empresa a fim de definir o código da liderança desejado. Peça a seus líderes para examinar as cinco categorias do código da liderança (Figura 3-3) e selecionar descritores nessas categorias genéricas que seriam os mais importantes para eles, considerando a estratégia e a marca da empresa e, em seguida, desenvolva uma lista consensual. Se a marca da empresa estiver centrada em administrar custos, a equipe pode escolher descritores como *desenvolver eficiência* ou *disciplinar a mudança*. Se a instituição estiver centrada no crescimento, os líderes podem escolher itens como *pioneiro* e *inovador* como as partes mais críticas do código da liderança. Em seguida, a equipe deve adaptar esses descritores genéricos e palavras, expressões ou imagens específicas que captem a característica única da empresa. Quando uma empresa global de hospitalidade empenhou-se em melhorar o atendimento ao cliente, seus líderes concentraram-se em *disciplinar a mudança*, mas, ao discutirem o que isso significava para eles, chegaram à imagem de "mágica", que tinha um sentido único para a empresa, a qual queria ser capaz de atender às expectativas dos clientes sempre na hora certa. Particularmente, essa mágica se traduzia em comportamentos relacionados à mudança que os clientes experimentariam. Os clientes receberiam melhor atendimento quando os líderes respondessem às suas preocupações dentro de 24 horas, quando os empregados tivessem autonomia para tomar decisões sobre o atendimento ao cliente (por exemplo, oferecer upgrades de quartos), quando os líderes conhecessem as preferências dos clientes frequentes (de acordo com um banco de dados) e atendessem a essas necessidades antes que os clientes solicitassem o serviço. Esses comportamentos definem como os líderes podem mudar de forma a responder bem às expectativas de atendimento dos clientes.

Quer a equipe de líderes passe diretamente da marca da empresa para o código da liderança ou utilize os descritores propostos, a meta é estabelecer um subconjunto de atributos adaptados

FIGURA 3-3

Categorias genéricas do código da liderança

que os líderes devem demonstrar dentro da empresa para cumprir a promessa da marca. Os elementos genéricos são definidos e adaptados de acordo com as expectativas dos clientes da empresa. O que isso significa na prática é que, embora muitas empresas tenham desenvolvido modelos de competência da liderança, esses modelos não foram testados, ajustados e alinhados com os clientes ou investidores. Trabalhamos com várias empresas para levar seu modelo de competência derivado internamente para clientes e investidores externos, e verificar se as competências declaradas conferirão mais confiança por parte dos stakeholders no futuro da empresa. Se este não for o caso, clientes ou investidores poderão adaptar, acrescentar ou retirar itens; em geral, verificamos que cerca de 30% do modelo de competência pode ser adaptado, fazendo com que clientes e investidores participem do processo.

Etapa 5: Combine os atributos e os resultados em uma declaração da marca da liderança

Uma declaração da marca da liderança não constitui o código da liderança ou somente os resultados prometidos; trata-se de uma combinação dos dois aspectos: uma declaração do que os líderes devem saber e fazer para que sejam consistentes com a marca da empresa (código da liderança). Verificamos que acrescentar a expressão "de modo que..." ajuda a transformar uma série de atributos em resultados. Os líderes podem estar se esforçando, delegando a terceiros, se comunicando bem e agindo com integridade, mas esses atributos por conta própria — sem os resultados — não constituem a marca da liderança. A expressão "de modo que" transforma o atributo em um resultado palpável.

A Teva Pharmaceutical Industries, a maior empresa farmacêutica produtora de genéricos nos Estados Unidos, cresceu rapidamente nos últimos anos por meio de aquisições. Para garantir a consistência na crescente empresa, os líderes articularam uma estratégia de crescimento e lucratividade contínuos. Eles, então, trabalharam para reunir os elementos de sua identidade, ou marca da empresa, que tivessem impacto junto aos clientes. Decidiram que na Teva queriam ser conhecidos por:

- *Inovação*, caracterizada por flexibilidade e assertividade;
- *Alcance global*, conforme definido pelo atendimento ao cliente mundial;
- *Parceria*, conforme definido por atendimento profissional e ambiente centralizado;
- *Integridade*, conforme definido pelos princípios éticos e a confiabilidade em atender aos compromissos existentes;
- *Acessibilidade*, por ser fornecedora de baixo custo.

Os líderes da Teva trabalharam para transformar a identidade externa desejada em uma marca da liderança que definisse suas expectativas e moldasse a cultura para os empregados. Derivaram as dimensões de sua marca da liderança, conforme indicado na Tabela 3-1. Os líderes da Teva seriam conhecidos por esses atributos, conforme evidenciado pelos comportamentos deles perante seus clientes.

A equipe executiva da Teva sentia que esses cinco descritores e os comportamentos centrados nos clientes, se praticados pelos líderes em toda a empresa, e se incorporados as práticas que criam e sustentam líderes, comunicariam a marca desejada ao público externo e criariam a cultura interna que afetaria os empregados *de modo* que fossem capazes de gerar produtos consistentes, inovadores e acessíveis com alcance global.

A Tabela 3-2 mostra outras empresas, a marca de empresa que desejam ter e a marca da liderança gerada a partir daí.

Essas marcas formam a ponte que liga a identidade externa da empresa — o que os clientes sabem a seu respeito — com o comportamento dos empregados. Todos os anos, a *BusinessWeek* identifica as marcas mais valiosas do mundo (veja a Tabela 3-3). Acreditamos que as empresas com esse nível de valor de marca podem transformar suas imagens de marca em um conjunto de requisitos de liderança, como indicado na coluna da direita na tabela.

TABELA 3-1

Marca da liderança da Teva

Atributos	Comportamentos que os clientes terão Os clientes conhecerão líderes na Teva que...
Mentalidade global	• podem operar em qualquer região do mundo • podem ajudar a atender às suas expectativas em qualquer lugar do mundo • tenham sensibilidade às culturas locais, mas procurem soluções globais
Execução agressiva	• gerem produtos e serviços sempre no prazo • cumpram as promessas mesmo quando tudo der errado • definam altos padrões de desempenho em dimensões significativas para os clientes
Capacidade de liderar a mudança	• adaptem-se rapidamente às visões em constante mudança dos clientes • entendam as tendências da indústria e proporcionem soluções inovadoras • tenham flexibilidade na resposta aos requisitos únicos dos clientes
Gestão da complexidade	• possam trabalhar em múltiplos níveis na organização do cliente (ou seja, compras, P&D, fabricação, distribuição) • enxerguem soluções alternativas que talvez não estejam visíveis de início • tolerem ambiguidades
Saber revelar o que há de melhor nas pessoas	• tenham qualificação de classe mundial em sua área funcional • ofereçam perspectivas e orientação em áreas que os clientes não dominam bem • trabalhem bem em equipe e colaborando para resolver problemas

Etapa 6: Crie um conjunto de expectativas com base na declaração da marca da liderança

Com uma declaração que reflita a marca da empresa, é possível definir padrões que sejam consistentes com a marca da liderança.

Esses padrões se traduzem em conhecimento, habilidades e valores específicos que os líderes devem demonstrar, assim como os resultados que eles devem produzir. Esses padrões tornam a marca da empresa operacional como marca da liderança. São a base para avaliar os líderes em relação à marca da liderança (Capítulo 4) e para responsabilizá-los pelos resultados da marca (Capítulo 6).

TABELA 3-2

Marcas da empresa e marcas da liderança

Empresa	Marca da empresa *Qual imagem queremos que os clientes guardem de nós*	Marca da liderança *O que nossos líderes devem transmitir*
Saudi Aramco	Fonte confiável de energia renovável	Confiabilidade definida por meio de consistência, excelência operacional e atendimento a todas as promessas da marca
3M	Inovação em produtos e serviços	Criatividade e capacidade de pensar e agir de formas exclusivas, conforme demonstrado pela maneira como geram novas ideias, experimentam, assumem riscos apropriados e aprendem com sucessos e fracassos passados
Nordstrom	Atendimento e design de excelência	Identificar e superar as expectativas dos clientes potenciais; demonstrar compromisso para com a moda por meio de decisões e estilo pessoal
Lexus	Busca incansável da perfeição	Procurar com determinação melhorar o projeto e a fabricação de veículos e o atendimento ao cliente
Microsoft	Dominar o mercado	Agressividade competitiva e inteligência técnica e bruta incomparáveis
Novell	Inovação e integridade para ser o número um em redes	Confiança, competência técnica e firme determinação para construir relacionamentos.

Para ajudar a delinear os atributos da marca, consideramos útil utilizar metáforas, sugeridas por nosso colega Bonner Ritchie. Em nossas conversas, Ritchie mostrou que as metáforas podem ser usadas para vários propósitos, inclusive para aprimorar o entendimento, comunicar valores, justificar comportamentos, simplificar ideias complexas, esclarecer fatos, evitar comentários diretos, motivar e confundir. Podemos acrescentar à lista o fato de que as metáforas também ajudam as pessoas a criar padrões de forma convincente.

Todos nós estamos familiarizados com as metáforas que descrevem as empresas e as pessoas com que trabalhamos. Eis o tipo de metáfora usada nos negócios:

Cavaleiros: "Mate seu dragão."
Caubóis: "Um bom revólver resolve a partida."
Esportes: "Não podemos perder essa!" "Lembre-se: esta é uma prova de resistência, e não de velocidade."
Militar: "Retome o território"; "Acabe com a oposição"; "Ataque o problema."
Família: "Vamos cuidar de você"; "Queremos que você faça parte da família."

Ritchie demonstrou que as metáforas comunicam valores e moldam comportamentos, e que os líderes que demonstram seu compromisso para com a marca da liderança em torno de uma metáfora significativa são mais capazes de explicar os comportamentos específicos que precisam demonstrar. Por exemplo, a metáfora do caubói pode ser útil caso a marca da empresa precisasse de ações independentes, responsabilidade individual e intenção de enfrentar todas as dificuldades pelo caminho (semelhante à marca Microsoft). As metáforas ligadas aos esportes e militares são úteis para as instituições que definem seu setor como um jogo. A metáfora militar acrescenta um elemento de vida e morte e, assim, encaixa-se em um ambiente de arregimentação e controle (a Teva concentra-se em processos disciplinados). A metáfora da família estimula a conexão e as inter-relações (Nokia).

Felizmente, Ritchie também identificou outras metáforas que parecem mais em sintonia com um ambiente global em que a colaboração é mais importante para o sucesso do que a independência:

TABELA 3-3

As marcas mais valiosas do mundo e suas implicações para a liderança

Empresa	Marca da empresa Declaração e valores subsequentes	Requisitos O que é necessário para cumprir a promessa da marca
EBay	O poder de todos nós.	Líderes que trabalham em espírito de colaboração.
UBS	Você e nós.	Líderes que trabalham bem em equipes. A criação de equipes e a gestão de talentos seriam suas principais habilidades.
Morgan Stanley	Um cliente de cada vez.	Líderes que se relacionam com as pessoas. As técnicas de desenvolvimento de capital humano e a gestão de talentos são essenciais.
HP	Tudo é possível.	Líderes que enxergam o futuro. Técnicas de estratégia organizacional serão as mais importantes.
Coca-cola	Refrescar o mundo em corpo, mente e espírito.	Líderes que se "renovam" por dentro: líderes inovadores e eternos aprendizes que buscam novas maneiras de realizar seu trabalho.
Microsoft	Onde o trabalho depende de você; a missão da empresa é ajudar as pessoas e as empresas a alcançarem seu potencial.	Líderes que conferem aos funcionários enorme autonomia mas mantêm o foco no trabalho. Também envolvem as pessoas para que se desenvolvam, aprendam e cresçam a fim de alcançar seu pleno potencial.
IBM	A IBM ajuda você a atender às demandas em tempo real e revigora sua cadeia de fornecimento. "Na IBM, empenhamo-nos para estar à frente nos campos da invenção, desenvolvimento e fabricação das mais avançadas tecnologias da informação, incluindo sistemas de computação, software de armazenamento e microeletrônica."	Líderes com bons resultados na execução organizacional, que fazem as coisas acontecerem e são inventivos no que fazem.
Intel	Promovendo a vida por meio da tecnologia — para fazer com que as pessoas se concentrem no que o mundo pode realizar quando tem acesso à tecnologia descomprometida e os meios para utilizá-la.	Líderes que impulsionam o futuro centrando-se no que a empresa e os empregados podem fazer a seguir.
Nokia	Conectando as pessoas. "Conectando as pessoas, ajudamos a atender a uma necessidade humana por conexões sociais e contato. A Nokia estabelece elos entre as pessoas."	Líderes que podem ser elos de ligação e construir equipes. Seu foco é em habilidades sociais e interpessoais e contatos.
McDonald's	Amo muito tudo isso.	Líderes que criam uma comunidade em que os funcionários se sentem engajados e comprometidos com o trabalho.

Natureza: "Isso terá o efeito de um *tsunami*"; "É um sopro de ar puro."
Música: "Usando a mesma partitura"; "Seguindo um compasso diferente."
Artes: "O mundo é nossa tela"; "Isso é arte, e não apenas ciência."

Essas metáforas são mais ricas para a maioria das empresas globais, pois as metáforas da natureza são úteis àquelas que buscam o equilíbrio ou mudanças radicais, as metáforas sobre a música buscam um mundo de harmonia, enquanto as metáforas da arte envolvem criatividade, resolução de problemas, beleza e amor.

Cada uma cria um conjunto de imagens sobre o que os líderes devem fazer para vivenciar a metáfora. A Tabela 3-4 mostra essas metáforas, com comportamentos consistentes entre si.

Metáforas desse tipo permitem comparar os atributos da liderança com os padrões da marca, procurando alinhamento ou harmonia entre a estratégia, a marca da empresa e os atributos da liderança. Com essas metáforas, a marca da liderança agora pode transformar-se em um conjunto consistente de padrões de liderança específicos que apoie os critérios da marca definidos no Capítulo 1, incluindo o código da liderança adaptado e os resultados diferenciados dos líderes. Assim, a teoria da liderança existente dentro da empresa comunica o que os líderes devem realizar para transformar as expectativas de clientes e investidores em ações dos funcionários.

Conclusão

Muitos executivos afirmam que têm excelentes empregados e líderes, mas não explicam os motivos. O *motivo* vem da declaração da marca da liderança. É ela que separa os líderes que entendem o conceito dos de outras empresas. Ela capta a essência da liderança da empresa porque os empregados conseguem ver que seus líderes têm conhecimento e atitudes que são importantes para a empresa, tendo em vista que são relevantes para os principais clientes também. Eles absorvem a cultura da empresa quando ela se reflete nos pensamentos e feitos dos líderes e está ligada às expectativas dos clientes como uma marca da empresa.

TABELA 3-4

Metáfora, comportamentos e marca da liderança

Metáfora da liderança *Nosso líder agirá como...*	Comportamentos consistentes	Marca da liderança derivada *Portanto, temos líderes que são conhecidos por sua...*
Caubói	• Independente • Autônomo • Age com informações limitadas	Orientação interna sem prestar atenção ao mundo exterior
Treinador	• Direcionado • Motivador • Responsável	Capacidade de competir para ganhar e vencer a concorrência
Militar	• Organizado • Responsável • Agressivo	Desejo de controlar e dominar a empresa e a indústria
Pai	• Educado • Comunicativo • Prestativo	Desejo de construir relacionamentos e elos com a comunidade
Parte da natureza	• Colaborador • Cria apoio	Capacidade de gerar equilíbrio entre forças concorrentes
Músico	• Criativo • Complexo • Capaz de improvisar	Capacidade de alcançar harmonia e equilíbrio
Artista	• Observador • Criativo • Integrador	Capacidade de criar padrões entre áreas diferentes e formar novos relacionamentos; consistente com a inovação

Uma declaração da marca da liderança oferece um arcabouço único que permite o desenvolvimento de líderes dedicados a um resultado comum, líderes com estilo em toda a empresa. Ela descreve esse objetivo geral. A declaração de missão da empresa a posiciona para vencer no mercado escolhido. Da mesma forma, a declaração da marca da liderança de determinada empresa posiciona os líderes como elemento de ligação entre as expectativas dos clientes e os comportamentos dos empregados.

Verificamos que as seguintes perguntas testam até que ponto determinada empresa tem uma declaração da marca da liderança viável:

1. Existe uma declaração simples e clara do que nossos líderes devem transmitir?
2. Ela é consistente com o que queremos transmitir com nossos produtos, serviços e empresa?
3. Atende aos critérios da marca, conforme definido no Apêndice A?
4. É flexível em relação ao futuro?
5. Leva a um conjunto de padrões e expectativas para os líderes futuros, valendo-se de metáforas para descrever a liderança?

Quando a resposta a todas as cinco perguntas for "sim", você está no caminho certo para desenvolver uma marca da liderança.

4

Como avaliar os líderes em função da marca

Depois de ter elaborado a declaração da marca da liderança, como saber se você e os líderes de todos os níveis hierárquicos em sua empresa estão atendendo às suas expectativas? Não será preciso acreditar e adivinhar; as ferramentas aqui apresentadas permitirão avaliar seus líderes e sua forma de liderança em relação à marca da liderança desejada. A informação resultante pode ser utilizada nos processos de aprimoramento, desenvolvimento e avaliação da marca da liderança.

A avaliação não é novidade para nenhum de nós. Estamos constantemente analisando as relações em nossa vida diária. Às vezes, fazemos as avaliações intuitivamente.[1] Outras circunstâncias demandam mais reflexão, porque as implicações de um julgamento precário têm consequências no longo prazo. Obviamente, algumas pessoas têm mais jeito para avaliar e sabem fazer as escolhas certas dentre várias alternativas. Qual é o segredo para uma boa avaliação? O que podemos aprender com aqueles que o fazem bem? E como é que esses princípios gerais se aplicam à avaliação da marca da liderança? Esses são os tópicos abordados neste capítulo.

Lições de avaliação

A avaliação requer um padrão em relação ao qual julgar ações. Os altos executivos devem ter um ponto de vista sobre o que é boa liderança e, em seguida, devem ser explícitos sobre o assunto. Sem uma declaração da marca da liderança explícita e abrangente, que possa ser usada como padrão, as pessoas criarão os próprios padrões. Por isso, vale a pena passar pelos seis passos descritos no Capítulo 3 para chegar a uma declaração sólida e consistente da marca da liderança. Sem esse padrão, um indivíduo charmoso ou galante pode parecer um talentoso líder sem ser capaz de demonstrar o código da liderança ou apresentar os resultados que clientes e investidores esperam da empresa.

A avaliação exige uma ampla base — a autoavaliação ou a avaliação por um supervisor nunca é suficiente. Por exemplo, trabalhamos com uma empresa que fez um levantamento de como empregados avaliavam a capacidade de a empresa administrar e respeitar as diferenças e a diversidade no ambiente de trabalho. A média alcançada pela Diretoria, toda ela do sexo masculino, foi de 4,6 em uma escala de 1 a 5. Mas, quando a pesquisa foi feita com as mulheres, essa média caiu; com mulheres pertencentes a grupos minoritários, a média caiu novamente; com mulheres de grupos minoritários com filhos, caiu mais ainda; e com mulheres de grupos minoritários que eram chefes de família, diminuiu mais ainda — quanto maior a distância entre os empregados e a Diretoria, menos bem-sucedidos os esforços de diversidade da empresa aos olhos dos empregados. A conclusão foi que os líderes estavam tão distantes da realidade de alguns dos subgrupos de trabalhadores que não podiam compreender as formas de atuação da empresa.

Acontece que essa avaliação só funciona se a pessoa a ser avaliada estiver interessada em utilizar os dados. Mesmo os melhores dados — com base em comportamentos relevantes (e não apenas facilmente medidos), bem quantificados e avaliados de múltiplas perspectivas — não terão efeito se alguém receber feedback antes de estar aberto à mudança. Nesse aspecto, os líderes lembram clientes de consultoria; assim como a consultoria tende a fracassar sem um contrato que determine que o cliente precisa estar disposto a mudar, se o diagnóstico e a análise apontarem elementos que precisam mudar, a avaliação da liderança depende do compromisso por parte do líder de levar os dados a sério e usá-los para moldar comportamentos futuros.

Mesmo para um público preparado, a avaliação exige organizar os dados em temas ou argumentos centrais. Incidentes individuais não são necessariamente diagnósticos — todo mundo pode ter dia ruim —, por isso, é útil passar da esfera dos dados para a de temas. Procure por padrões. Pergunte o que eles significam, e transforme-os em um breve e convincente argumento que realce a ação indicada.

A avaliação também necessita de acompanhamento. São poucas as pessoas que conseguem mudar de comportamento por conta própria, mas a maioria pode vir a mudar caso sejam apoiadas por ações de acompanhamento e recebam feedback sobre seu desempenho.

Os melhores esforços de avaliação estão centrados na criação de pontos fortes ou qualidades. Em vez de apenas tentar melhorar os pontos fracos, é melhor usar as qualidades para minimizar o impacto das fraquezas ou imperfeições. Aproveitar os pontos fortes também tem um efeito halo — a excelência em algumas áreas tende a melhorar a reputação do líder em todos os sentidos, o que faz com que os pontos fracos pareçam menos importantes.

Com essas observações gerais sobre a avaliação como pano de fundo, podemos avançar para a avaliação da marca da liderança em particular. Três aspectos da marca da liderança precisam ser avaliados — em que medida os líderes em toda empresa têm:

- As qualidades certas
- No momento certo
- Os resultados certos da maneira certa

As qualidades certas

A qualidade certa é a medida na qual os líderes vivenciam a declaração da marca da liderança. Para descobrir quem tem as qualidades certas para ocupar a próxima posição de liderança, podemos avaliar a predisposição das pessoas em relação à marca da liderança e analisar o feedback comportamental de seus chefes, colegas, subordinados diretos e clientes.

Predisposição para a marca

Uma empresa busca sua próxima geração de líderes promovendo colaboradores individuais, recrutando pessoas de fora ou herdando líderes, como parte de uma fusão ou aquisição. Em cada caso, é possível e desejável avaliar os candidatos cuidadosamente antes de passá-los para um papel específico. No entanto, embora todos saibam como é importante ser rigoroso nesse processo, poucas empresas são tão consistentes sobre a seleção quanto deveriam ser, embora saibam que a má seleção de líderes tem um preço muito alto. O segredo para o sucesso não está na sofisticação do processo de avaliação, mas em seu rigor e coerência. As seguintes ideias revelaram-se eficazes:

Em primeiro lugar, traduza a declaração da marca da liderança em comportamentos e traços do caráter dos líderes, de modo que os pontos avaliados estejam claros. Por exemplo, se sua declaração inclui uma palavra como "experiente", decomponha o conceito (defina-o) em termos de comportamentos e atributos de caráter que tenham significado para os clientes, como estes:

- Conhecimento sobre o cliente-alvo
- Capacidade de aplicar o conhecimento por meio da boa apresentação e de habilidades interpessoais
- Confiança suficiente nesses conhecimentos para permanecer calmo em situações difíceis

Com uma ideia mais clara do que é desejado, podemos usar as técnicas de entrevistas sobre eventos comportamentais para conversar com os candidatos sobre os momentos em sua carreira em que enfrentaram situações nas quais precisaram valer-se da experiência para ver como seria seu comportamento real.

Na hora das entrevistas de eventos comportamentais, lembre-se de deixar que os candidatos falem. O papel do entrevistador é fazer com que os candidatos falem detalhadamente sobre sua abordagem em relação a eventos específicos relacionados com o comportamento ou a característica em questão. Dizendo: "Descreva um momento em sua carreira em que enfrentou uma situação ambígua e em que todos pareciam confusos sobre o que fazer", você evocará uma resposta útil, mas deve ir mais longe e concentrar-se em comportamentos. Com determinado evento ou situação em mente, peça ao candidato para dizer o que foi feito e por quê.[2]

Outra abordagem é a utilização de testes psicológicos. Os psicólogos vêm desenvolvendo e aplicando testes e técnicas de avaliação, seleção e desenvolvimento de líderes em uma ampla gama de ambientes durante anos. Procure testes e procedimentos que sejam empiricamente derivados e testados em campo. Ou, então, testes mais personalizados podem ser concebidos e validados para avaliar a capacidade de um potencial candidato demonstrar a marca da liderança desejada. Uma boa abordagem inclui uma análise dos requisitos necessários para a tarefa do líder e seu temperamento, e identifica a qualidade do ajuste entre potenciais ou atuais exigências profissionais e a capacidade e o temperamento de cada candidato. A bateria de testes aborda importantes conceitos relacionados com o trabalho e gera indicações confiáveis e válidas sobre a pontuação de um líder em relação às atuais ou potenciais exigências do trabalho. Testes como esses têm seus pontos fracos (eles são eventos únicos, e os candidatos podem tentar ludibriá-los ou inventar respostas), mas um bom teste ainda pode ser usado para mostrar predisposições.

Essas técnicas, que foram refinadas como resultado dos testes realizados com milhares de líderes, podem ser usadas para identificar os candidatos com mais potencial para futura promoção e identificação com a marca. O processo identifica os pontos fortes e fracos do candidato em relação às atuais e futuras exigências profissionais. Quando a experiência profissional é incorporada aos comentários específicos adaptados para cada candidato, de acordo com os resultados dos testes individuais, o feedback é fornecido discretamente de forma positiva e orientada em sessões individuais concebidas para promover o crescimento e a melhoria em áreas que o exigem, e para reforçar os pontos fortes individuais identificados.

Feedback comportamental

Outra ferramenta de avaliação que verificamos ser eficaz para candidatos internos e herdados em processos de fusões e aquisições na avaliação do desenvolvimento da marca do líder é combinar os testes individuais com uma avaliação 360 graus, que inclui contribuições de cada um dos subordinados diretos, pares, superiores ou clientes. Essa combinação produz informações comportamentais confiáveis sobre cada candidato, as quais, então, são utilizadas para criar programas de ação individuais. O instrumento de 360 graus deve ser adaptado para medir os comportamentos associados com a marca da liderança da empresa e os que refletem o código da liderança.

Quando você estiver usando feedback 360 graus na contratação, selecione cuidadosamente quem será entrevistado. Certifique-se de que eles representam a combinação certa. (A maioria de nós gostaria que nossas mães preenchessem o formulário de 360 graus.) Pode ser interessante fazer o candidato escolher metade dos entrevistados e o avaliador escolher a outra metade.

Além disso, de forma coerente com a ideia da marca centrada no ambiente externo, e não apenas na própria empresa, observamos que uma avaliação 360 graus pode ser transformada em 720. Uma avaliação 720 graus requer observações daqueles fora da empresa do candidato, incluindo fornecedores, clientes, distribuidores, investidores, agentes governamentais, líderes comunitários, ou outros. O Conselho de Administração de uma empresa fez uma avaliação 720 graus sobre um CEO e considerou que, embora tenha administrado bem seus subordinados diretos e ganhado sua confiança, ele não tinha conquistado a confiança da comunidade de clientes. Os clientes-alvo informaram que seu comportamento não foi consistente com os que eles mais gostariam de ver em um CEO. Esses dados não seriam utilizados para minimizar suas responsabilidades executivas na empresa, mas ele deveria estar ciente deles ao tentar estabelecer relacionamentos com os clientes visados. As avaliações 720 graus talvez não sirvam para todos, mas, para aqueles que lidam com agentes externos, a opinião desses interessados pode constituir valor agregado na avaliação do desempenho global dos líderes.

No momento certo

A maioria das avaliações da equipe de líderes são ilusões de ótica. As empresas gastam tempo e esforços significativos avaliando candidatos à sucessão, projetando "gráficos detalhados" sobre a liderança e criando hipóteses sobre o próximo na linha de sucessão.

Demasiadas vezes, acabam diante de uma descrição de um "gerente", e não da liderança. Em outras palavras, essas avaliações são altamente tendenciosas em relação aos candidatos que andam, falam, se vestem e agem como materiais decorativos ou promoções corporativas. Se eles serão capazes de demonstrar a verdadeira marca da liderança desejada, essa é outra questão. O que é pior: o foco singular das avaliações sobre posições formais de liderança normalmente ignora um grande número de pessoas em toda a instituição que atuam como líderes informais de forma significativa. Finalmente, uma avaliação ideal nos ajuda a compreender não só os líderes individualmente, mas também a marca da liderança como uma capacidade organizacional.

Um padrão de comportamento da liderança pode ser perfeito para uma função e terrivelmente errado para outra — e, quando é totalmente errado, mina a marca da liderança. Existe uma equação simples e fundamental para a eficácia da liderança:

$$\text{Eficácia da Liderança} = \text{Eficácia} \times \text{Conscientização}$$

Demasiada ênfase sobre o lado da "consciência" (ou "aparência") é algo perigoso. Ao longo de suas carreiras, indivíduos que pareciam ter alto potencial ou bom desempenho podem ser promovidos a cargos em que as mesmas qualidades que outrora foram vantajosas se transformam em obstáculos. Outro caso em apreço:

Quero números!

Vários anos atrás, trabalhamos com "Zack Petersen", CEO de uma empresa global privada. Sua empresa havia crescido muito rapidamente, em grande medida porque seu principal cliente atingira crescimento e sucesso fenomenais. O futuro parecia promissor.

Petersen orgulhava-se de ser um homem de finanças. Todo mundo sabia que, quando Petersen recebia alguém, sempre pedia "retorno sobre o investimento" antes de apoiar qualquer iniciativa. Na maior parte dos casos, esse comportamento funcionava. No entanto, ele pedia números concretos para tudo, incluindo as iniciativas que eram muito difíceis de quantificar. E, se não era possível quantificar, ele não apoiaria o projeto. Ao longo do tempo, isso significava que ele não investia em bens intangíveis, como, por exemplo, desenvolvimento da liderança, cultura, desenvolvimento de talentos e garantir a colaboração entre departamentos. Apesar de seus discursos em sentido contrário, Petersen nutria um ambiente competitivo e cruel entre seus subordinados diretos e em toda a empresa.

Como resultado, os subordinados diretos tendiam a abandoná-lo depois de alguns anos. Quando saíam, descreviam-no como muito competitivo, um microempresário, alguém a quem *faltava visão estratégica, confuso,* e assim por diante. Ao longo dos anos, a empresa atraiu talentos porque pagava bons salários e oferecia desafios e oportunidades interessantes, mas não sabia como reter pessoal no longo prazo, especialmente nos mais altos níveis. Em particular, não tinha sido capaz de manter um CFO durante mais de um ano.

A história de Petersen se repete milhares de vezes por ano, em todo o mundo corporativo. A capacidade de liderança de Petersen era ilusória; o processo de avaliação que o levou a ser promovido como líder foi equivocado. Ele tinha condições de apresentar bom desempenho em uma função especializada de alcance limitado, mas lhe faltavam a profundidade, a visão e a sabedoria para ser bem-sucedido como CEO. Na verdade, ele se tornou um repelente vivo de liderança, afastando talentos da empresa e abalando a confiança dos stakeholders.

Para entender o caso com Petersen, precisamos de uma estrutura que descreva o desempenho dos líderes e a liderança de forma não hierárquica, pois muitas vezes a hierarquia obscurece mais do que esclarece nossa visão de liderança. Nosso quadro proposto desafia muitos preconceitos existentes sobre o desenvolvimento e a avaliação de talentos. Apesar de viverem na era da internet, quando a informação flui livremente em todas as direções (e não apenas de cima para baixo), e independentemente das contínuas ondas de downsizing e achatamento nas instituições, a maioria das pessoas não questiona seus pressupostos hierárquicos desatualizados sobre os líderes:

- O melhor gerente é o funcionário com o mais alto desempenho. (Quem mais você escolheria?)
- As pessoas em altos cargos (pelo menos aqueles não escolhidos) devem ter a competência e a experiência necessárias para realizar bem o trabalho. (Por que outro motivo teriam chegado lá?)
- À medida que as pessoas envelhecem, acumulam o tipo de conhecimento, sabedoria e perspectiva que as ajuda a realizar tarefas mais complexas. (Pagamos mais em função da antiguidade, então, por que isso não faria sentido?)

Por mais plausível que pareça, as pesquisas em desenvolvimento de liderança mostram que essas suposições se baseiam em elementos duvidosos. Nosso exame das estratégias de avaliação para a marca da liderança derrubarão esses pressupostos e revelarão as lacunas de desenvolvimento de Petersen como alto executivo, bem como mostrarão necessidades críticas para toda a sua empresa.

Estágios

Em muitas das empresas bem-sucedidas com as quais trabalhamos, a lógica das "quatro fases", inicialmente introduzida por Gene e Paul Dalton Thompson, durante a década de 1970, é a base para o desenvolvimento da liderança e fornece uma forma interessante de avaliar a marca da liderança. "Originalmente, a lógica das quatro fases foi usada para ajudar as pessoas a melhorarem seu desempenho e contribuição, mas no contexto da marca da liderança, ela oferece uma estrutura para entender a progressão do desenvolvimento de talentos em toda a empresa e identifica eventuais lacunas de desenvolvimento em cada etapa. A estrutura em fases divide o desenvolvimento de talentos em quatro estágios distintos. Isso permite realizar avaliações sobre o desempenho desejado e os fatores que contribuem para tal em cada estágio e nas transições entre eles. Além de concentrar-se no desenvolvimento de talentos individuais, a lógica dos estágios apresenta uma perspectiva sobre o nível desejado de desenvolvimento de liderança em cada fase, a fim de executar a estratégia empresarial. Lacunas de desenvolvimento em qualquer um dos estágios ou em pontos de transição entre eles delineiam desafios que a marca da liderança apresenta para entregar valor e implementar a estratégia descrita no nosso caso de mudança no Capítulo 2. Trata-se de um instrumento único para a avaliação da marca da liderança como uma capacidade organizacional, não apenas como uma competência individual.

A estrutura é simples e útil, uma vez que lança uma perspectiva nova sobre as implicações individuais e organizacionais do desenvolvimento da marca da liderança, notadamente no que diz respeito a lacunas de desenvolvimento que podem ocorrer à medida que colaboradores individuais se tornam supervisores, ou que supervisores se tornam gestores/líderes e gestores/líderes se tornam executivos. Kurt Sandholtz, nosso colega no The RBL Group, passou anos aplicando essas ideias ao desenvolvimento da liderança, e nós as adaptamos aqui à marca da liderança.

Um pouco de história pode ser instrutivo. A investigação teve início com uma análise do desempenho de gestores e não gestores, correlacionado com seus anos de experiência. Dalton e Thompson ficaram incomodados com a tendência: o desempenho das pessoas tendia a ser máximo perto do meio de suas carreiras e, em seguida, diminuía progressivamente até a aposentadoria. (Quase no meio de suas próprias carreiras, eles certamente não gostaram da descoberta.) A tendência geral foi verdadeira tanto para gestores quanto para não gestores.

No entanto, quando os pesquisadores examinaram mais de perto os dados de desempenho, explicaram a "ilusão de ótica": embora as médias do grupo mostrassem declínio geral do desempenho com a experiência, havia um número significativo de pessoas com alto desempenho em *todas* as categorias. De fato, as diferenças de desempenho foram mais dramáticas *dentro* dos grupos com experiência do que entre os grupos. Alguns profissionais no meio e no final de suas carreiras foram avaliados tão bem quanto os jovens de alto desempenho. Seu objetivo passou a ser descobrir qual era a diferença entre esses indivíduos experientes e seus colegas com resultados abaixo da média.

Empregando a metodologia teórica comprovada das ciências sociais, os pesquisadores entrevistaram centenas de gerentes, pedindo-lhes para descrever o que caracterizava seus melhores profissionais (independentemente da idade). As respostas pareciam quase aleatórias: um gerente descrevia que o alto desempenho era alcançado por pessoas com alta qualificação técnica, enquanto outro descrevia os indivíduos de maior desempenho como pessoas com habilidades interpessoais. Alguns gestores elogiaram a orientação aos detalhes; outros, a importância de ter uma "visão geral" ou pensar em termos de sistemas. No final, a pesquisa chegou a mais de cem descritores conflitantes de alto desempenho. Em vez de se aproximar de uma resposta, a pesquisa parecia estar se afastando cada vez mais do objetivo de identificar as características dos indivíduos de alto desempenho ao longo de suas carreiras.

O momento da revelação veio quando os pesquisadores lançaram um olhar crítico para os dados e procuraram padrões. Perguntaram como conseguiriam identificar grupos de descritores semelhantes em meio a um conjunto geral confuso? Esta simples pergunta os levou a uma descoberta importante: a forma como o alto desempenho se manifesta é acentuadamente distinta em diferentes fases do desenvolvimento do empregado (ver Tabela 4-1). Mais pertinente para nossa discussão aqui, a marca da liderança — em especial, a forma como é demonstrada e o alcance de seu impacto — é uma das principais dimensões em que essas quatro fases diferem.

Mais importante: essa pesquisa, que teve início com engenheiros em Boston, já foi replicada em quase todas as funções e em todos os níveis de grandes empresas, incluindo inúmeras instituições na Europa Ocidental e região Ásia–Pacífico. Com pequenas variações culturais, o modelo de quatro estágios se revelou uma estrutura descritiva robusta para o crescimento da liderança e o desempenho dos empregados nas empresas no mundo inteiro.

A estrutura de quatro estágios também funciona como uma ferramenta de avaliação por duas razões. Primeiro, sua gênese como um modelo descritivo a liberta das conotações normativas ou "prescritivas" de tantos modelos de liderança. Em vez de proclamar o que os líderes *devem* fazer, os estágios refletem meramente o que as empresas tendem a valorizar e por quê — mais uma vez, isso é muito útil para avaliar se a marca da liderança está "funcionando" e o que pode ser feito para cultivá-la. Em segundo lugar, os estágios aplicam-se igualmente tanto à liderança formal quanto à informal, evitando, assim, as armadilhas e "ilusões de ótica" mencionadas anteriormente. Seja um gerente de nível intermediário ou engenheiro sênior (sem subordinados diretos), o indivíduo precisa demonstrar a liderança de Estágio 3, e a empresa precisa de uma forma de reconhecer, avaliar e desenvolver essa liderança.

TABELA 4-1
O modelo de estágios de Dalton/Thompson, aplicado ao desenvolvimento da liderança

	Estágio 1: Aprendiz	Estágio 2: Colaborador	Estágio 3: Líder Local	Estágio 4: Líder Global
Atividades centrais	Realizar tarefas sob supervisão constante	Estabelecer competências distintas; trabalho bem elaborado e voltado à resolução de problemas	Liderar e desenvolver os demais membros da equipe; fazer a interface entre as diferentes funções, negócios ou áreas	Definir a direção da empresa; focar na vantagem competitiva
Chaves para o sucesso	• Conquistar a confiança com base nos compromissos • Fazer o trabalho pesado bem e espontaneamente • Absorver a cultura da empresa • Procurar e aceitar a orientação de terceiros	• Tornar-se um dos melhores em sua especialidade dentro da empresa • Confiar mais nos colegas e menos em seu gerente na hora de buscar uma direção • Participar ativamente de sua equipe • Não trabalhar isolado; manter-se perto dos outros e fornecer atualizações frequentes sobre seu trabalho	• Ampliar sua perspectiva para incluir outras funções e disciplinas • Deliberadamente ampliar a rede de relacionamentos dentro e fora da empresa • Abrir mão da necessidade de ser especialista em determinada área • Dedicar algum tempo ao desenvolvimento de terceiros por meio de atividades de mentoring, coaching e atribuição de tarefas	• Ter foco externo e pensar no longo prazo • Usar seu poder e sua influência em benefício da empresa • Tornar-se um elo, representando a empresa para stakeholders externos e traduzindo suas necessidades em comportamento organizacional • Identificar e patrocinar um conjunto diversificado de subordinados promissores para que ocupem funções de liderança
Implicações para a marca da liderança	Conheça a marca: reconheça as competências fundamentais e as características exclusivas da marca da liderança de sua empresa	Demonstre a eficácia da marca: crie um histórico consistente de especialização e resultados consistentes com a marca da liderança (resultados certos, da maneira certa)	Construa a marca: estimule o desenvolvimento de líderes com um estilo próprio em todos os níveis da empresa por meio de interações individuais. Obtenha resultados positivos garantindo a integração em todos os âmbitos da instituição	Perpetue a marca na empresa: crie sistemas que garantirão a seleção, a avaliação, o desenvolvimento e a recompensa para o tipo certo de liderança hoje e amanhã. Exija que todos os líderes apresentem os resultados certos, da maneira certa

A estrutura em estágios exemplifica muito bem as transições da liderança. Assim como um réptil troca de pele para crescer, os líderes devem parar de fazer boa parte do que os levou ao sucesso nos primeiros estágios de sua vida profissional e acrescentar novas habilidades, experiências e perspectivas para que sejam eficazes nos estágios posteriores. Essas novas habilidades, experiências e perspectivas determinam até que ponto o líder será capaz de apresentar os resultados certos e *da maneira certa*. Ao examinarmos cada estágio em mais detalhes, será mais fácil entender esse conceito.

ESTÁGIO 1 — APRENDIZ: APRENDENDO A MARCA. Qualquer novato em um sistema social, seja ele a lojinha do bairro ou o Google, tem de agir de determinada maneira para demonstrar que se encaixa no grupo. Esta é uma parte importante do que acontece no Estágio 1: novos participantes são apresentados às normas e aos valores da empresa, ao mesmo tempo em que conquistam a confiança e o respeito de seu gerente e colegas. Esse processo assemelha-se ao de "aprender a marca", ou seja, aprender o que a instituição defende, como proporciona valor a seus stakeholders e o que significa liderança.

Como estão na ponta receptiva do processo, os indivíduos de alto desempenho no Estágio 1 precisam estar dispostos a trabalhar sob supervisão e orientação relativamente próximas. Raras vezes, seu trabalho é inteiramente próprio, mas parte de um projeto maior. Previsivelmente, eles cumprem várias tarefas de rotina ou muito detalhadas. Eles não foram contratados para redefinir a marca (pelo menos não ainda). Primeiro, precisam interiorizar e se familiarizar com a marca da liderança da empresa. Uma história pode ilustrar esse ponto.

Kill Bill

Bill Watrous entrou para uma empresa multinacional de petróleo pouco tempo depois de receber seu MBA de uma respeitada universidade da Ivy League nos Estados Unidos. Com graduação em engenharia, ele era considerado um funcionário com alto potencial e tratado como tal. Após 18 meses no programa de treinamento de liderança da empresa (incluindo períodos de três a seis meses em diferentes funções e locais), Bill aceitou seu primeiro trabalho "de verdade" em uma fábrica de processamento de gás natural no sudoeste da Louisiana.

Ansioso por demonstrar seu valor e potencial, ele levou uma semana estudando o funcionamento da operação e, então, agendou uma entrevista com o gerente da fábrica, um veterano experiente do ramo de petróleo e gás, que não teve educação formal além do ensino médio. Nessa reunião, Watrous revisou sua lista de "10 coisas que podemos fazer para administrar esta unidade de forma mais eficaz". O gerente da unidade escutou atentamente, respondeu de forma cortês e agradeceu a Watrous por seus esforços. Depois que Watrous saiu da sala, o gerente pegou o telefone, discou para a sede em Houston e disse: "Tirem esse moleque da minha equipe antes que eu o mate!"

Talvez o gerente tenha tido uma reação exagerada. Ainda assim, a história ilustra os riscos da dissonância de função ou estágio. Em sua opinião, Watrous estava pronto para atuar como líder no Estágio 3 ou 4. Ele estava dando sugestões que, a seu ver, seriam positivas e mostrariam que ele buscava atingir alto desempenho. Na mente do supervisor, no entanto, Watrous ainda não tinha credibilidade. A ingênua "presunção de liderança" de Watrous foi prematura e acabou transmitindo uma impressão completamente errada. Ele precisava primeiro criar uma rede de relações e de conhecimentos especializados e, em seguida, começar a exercer uma liderança mais direta na fábrica. Seguir vem antes de liderar. Watrous deveria ter dedicado seu tempo a aprender a marca da liderança necessária para ter sucesso em sua operação. Isso teria significado solicitar e interpretar as expectativas dos clientes para a operação, reconhecer como os líderes respondiam a essas expectativas e aprender os comportamentos esperados e as normas que sustentam essas expectativas (como, por exemplo, não dizer a um patrão experiente como operar o negócio com pouca ou nenhuma experiência). Sem conhecer a marca da liderança atual, Watrous nunca contará com a confiança dos superiores para aumentar suas responsabilidades e ter maior impacto no futuro.

Os futuros dirigentes que são impacientes ou arrogantes muitas vezes não conseguem compreender o significado do Estágio 1. Isso é particularmente verdadeiro para contratados experientes. Mesmo que alguém tenha sido um vice-presidente ou diretor de uma empresa antes, o indivíduo precisa passar alguns dias (talvez até mesmo semanas ou meses) investigando o Estágio 1: descobrindo "como as coisas funcionam por aqui". Não se trata de pagar encargos, mas de investir na própria carteira de liderança e descobrir as características e os atributos da marca da liderança na empresa. Esse investimento, quase sempre, tem retornos generosos no longo prazo.

Devemos reconhecer também que as empresas de sucesso fornecem uma infinidade de experiências de liderança à medida que seu pessoal avança por esses estágios de desenvolvimento. Por exemplo, quando alguém chega ao Estágio 3, deveria ter tido uma experiência P & L, uma experiência funcional, uma experiência em uma nova cultura (país) e talvez uma reviravolta ou uma experiência com fusões e aquisições. Esses "conjuntos de experiências" permitem que os líderes se adaptem à medida que as expectativas mudam, seja pela evolução dos clientes existentes ou pela chegada de novos clientes ao mercado. Com mudanças nas expectativas dos clientes, a reputação e a identidade dos líderes também devem evoluir. Empresas que trabalham com equipamentos de computador como a IBM e a Hewlett-Packard viveram essa mudança nas preferências dos clientes de produto para serviços. Com essas mudanças, as marcas da liderança nessas empresas também tiveram de mudar. Quando os líderes recebem oportunidades explícitas e direcionadas de vivenciar experiências coerentes com seu estágio de desenvolvimento, eles conseguem mais facilmente se adaptar às novas necessidades da marca da liderança. Em alguns casos, os líderes devem ficar mais sensíveis e receptivos às oportunidades de serviço, e não à eficiência de fabricação. A marca da liderança de amanhã pode ser diferente da de hoje, porque as expectativas dos clientes podem ser diferentes. Portanto, as empresas que incentivam mais diversidade entre as experiências com a marca da liderança em todos os estágios têm maior chance de atender às expectativas de amanhã.

ESTÁGIO 2 — COLABORADOR: DEMONSTRANDO A EFICÁCIA DA MARCA. As sementes de sua própria destruição são inerentes a cada estágio. Logo que uma pessoa domina as características de liderança de uma fase, a empresa começa a esperar características diferentes. O Estágio 1 é um ótimo ponto (na verdade, inevitável) para começar, mas é um péssimo lugar para permanecer. Quando um indivíduo "aprendeu a marca", ele precisa começar a demonstrar isso. Esta é a essência do Estágio 2.

O Estágio 2 envolve demonstrar a eficácia pessoal: ser conhecido como um profissional competente, bem informado e orientado a resultados que se enquadram na marca da liderança da empresa. Os indivíduos com alto desempenho nesta fase assumem e são "donos" de projetos pelos quais são pessoalmente responsáveis. Trabalham de forma independente ou como membros iguais de uma equipe; a supervisão é mais distante e menos necessária. No processo, conquistam fama de especialistas em alguma área essencial do trabalho da empresa. Desenvolvem pontos fortes característicos que os ajudam a vencer e que conquistarão os demais. Desenvolvem apego sincero à empresa, à base de clientes e/ou à tecnologia.

O âmbito da marca da liderança no Estágio 2 é tipicamente limitado ao indivíduo (administrar o próprio tempo e recursos) e à tarefa (realizar o próprio trabalho, embora muitas vezes no contexto de um esforço de equipe). Mas aqueles que cumprem boa parte da sua tarefa no Estágio 2 conquistam a confiança da empresa. Ainda mais crucial para a futura liderança é a empatia que têm pelos trabalhadores nas trincheiras. Conhecendo bem essa condição, eles estão menos propensos a alienar (ou simplesmente confundir) os empregados quando partem para ousados lances estratégicos no futuro.

Os líderes neste estágio começam a desenvolver sua marca pessoal (veja o Capítulo 9) para que se alinhe com a marca da liderança da organização. Ganham credibilidade e renome por fazerem bem seu trabalho. Quando a marca pessoal se alinha com a marca da liderança desejada, eles tendem conseguir dominar bem as exigências deste estágio.

ESTÁGIO 3 — LÍDER LOCAL: CONSTRUINDO A MARCA. Qualquer marca cairá no esquecimento sem administração e promoção ativas. Mesmo uma fortaleza como a Coca-cola (permanentemente a marca número um no mundo, de acordo com o relatório anual da *BusinessWeek/Interbrand*) pode ser vulnerável em um mercado competitivo e disputadíssimo. Se a Coca-cola abrisse mão da publicidade, alterasse sua fórmula, deixasse de investir em seus canais de distribuição e renovasse sua marca gráfica, por quanto tempo ela continuaria sendo reconhecida como uma marca global? Um ano? Um mês?

O mesmo vale para a marca da liderança. Por mais valioso que seja contar com sólidos colaboradores individuais que obtêm os resultados certos da maneira certa, a marca da liderança na empresa será diluída e acabará morrendo se ninguém a promover ativamente. Os líderes do Estágio 3 desempenham papel fundamental neste processo. Não só eles são os modelos para a marca da liderança, mas também estão na linha de frente da construção da marca. Os líderes de alto desempenho no Estágio 3 passaram da fase da independência para a real interdependência. Eles aprenderam a realizar tarefas que são muito mais do que poderiam alcançar por conta própria. Mais importante: eles aprenderam a ficar contentes em ver os outros crescerem e se desenvolverem.

Essa capacidade para desenvolver outras pessoas não significa necessariamente que as pessoas do Estágio 3 administrem ou supervisionem outros. Na realidade, nossa experiência e as pesquisas sugerem que as funções que não envolvem supervisão superam em número a dos supervisores no Estágio 3. Essa perspectiva é extremamente importante para o desenvolvimento da marca da liderança. Como a maioria das pessoas tem um preconceito hierárquico subconsciente (mencionado anteriormente neste capítulo), tendem a considerar os líderes como aqueles que ocupam posições formais e deixam de lado o fato de que a maioria não ocupa cargos instituídos. A marca da liderança existe quando as expectativas dos clientes estão incorporadas no conhecimento, nas habilidades e nos valores dos empregados em toda a instituição. Esses indivíduos do Estágio 3 alcançam sucesso além das fronteiras da empresa e influenciam, de forma bastante significativa, a atitude das pessoas — muitas vezes, apesar dos sistemas de incentivo e de desenvolvimento existentes na empresa, que não reconhecem adequadamente essas contribuições (ou pior, acabam dificultando as coisas).

Os líderes do Estágio 3 constroem a marca da liderança de várias maneiras. Primeiro, dominam o código da liderança por terem proficiência pessoal, mas também por serem estrategistas, executores, gestores de talentos e desenvolvedores de capital humano. Uma vez que essas habilidades relacionadas ao código de liderança são componentes básicos da marca da liderança da empresa, os líderes nesse estágio servem como importantes modelos para esses atributos. Em segundo lugar, devido à sua rede mais ampla, os líderes de Estágio 3 são elementos críticos para a expansão das fronteiras organizacionais e auxiliam muito o fluxo de ideias e informações. Por meio do que fazem e dizem, seu estilo de liderança demonstra a marca da liderança de sua empresa. Finalmente, e mais importante, os líderes do Estágio 3 se envolvem no desenvolvimento de pessoas, oferecendo feedback, mentoring, coaching, realizando tarefas que ampliam e promovem os talentos de terceiros.

Esse papel crucial no desenvolvimento de outros líderes pode ser uma via de mão dupla. Se um líder do Estágio 3 acredita na marca da liderança, naturalmente tentará desenvolver essa marca em outras pessoas; seus esforços se alinharão aos resultados e atributos desejados da empresa. A questão central no desenvolvimento de uma marca futura é compreender, alinhar e traduzir as expectativas dos clientes em comportamentos dos empregados. À medida que os clientes evoluem, a marca também deve evoluir. Por outro lado, se o líder está descontente, é cínico ou simplesmente não está suficientemente envolvido com a marca da liderança da empresa (como no caso da contratação de um gerente experiente de fora), ele se torna realmente um "antimentor", infectando seus protegidos com valores e comportamentos que são contrários às intenções da empresa. Resultado: confusão, em vez de unidade de marca.

ESTÁGIO 4 — LÍDER GLOBAL: PERPETUANDO A MARCA NA EMPRESA. Se os líderes do Estágio 3 concentram-se no desenvolvimento de outros líderes, os líderes do Estágio 4 preocupam-se em desenvolver a liderança. Sua unidade de análise não é o indivíduo, mas a empresa: seus sistemas e processos, e a alocação de recursos. Eles não estão tão interessados em criar sucessores à sua imagem e semelhança, mas em desenvolver um ambiente que gerará o tipo certo de líderes, hoje e amanhã. Eles estão sintonizados com as necessidades dos clientes, investidores e de outras partes interessadas; é deles a responsabilidade essencial de traduzir essas expectativas externas em comportamento interno de liderança. Os líderes de alto desempenho no Estágio 4 atuam nas seguintes funções vitais:

- *Tomador de decisões*: Eles exercem influência significativa nas decisões fundamentais da empresa.
- *Estrategista*: Eles ajudam a moldar o rumo futuro de grande parte da instituição.
- *Porta-voz*: Eles representam a empresa em amplas e variadas interações, tanto fora quanto dentro dela.
- *Patrocinador*: Eles criam oportunidades para que candidatos promissores demonstrem sua capacidade de seguir papéis de liderança importantes no futuro.

Os líderes do Estágio 4 encontram-se normalmente em uma das três funções de nível executivo. A mais comum é a de líder formal — vice-presidente, gerente-geral, CEO e assim por diante. As empresas certamente precisam que seus principais gerentes estejam atuando no Estágio 4, mas, infelizmente, nem todos os altos executivos são líderes nesse estágio de desenvolvimento. Como são promovidos com base na "ilusão de ótica", alguns gerentes seniores estão ainda no Estágio 3 ou mesmo no Estágio 2. Vamos voltar a essa ideia mais tarde neste capítulo, quando reexaminaremos o caso de Zack Petersen.

A segunda função importante do Estágio 4 é a de inovador ou empreendedor. Essas pessoas são, muitas vezes, peculiares, iconoclastas, duras e absolutamente brilhantes. Elas enxergam enormes oportunidades comerciais onde outros nada veem, e têm a sabedoria organizacional (e credibilidade pessoal) para transformar sua visão em realidade. Art Fry, o lendário pai dos bloquinhos Post-it, desempenhou exatamente esse papel na 3M.

A terceira função comum no Estágio 4 é de "patrocinador de ideias". Ao contrário dos inovadores, os patrocinadores de ideias não são os autores dos avanços. Pelo contrário, eles ficam perto de clientes externos e de pesquisadores internos, encontrando produtos ou serviços que atendam às necessidades dos primeiros com as capacidades dos segundos. Por várias vezes em sua carreira, Steve Jobs desempenhou esse papel de forma excepcional — ao mesmo tempo, ocupando uma função executiva "formal" (como CEO). Nesse processo, Jobs criou uma marca da liderança clara e única da Apple.

Enquanto a maioria dos líderes do Estágio 4 administra grupos de pessoas, os empreendedores internos e inovadores — geralmente em P&D ou em áreas relacionadas com vendas — têm, em geral, poucos subordinados diretos. Ora, esses não gerentes do Estágio 4 muitas vezes são ícones da marca da liderança. Valem muitas vezes quanto pesam em ouro e devem ser mantidos, desenvolvidos e reconhecidos por suas contribuições.

Aplicando a teoria dos estágios na avaliação da liderança

Depois de entender bem esses quatro estágios, voltemos ao caso de Zack Petersen, CEO.

De volta ao Zack

Aplicamos uma pequena autoavaliação de quatro estágios em Petersen e sua equipe executiva. Após cerca de 15 minutos, Petersen relaxou e disse: "Interessante, este diz que estou na fase 2!" Foi a revelação do óbvio — novidade para Petersen talvez, mas ninguém mais pensava assim. Sua equipe sênior baixou os olhos e assentiu como se estivesse dizendo: "A gente sabe, a gente sabe." Para Petersen e a empresa, essa autopercepção foi um momento marcante. Ele *gostava* de ser um perito financeiro do Estágio 2. Ele não havia sido talhado e não apreciava o papel de executivo do Estágio 4. Mais especificamente, Petersen percebeu que a marca da liderança que ele estava perpetuando, com um estilo de gestão *extremamente competitivo, de microempresário, sem visão estratégica e impulsivo*, era diametralmente oposta à marca de liderança necessária à empresa. Durante o ano seguinte, deixou a função de CEO, chamou um CEO de Estágio 4 de fora (que realmente personificava a marca da liderança da empresa), promoveu-se a presidente do Conselho e continuou deixando o pessoal de finanças entusiasmado com seus projetos e ideias.

A história de Petersen mostra várias ideias importantes. Em primeiro lugar, o estágio em que determinado indivíduo se encontra não está relacionado com a idade ou o cargo. A promoção não altera magicamente as habilidades e a orientação psicológica para se adaptar ao novo trabalho. No entanto, os cargos de liderança geram expectativas para o estágio correspondente. Espera-se que um CEO esteja no Estágio 4 e pense como uma pessoa do Estágio 4. Petersen, pelo contrário, era um empresário esforçado do Estágio 3 cuja empresa cresceu para além de seu alcance pessoal como líder. Um CEO de Estágio 2 torna impossível que seus subordinados diretos funcionem bem nos Estágios 3 ou 4. Sem líderes dos Estágios 3 e 4, a marca carece de modelos positivos.

Esse dilema — um chefe no estágio errado, que inibe a capacidade dos demais cumprirem as tarefas exigidas de seu estágio — não se limita aos cargos dos altos executivos.

Esperamos que um supervisor seja capaz de agir como treinador, mentor e desenvolver subordinados diretos como alguém no Estágio 3, para não competir com ele como alguém do Estágio 2. Comentários do tipo "Perdemos um bom contador e tenho um péssimo supervisor" são fortes indicadores de que alguém está sofrendo do mau alinhamento entre um estágio e o cargo que ocupa.

A lógica de estágios de desenvolvimento proporciona um modo de acabar com as ilusões de ótica, ao avaliar o conhecimento, as habilidades e as perspectivas de pessoas no seu grupo de talentos. Criamos um processo de três etapas que é relativamente simples e pode levar a perspectivas inesperadas.

1. Determinar a "distribuição do estágio de liderança" ideal de sua parte da empresa, dadas suas prioridades estratégicas.
2. Determinar a real distribuição do estágio da liderança.
3. Determinar como você preencherá as lacunas entre os indivíduos e a empresa e superará os obstáculos à transição.

Distribuição ideal de estágios

Quando pedimos que as pessoas identifiquem a distribuição ideal do estágio de liderança para sua parte da empresa, isso, em geral, causa impaciência. Todos pensam que a resposta é óbvia: *queremos todos os líderes no Estágio 4, ou queremos apenas pessoas que vão obedecer cegamente ao que pedirmos a elas — todos no Estágio 1*. Nenhum desses extremos é um resultado desejável para a marca da liderança discutida no Capítulo 2 e, na verdade, nenhum deles é possível. O desenvolvimento não acontece por decreto. O primeiro passo para o desenvolvimento eficaz é ter clareza sobre os resultados (como a distribuição desejada dos estágios da liderança leva em conta as prioridades estratégicas). O restante envolve proporcionar experiências orientadas para que os indivíduos se desenvolvam e premiar aqueles que estão interessados em se desenvolver na direção que a empresa necessita. Nem todos definem sucesso profissional como "subir na empresa"; algumas pessoas amam suas áreas de especialidade e não querem atuar como gerentes; outros resistirão a esse movimento viajando para ganhar novas experiências porque estão enraizados em uma área geográfica; outros ainda pretendem equilibrar sua vida profissional com a vida doméstica ou um hobby.

Nossa experiência sugere que uma distribuição típica para uma empresa que não tenha explicitamente tentado moldá-lo é a seguinte:

Estágio 1: 20%

Estágio 2: 60%

Estágio 3: 18%

Estágio 4: 2%

À medida que as pessoas tomam conhecimento das implicações desse padrão de distribuição, a maioria conclui que precisa de mais pessoas do Estágio 3. Chegam a essa conclusão porque as pessoas do Estágio 3 também são capazes de orientar o trabalho de forma mais estratégica e (considerando sua perspectiva mais ampla e sua capacidade de cruzar fronteiras) de tornar realidade os resultados desejados. A implementação da estratégia e a entrega de valor aos stakeholders são mais fáceis com líderes de Estágio 3 mais formais e informais.

Outras distribuições de estágio tornam-se mais evidentes considerando as diferentes formas de competir. Em nossa consultoria (The RBL Group), competimos com base em nossa liderança intelectual e no aproveitamento de antigos altos executivos com grande dose de experiência aplicada. Para nós, uma distribuição de estágios de liderança seria assim:

Estágio 1: 5%

Estágio 2: 15%

Estágio 3: 65%

Estágio 4: 15%

Observe que não estamos tentando eliminar fases, nem mesmo o Estágio 1. Contratamos regularmente novos funcionários para cobrir tarefas administrativas e de escritório, e recentemente contratamos uma estagiária, aluna de uma universidade local. Esperamos que nosso pessoal em funções de apoio se transforme em colaboradores independentes de Estágio 2, exigindo pouca supervisão e aprofundando seus conhecimentos nas respectivas áreas. Também nos empenhamos em terceirizar trabalhos que não são essenciais a nosso propósito. Realisticamente, porém, não podemos terceirizar tudo que envolve a capacidade de seguir procedimentos e acertar todos os detalhes. Sempre haverá um pequeno percentual do trabalho de Estágio 1 a ser realizado.

Distribuição real dos estágios de liderança

Identificar a distribuição ideal dos estágios de liderança é essencialmente um exercício conceitual. Descobrir o que realmente existe na empresa é muito mais trabalhoso. Obter a resposta certa é importantíssimo, porque ter clareza sobre as necessidades de desenvolvimento é muito útil. Duas abordagens funcionaram bem:

- Técnica das fichas
- Software de gestão de talentos

FICHAS. Este exercício produz resultados surpreendentemente coerentes. Leva cerca de meia hora para gerentes ou executivos de uma empresa com aproximadamente cem pessoas. Recomendamos aplicar o exercício com dois ou três diretores da mesma instituição. Siga estes passos:

1. Use cerca de dez minutos para explicar e discutir os quatro estágios; em seguida, entregue ao executivo uma cópia da Tabela 4-1 para usar como referência durante o restante do exercício.

2. Escreva o nome de cada pessoa a ser avaliada em uma ficha separada de 3 x 5cm, e entregue as fichas ao executivo.

3. Peça para ordenar os nomes em quatro pilhas, uma para cada estágio da liderança.

Depois de ter feito isso com alguns executivos, você terá o que precisa — uma distribuição dos estágios da liderança nesta instituição. Ao analisar os resultados, procure os seguintes aspectos:

- Quais são as maiores disparidades entre as distribuições ideais e reais?
- Existem exemplos (ou tendências) individuais de inadequações entre o estágio e a função?
- Quais são as surpresas?

Segundo nossa experiência, você verá que a maioria das funções que envolvem conhecimento está dentro da variação adequada de estágios da liderança — de 1 a 3. Os cargos formais de liderança, no entanto, têm menos "flexibilidade de estágios": essas funções devem ser realizadas por pessoas com conhecimento, habilidades e perspectivas relevantes para os Estágios 3 e 4.

SOFTWARE DE GESTÃO DE TALENTOS. O método de fichas 3 x 5cm é um evento rápido, fácil e único, mas não cria um processo sustentável de gestão dos talentos. O software de gestão de talentos certo é um bom investimento, porque permite acompanhar as melhorias e as mudanças em estoque de talentos. Infelizmente, o mercado de software de gestão de talentos surgiu apenas há pouco tempo; existem poucas ferramentas robustas hoje no mercado. Em vez disso, a maioria dos pacotes é meramente de sofisticadas ferramentas para a geração de relatórios com base nos dados disponíveis em um sistema de gestão de desempenho.

A gestão de talentos exige mais do que apenas relatórios sofisticados; requer um processo abrangente que envolva toda a empresa para identificar, desenvolver e apoiar talentos emergentes. Ao considerar softwares de gestão de talentos destinados a apoiar um processo baseado em interações individuais entre gestores e seus subordinados diretos, aprendemos a insistir nos seguintes aspectos críticos:

- Ele deve permitir o autoatendimento de empregados e gerentes.
- Deve oferecer segurança confiável.
- Deve utilizar uma abordagem baseada em processos ligados ao plano anual de pessoal.
- Deve incluir a estrutura organizacional atual e futura (tornando possível visualizar os dados por cargo ou função).
- Deve gerenciar informações pessoais críticas, incluindo preferências profissionais e de mobilidade.
- Deve incluir marcadores de potencial, probabilidade de promoção e estágios da liderança para cargos críticos específicos.
- Deve oferecer cenários de sucessão cujo impacto possa ser visto por função, pessoa, estágio da liderança ou grupo de cargos.
- Deve apresentar elos com outros sistemas de pessoal (tais como o sistema de gestão de desempenho ou o sistema de gestão da aprendizagem).

Outras características também podem ser muito úteis na gestão do processo de desenvolvimento de talentos e incluem:

- Facilitar a identificação de oportunidades de desenvolvimento com base em experiências.
- Dar apoio a rankings forçados.
- Acompanhar atividades de desenvolvimento externas (trabalho voluntário, atividades no Conselho e assim por diante).

Eliminando as disparidades entre indivíduos e a organização

Com a distribuição ideal e a real, você terá diante de si um conjunto claro de lacunas no desenvolvimento da liderança. A Tabela 4-2 descreve as barreiras típicas a uma transição eficaz entre os estágios de liderança.

TABELA 4-2

Barreiras ao desenvolvimento dos estágios

Estágio 1 *Aprendendo a marca*	Estágio 2 *Demonstrando a eficácia da marca*	Estágio 3 *Construindo a marca*	Estágio 4 *Perpetuando a marca*
• Impaciência	• Incapacidade de trabalhar em equipe	• Focado demais no próprio trabalho	• Sem disponibilidade para atuar fora do próprio escritório
• Incapacidade de abandonar o status anterior e construir sua reputação na empresa	• Recusa-se a aceitar a independência	• Falta de entendimento sobre as necessidades mais abrangentes da empresa	• Imobilidade geográfica
• Incapacidade de construir relacionamentos	• Poucas competências técnicas	• Não consegue ver como os produtos (os próprios e os de terceiros) se relacionam entre si e com o sucesso da organização	• Incapaz de lidar com ambiguidades
• Ser competitivo em um ambiente de equipe cooperativo	• Falta de autoconfiança	• Incapacidade de avançar com as tendências ou mudanças	• Falta de credibilidade
• Incompreensão das "regras informais"	• Falta de iniciativa • Incapacidade de se concentrar (por exemplo, começar várias tarefas e não finalizá-las)	• Foco interno: resistência para lidar com outros grupos dentro ou fora da empresa	• Mau uso do poder para promover interesses pessoais
• Falta de precisão técnica	• Não compreende como o próprio trabalho está relacionado ao sucesso da empresa	• Não delega tarefas	• Preocupação com o sucesso da própria empresa em detrimento do sucesso geral da corporação
• Falta de disciplina e foco		• Sente-se ameaçado pelo sucesso dos demais	• Compromisso exagerado
			• Não consegue construir e manter redes e relacionamentos externos
			• Incapacidade de tomar decisões e fazer escolhas difíceis

É particularmente útil compreender essas barreiras ao desenvolvimento quando você tentar acabar com as disparidades identificadas após a avaliação por meio de investimentos no desenvolvimento da liderança, que será tema do Capítulo 5.

A Avaliação 4-1 é uma maneira fácil de determinar em qual dos quatro estágios que você está. Preencha essa tabela e, em seguida, peça a um colega de trabalho, treinador ou gerente que preencha os dados também. Compare os resultados para ver se existem lacunas.

Não há respostas certas ou erradas. A pergunta é: Será que seu estágio corresponde às expectativas que você e os outros têm para sua função? Se corresponder, talvez seja interessante concentrar-se em manter o alto desempenho nesta função ou tentar descobrir como contribuir no próximo estágio. Caso contrário, então você terá de procurar uma maneira de se desenvolver ou encontrar outro trabalho.

Apresentar os resultados certos da maneira certa

"Qual é o principal objetivo?" "Qual foi sua contribuição mais recente para a empresa?" "Vá direto ao ponto!"

O mundo dos negócios está sempre nos lembrando da importância de se obterem *resultados* — fazer as coisas acontecerem para manter a empresa próspera e o alto valor de suas ações. Mas a falência da Enron e outras catástrofes espetaculares da virada do século XXI são a prova de que não basta monitorar os resultados financeiros por si. Se os benefícios de curto prazo são gerados à custa da legitimidade jurídica ou da coerência cultural da empresa, suas perspectivas de longo prazo são realmente ruins.

No entanto, os resultados são importantes. Se alguém parece estar agindo corretamente, mas não há resultados positivos para a empresa, algo ainda está errado. Então, precisamos de um sistema que inclua os resultados e a maneira como são produzidos, sustentados por um sistema que alinhe a motivação do grupo com os objetivos da empresa.

138 A marca da liderança

AVALIAÇÃO 4-1

Avaliação dos estágios da liderança

Responda a cada uma das cinco categorias para ver que descrição melhor se adapta à sua abordagem.

1. Minha abordagem ao trabalho.
   a. Podem contar comigo nas tarefas que exigem detalhes em determinado projeto.
   b. Sou perito em meu campo de trabalho.
   c. Treino os demais em meu grupo de trabalho.
   d. Defino a direção para grande parte da empresa.

2. Orientação psicológica.
   a. Dependente.
   b. Independente.
   c. Influente.
   d. Poderoso.

3. Competências técnicas.
   a. Especialização acadêmica com experiência comprovada neste assunto.
   b. Especialista em meu campo de atuação.
   c. Vínculo várias áreas técnicas para assegurar a colaboração e a tomada de decisões de alta qualidade.
   d. Determino como a tecnologia deve contribuir.

4. Relacionamento com os outros.
   a. Sou aprendiz de uma pessoa mais experiente.
   b. Os outros me valorizam por minha especialização.
   c. Gerencio outras pessoas.
   d. Patrocino iniciativas importantes e testo as pessoas para identificar futuras oportunidades.

5. Contribuição estratégica.
   a. Quando me dizem o que fazer, eu contribuo.
   b. Contribuo para definir a direção a ser seguida.
   c. Traduzo a orientação estratégica para os demais e garanto que estejam funcionando de forma coordenada.
   d. Sou um grande impulsionador de nossa direção estratégica.

Resultados:
Conte o número de respostas a, b, c e d que você tem.
   a) A representa o Estágio 1: aprendiz.
   b) B representa o Estágio 2: colaborador.
   c) C representa o Estágio 3: líder local.
   d) D representa o Estágio 4: líder global.

Seu estágio é representado pela letra da maioria de suas respostas. Muitos descobrem que estão claramente em um estágio. Outros verificam que estão divididos entre dois estágios. Isso ocorre durante as transições.

Lembre-se de que não existe uma resposta "certa" para esses estágios, exceto quanto à permanência no estágio 1. É impossível manter um alto desempenho em toda a sua carreira no Estágio 1. Nos outros estágios, a opção é manter o alto desempenho neste estágio ou avançar com eficácia para o próximo. Por exemplo, você pode continuar a ter alto desempenho no Estágio 2, empenhando-se para permanecer atualizado em suas competências técnicas. No Estágio 3, o alto desempenho é mantido por atividades de coaching e gestão. No Estágio 4, o alto desempenho se mantém quando você garante que a empresa continuará competitiva no futuro.

Gestão do desempenho

Para se certificar de que os líderes apresentarão os resultados da maneira certa, a empresa necessita de um processo sistemático de avaliação do desempenho para garantir que está criando valor para os empregados, clientes e investidores. Muitas empresas tentam fazer isso mecanicamente, concentrando-se em formulários e procedimentos. No entanto, temos observado que os melhores sistemas de gestão do desempenho, os que realmente contribuem para o desenvolvimento da marca da liderança, tendem a estar muito mais preocupados em garantir um bom diálogo sobre o que é realmente valorizado. Eles têm alguns formulários e procedimentos, mas a parte mecânica é mantida em segundo plano. O elemento mais crítico que cerca e reforça o processo de gestão do desempenho é a cultura da atenção. A seguir, outro caso exemplar.

Queremos os números

O processo de gestão de desempenho do Citigroup analisava apenas os resultados financeiros produzidos. Ao longo do tempo, apresentar números era só o que importava. De início, isso funcionou muito bem no ambiente altamente descentralizado e caracterizado por várias aquisições. No entanto, após alguns anos, o Citigroup começou a ter problemas que foram criados pela forma como os resultados eram alcançados. O negócio de Private Bank foi expulso do Japão por não seguir as normas bancárias. Alguns dirigentes não conseguiram dizer a verdade aos clientes sobre problemas com a perda das suas informações financeiras. O governo alemão processou os operadores do Citigroup em Londres, por suposto comportamento antiético. Finalmente, os reguladores proibiram a empresa de fazer novas aquisições até que ela corrigisse sua forma de avaliar os resultados.

Os altos dirigentes, liderados pelo então novo CEO Chuck Prince, implementaram um plano de cinco pontos, que incluía grandes mudanças no processo de gestão do desempenho. O novo processo desenvolveu fatores, como a responsabilidade, que destacava não só quais resultados eram alcançados, mas a maneira como eles eram obtidos. Incluía atenção aos clientes e uns aos outros na avaliação e no feedback de cada líder, e garantia que esses fatores fossem tão importantes para a classificação final do indivíduo quanto os resultados financeiros.

Essa abordagem tornou-se um componente da marca de liderança do Citigroup. Ela altera significativamente o que se espera dos líderes nos mercados de serviços financeiros em nível mundial. Na verdade, o Citigroup planeja avaliar sua marca da liderança e da empresa como um todo como "a mais respeitada empresa de serviços financeiros do mundo".

A natureza da marca da liderança é garantir que os líderes alcancem os resultados certos da maneira certa. É fundamental que os resultados certos e a maneira certa façam parte integral do processo de gestão do desempenho. Também é essencial que os líderes estejam dispostos a dedicar tempo a discussões sobre alto desempenho e o que colocar em prática os princípios da marca significa para o sucesso de cada um, individualmente.

Reconhecimento e recompensas

Além de ter uma sólida gestão do desempenho, você poderá reforçar sua marca da liderança ao reconhecer e recompensar comportamentos que sejam consistentes com essa marca, construindo, assim, uma cultura de desempenho eficaz e produtiva. Entretanto, é muito mais fácil dito do que feito.

A dificuldade reside na parte do reconhecimento. Reconhecer e premiar os resultados desejáveis é muito mais simples do que reconhecer e premiar os comportamentos certos. Por exemplo, é relativamente fácil avaliar resultados como aumento da rentabilidade, participação no mercado e até mesmo compromisso de empregados e clientes. Essas são medidas *a posteriori* — ocorrem como resultado do que já foi feito. Em contrapartida, as medidas *a priori* — avaliações diretas da forma como os resultados são produzidos — são mais amorfas e, portanto, muito mais complexas. Como exatamente podemos medir se alguém apresenta o tipo de habilidade que discutimos anteriormente? Ou até que ponto alguém está demonstrando um comportamento colaborativo, inovador ou criativo? Sem uma metodologia consistente, as avaliações de comportamento — se este aumentou, diminuiu ou permaneceu o mesmo — estão fadadas a mostrar ampla variação.

Para encontrar a resposta, voltamo-nos para Steve Kerr, que desenvolveu uma metodologia durante o tempo que passou como principal executivo de aprendizagem da GE e no Goldman Sachs. Sua metodologia permite agrupar ideias abstratas em comportamentos observáveis e distintos.

Considere a *colaboração* um elemento que a empresa pode desejar como uma competência para seus dirigentes. É fácil imaginar um CEO se empolgando sobre como seria ótimo se os líderes da empresa fossem mais colaborativos. O exercício foi concebido para transformar a colaboração em comportamentos distintos (veja a Tabela 4-3). A primeira pergunta a fazer é: "Quais comportamentos devemos incentivar ou inibir se nossos líderes fossem mais colaborativos?"

Depois que os líderes discutirem e concordarem sobre os aspectos relevantes da colaboração que devem ser incentivados ou inibidos, a colaboração deixa de ser uma abstração e passa a assumir a forma de comportamentos acordados. Mais uma vez, medir comportamentos desse tipo não pretende substituir a avaliação de resultados; os comportamentos servem como medidas *a priori*, que indicam se medidas *a posteriori* tenderão a aparecer.

TABELA 4-3

Comportamentos colaborativos

Se nossos líderes fossem colaborativos, Quais comportamentos seriam incentivados ou inibidos?	
Incentivados	**Inibidos**
1. Almoçar e fazer outros intervalos com os subordinados diretos e colegas de outros departamentos.	1. Comer sozinho ou exclusivamente com outros executivos.
2. Visitar clientes com frequência (pelo menos duas vezes por semana).	2. Delegar a interação direta com os clientes a outros profissionais.
3. Fazer visitas surpresa a outros departamentos para investigar a forma de trabalhar em equipe para resolver problemas comuns.	3. Isolar-se e deixar que os demais continuem seus afazeres.
4. Iniciar equipes e tarefas que envolvam várias funções.	4. Usar linguagem corporal ou sons que reflitam irritação (franzir a testa, reclamar, suspirar, xingar e assim por diante) quando convidados a fazer parte de projetos ou equipes interorganizacionais.
5. Falar sobre o trabalho que os outros departamentos estão realizando e avaliar o impacto de seu trabalho sobre a própria organização do líder.	5. Não falar sobre o trabalho de outras empresas e sobre o impacto de seu trabalho sobre a própria organização do líder.

O próximo passo de Kerr é estabelecer um elo entre a parte de reconhecimento dos comportamentos característicos da marca da liderança e as consequências positivas e negativas (recompensas e punições). A abordagem simples é perguntar se um líder apresentasse um desses comportamentos que queremos incentivar, o que aconteceria? Algo bom? (+) Algo ruim? (–) Ou seria indiferente? (?) A Tabela 4-4 ilustra nosso exemplo.

Neste caso em particular, as respostas são semelhantes ao que realmente obtemos quando falamos com as pessoas. Na maior parte do tempo, não está claro o que vai acontecer. É quase certo que alguns comportamentos gerarão uma recompensa positiva ou negativa, mas, como não existe um sistema para avaliar o comportamento, ninguém pode ter a certeza absoluta do que poderia acontecer.

Este é um ponto extremamente importante. Quando ouvimos dizer que certos comportamentos são desejáveis sem termos certeza do tipo de resposta que será gerada, tendemos a perder o entusiasmo. Este exercício demonstra também por que defendemos veementemente a seleção de poucas competências voltadas para a marca da liderança. Caso contrário, acabamos com um número excessivo de fatores. Segundo nossa experiência, dar apenas alguns elementos essenciais aos líderes facilita o processo de identificação do comportamento desejável e sua posterior recompensa.

É também importante frisar que as recompensas podem ser financeiras e/ou não financeiras. Recompensas financeiras como incentivos em dinheiro e prêmios são sempre agradáveis de receber, mas as recompensas não financeiras são igualmente importantes para reforçar comportamentos que apoiam a marca da liderança. Por exemplo, se um líder sênior vê um supervisor trabalhando ativamente com outras organizações — almoçando e compartilhando os momentos de intervalo com outros grupos — a fim de integrar um projeto, um incentivo em dinheiro talvez não seja tão eficaz quanto uma nota de agradecimento manuscrita que reconheça esse esforço.

Os líderes precisam ser reconhecidos e recompensados por vivenciar marca. É útil pensar no CEO como o "gestor da marca da liderança" — o responsável por reconhecer talentos e garantir que os resultados certos sejam gerados da maneira certa. CEOs e altos executivos eficazes devem procurar exemplos de pessoas que coloquem em prática os princípios da marca e que garantam que os líderes exemplares saibam que estão sendo observados. Devem fazê-lo tanto com recompensas formais como bônus quanto com recompensas não financeiras, como bilhetes, agradecimentos, folgas inesperadas e outras formas significativas de reconhecimento.

TABELA 4-4

Consequências de comportamentos colaborativos

Comportamento	Resposta
Impacto de um líder que apresenta o comportamento apontado	
1. Almoçar e fazer outros intervalos com os subordinados diretos e colegas de outros departamentos	(?)
2. Visitar clientes com frequência (pelo menos duas vezes por semana)	(+)
3. Fazer visitas surpresa a outros departamentos para investigar a forma de trabalhar em equipe para resolver problemas comuns	(+)
4. Iniciar equipes e tarefas que envolvam várias funções	(?)
5. Falar sobre o trabalho que os outros departamentos estão realizando e avaliar o impacto de seu trabalho sobre a própria organização do líder	(+)

Conclusão

Em nosso trabalho com executivos envolvidos no desenvolvimento da liderança, não é incomum verificar que muitos líderes não têm ideia do que devem desenvolver. Sem avaliação, o desenvolvimento centrado simplesmente não é possível. Em vez disso, as pessoas tendem a optar por desenvolver as áreas que consideram mais interessantes, e não as que são mais necessárias.

Por exemplo, recentemente, a Diretoria de uma empresa global de serviços profissionais enviou um executivo de marketing para participar de um programa de duas semanas de uma prestigiada universidade. A Diretoria acreditava que esse executivo precisava desenvolver uma perspectiva financeira mais sólida e considerou que o programa incluía ofertas ideais com essa finalidade. Infelizmente, ninguém se deu o trabalho de informar o executivo sobre esse objetivo, por isso ele entrou no modo turista, fazendo cursos sobre comportamento organizacional, marketing e globalização, e evitando todos os cursos especificamente voltados a finanças. A oportunidade foi desperdiçada.

Sólidos processos de avaliação não são apenas úteis, mas essenciais para o sucesso do desenvolvimento da marca da liderança. Quando se trata de apoio à avaliação, existem ferramentas individuais e de vários avaliadores disponíveis, e pecar pelo excesso de informação é sempre melhor do que o contrário. É interessante que os líderes tenham várias formas de se autoanalisar — o que sabem (saber), quem são (ser) e como seu comportamento afeta os demais (fazer). Ninguém deve ser obrigado a mudar apenas por causa de comentários feitos sobre determinado comportamento passado. Cada líder pode escolher o que fazer e onde concentrar seus esforços de melhoria.

A melhor maneira de aproveitar o processo de avaliação é identificar aspectos específicos que cada líder poderia desenvolver em seu benefício — ou seja, poucos itens que terão o maior impacto positivo em seu próprio desempenho e no desempenho da empresa, e não uma lista enorme de elementos. Às vezes, isso nada mais é do que aproveitar os pontos fortes já existentes, e outras vezes envolve identificar problemas ou eliminar quem não se adapta ao processo.

Em ambos os casos, quem recebe feedback deve agradecer àqueles que ajudaram na avaliação e informar o que pretendem fazer como resultado do processo. O feedback é um presente. Como ele é oferecido graciosamente, as pessoas querem saber o que você pensa dele e se pretende utilizá-lo. Se você violar o princípio de agradecer pelos presentes recebidos, sua probabilidade de receber outros tende a diminuir no futuro.

Quando as avaliações são parte de um processo de desenvolvimento bem elaborado, há grande probabilidade de que a marca da liderança seja concretizada com líderes:

- *Que tenham as qualidades certas* (predisposição para a marca)

- *Que estejam no estágio de liderança certo* (conhecimento, habilidades e perspectivas para fazer o trabalho de cada nível de liderança)
- *Que apresentem os resultados certos da maneira certa* (clareza sobre os resultados desejados com a declaração de investidores, empregados e clientes, apresentados por meio de um curso de ação coerente com a liderança)

5

Como investir na marca da liderança

As empresas públicas, privadas e sociais gastam quantias incalculáveis para melhorar a qualidade de sua liderança, mas os resultados muitas vezes são decepcionantes. De acordo com nossa experiência, boa parte da decepção deriva da típica abordagem confusa ao desenvolvimento centrada no líder individual e resulta de começar os esforços de desenvolvimento de líderes na Etapa 3 ou 4, em vez de na Etapa 1. Quando as empresas concentram-se na marca da liderança e dão início ao processo com uma declaração clara que vincula os comportamentos dos líderes aos clientes por meio da estratégia de negócios, o retorno sobre os investimentos em desenvolvimento melhora substancialmente.

Marcas sólidas evoluem a partir de escolhas direcionadas em termos de design do produto, embalagem e processos. Da mesma forma, as marcas da liderança não surgem por acaso; são consequência de uma série de decisões sobre os atributos que a empresa exige de seus dirigentes, bem como das ações que tomam e dos resultados que apresentam. Assim, em vez de gastar pouco para melhorar líderes individuais, a empresa pode usar sua declaração da marca da liderança para definir os critérios para esses investimentos. Se um programa de treinamento ou desenvolvimento de líderes não der suporte à marca, ele será um investimento imprudente.

Algumas empresas utilizam o que nosso colega Paul McKinnon chama de modelo de livre mercado para a liderança. Nessa abordagem, os líderes individuais contam apenas com a própria sorte e os recursos de que dispõem para melhorar. O livre mercado é falho em muitos casos porque as pessoas carecem de informação para tomar decisões bem informadas. Preferimos o que McKinnon chama de modelo de *mestre de xadrez*, em que uma série de investimentos específicos faz os líderes se centrarem em suas experiências para adquirir e demonstrar a marca da liderança da empresa. Esse modelo baseia-se em um conjunto de pressupostos e escolhas sobre como desenvolver líderes por meio da formação e de experiências de desenvolvimento, experiências práticas no trabalho e de vida. Muitas vezes, é regido por uma função corporativa forte, focada no desenvolvimento da liderança que dirige o movimento dos talentos.

Este capítulo descreve nossos pressupostos sobre como desenvolver a marca da liderança, apresenta uma nova fórmula para desenvolver essa marca e descreve como criar um processo unificador para gerenciá-la.

Pressupostos sobre como desenvolver a marca da liderança

Investir em uma marca da liderança tem duas diferenças fundamentais que complementam os investimentos tradicionais em líderes ou na liderança. Em primeiro lugar, a marca da liderança tem foco externo, e não interno. A maior parte da formação de líderes tem foco interno, quer seja nas crenças e nos estilos individuais de cada líder ou nas práticas dentro da empresa que os líderes precisam dominar. A marca da liderança começa de fora para dentro, é clara sobre as expectativas de clientes e investidores e, em seguida, orienta os investimentos para atender a essas expectativas. Em segundo lugar, muitas vezes essa formação centra-se no indivíduo: como melhorar seu estilo pessoal ou os resultados alcançados. O desenvolvimento da marca da liderança não só se concentra na pessoa, mas também no processo de criação de um melhor quadro de líderes. Essas duas diferenças (enfoque de fora para dentro e liderança *versus* líderes) baseiam-se em uma série de pressupostos que nortearão os investimentos para garantir que eles traduzam as expectativas dos clientes em comportamentos dos empregados e da empresa como um todo, por meio de ações da liderança:

- Os investimentos com estilo de liderança reconhecem que nem todos os líderes são iguais.
- Os investimentos com estilo de liderança envolvem o debate natureza *versus* treino.
- Os investimentos com estilo de liderança aproveitam os pontos fortes e amenizam quaisquer pontos fracos críticos.
- Os investimentos com estilo de liderança são personalizados.
- Os investimentos com estilo de liderança formam um sistema integrado, e não são eventos isolados.
- Os investimentos com estilo de liderança estão vinculados à empresa.
- O desenvolvimento de um estilo de liderança envolve diferentes tipos de experiências em vários níveis da instituição.

Lembre-se: nem todos os líderes são iguais

No Capítulo 2, alegamos que, apesar de todos os líderes agregarem valor por meio de suas contribuições, alguns dirigentes atuam em funções que são mais ou menos críticas para o desenvolvimento da marca da empresa. Como resultado, os investimentos na marca da liderança devem estar mais centrados nos líderes que melhor personificam a marca da empresa, em suas atribuições atuais ou projetadas — ou aqueles em funções críticas. Além de líderes em funções críticas, os investimentos em líderes com potencial são mais valiosos do que naqueles com pouco potencial ou talento questionável. Muitas vezes, os indivíduos de alto potencial são aqueles que têm possibilidade de receber duas promoções adicionais dentro de um período de tempo relativamente curto (digamos, cinco anos). Os líderes com alto potencial que merecem maior investimento são também aqueles mais suscetíveis a representar a marca da empresa. A Shell, por exemplo, monitora o que chama de potencial estimado de um líder de acordo com sua capacidade de demonstrar a marca da liderança que a empresa considera crítica em três dimensões: capacidade (tem capacidade de pensar e tomar decisões críticas, especialmente aquelas relacionadas com o aumento do número de clientes e do valor ao investidor), realização (apresenta resultados, cresce e trabalha de forma organizada para atender a clientes e investidores) e relacionamentos (comunica-se bem, sabe escutar e estimula os demais dentro e fora da empresa). Os líderes que demonstram esses atributos são considerados mais merecedores de investimento do que aqueles que não o fazem. Isso contraria o objetivo tradicional de investimento de que "todos os líderes receberão quarenta horas de treinamento este ano". Alguns deveriam receber mais; outros, menos.

Esqueça o debate natureza versus treino

Há um debate antigo sobre se os líderes nascem prontos (conforme sua natureza) ou são criados (treinados para tal). Aqueles que defendem que os líderes nascem prontos acreditam que as decisões sobre a seleção de pessoal são os principais fatores para prever o sucesso da liderança; quem acredita na força do treinamento sugere que um maior investimento em experiências de formação e desenvolvimento melhorará a qualidade da liderança. Conforme já observado, uma série de estudos psicológicos concluiu que a resposta correta é de cerca de 50-50.[1] A natureza confere predisposições aos líderes, mas, com a experiência, essas predisposições geralmente podem ser adaptadas a qualquer situação. Predisposição não implica predestinação. Investir na marca da liderança significa que as empresas devem reconhecer até que ponto as predisposições de um líder individual são coerentes com a marca e, em seguida, avaliar a capacidade de um líder desenvolver requisitos pessoais compatíveis com a marca da liderança.

Como aproveitar os pontos fortes

Há muito debate nesse ramo sobre até que ponto é possível aproveitar os pontos fortes existentes. Alguns argumentam que os bons líderes devem identificar os pontos fracos e superá-los; outros argumentam que os líderes devem centrar-se nos pontos fortes e dominá-los.[2] O enfoque com estilo de liderança considera que os líderes de todos os níveis de uma empresa precisam dominar elementos que se alinhem com a marca da instituição. Se determinada empresa está trabalhando para oferecer atendimento excepcional ao cliente, os líderes precisam ser bons em formar relacionamentos, comunicar valores e resolver problemas tanto dentro quanto fora da empresa. Se determinado líder não consegue alinhar seu comportamento pessoal com as necessidades dos clientes, ele não se enquadra na empresa e deve sair. A marca da empresa Intel de "promover a vida por meio da tecnologia" não só incentiva os líderes a aproveitar seus pontos fortes, como também ajuda a identificar quais pontos fortes são mais essenciais, considerando a marca que precisam emular. Os líderes da Intel precisam demonstrar não só conhecimento tecnológico, mas pensamento independente e juízo crítico para continuar a sustentar sua reputação no mercado. Chamamos esse conceito de *qualidades características* do líder — qualidades exclusivas que promovem seu sucesso. Desde que compreendam seus pontos fracos e possam compensá-los com qualidades características, suas ou de subordinados diretos recrutados para preencher essas lacunas, os esforços empenhados no sentido de melhorar os pontos fortes serão mais recompensados do que a eliminação de suas deficiências. Além disso, às vezes, os líderes devem concentrar-se em eliminar pontos fracos que claramente representem obstáculos ao desenvolvimento da carreira ou "falhas fatais". Essas falhas são problemas, como a "incapacidade de aprender com a experiência", "indiferença quanto ao desenvolvimento de colegas" e outros relacionados a uma incapacidade de ajudar ou de continuar a se desenvolver.[3] Ampliamos esse conceito para sugerir que falhas fatais são deficiências que não são compatíveis com a marca desejada.

Personalize os investimentos

Cada líder tem um estilo único de aprendizagem. Programas de formação tradicionais muitas vezes limitam-se a oferecer um pacote pronto apresentando os vários estilos de ensino dos diferentes instrutores. A lógica de estilos únicos também implica que a maioria das pessoas estará mais aberta a algumas funções de desenvolvimento do que outras e que os investimentos em liderança deverão ser adaptados aos estilos de aprendizagem exclusivos de cada líder.[4] Investimentos personalizados são importantes para o desenvolvimento da marca da liderança porque as empresas com uma carteira de marcas de produtos em geral terão melhor desempenho do que aquelas com uma marca de produto única (pense na força da Disney com operações em parques temáticos, televisão, produção de filmes e seus produtos e serviços *versus* a Knott's Berry Farm, que se concentra exclusivamente em parques temáticos). Da mesma forma, a marca da liderança tem melhor desempenho quando os empregados em toda a organização demonstram um conjunto essencial de atributos, mas também apresentam diversidade de estilos. As organizações que personalizam os investimentos em liderança reconhecem a importância de abordagens variadas ao desenvolvimento de líderes e desenvolvem líderes com uma marca consistente, mas com estilos individuais.

Integre os investimentos em liderança em um sistema

Com frequência, os investimentos em liderança tendem a ser isolados e fragmentados, um programa de treinamento este mês, uma experiência de coaching no próximo trimestre, uma função temporária no trimestre seguinte, rodízio de funções no próximo ano. Como um antídoto, nosso colega Warren Wilhelm apela para uma *arquitetura de aprendizagem*, em que os diversos modos de aprender integram-se em torno de um tema comum.[5] David Hatch, que ajudou a criar a arquitetura de aprendizagem na PepsiCo, na IBM e na Thomson, também se vale desse sistema integrado, em que o foco do desenvolvimento não é no líder individual, mas nos processos que constituem a marca que o líder representa. Uma arquitetura de aprendizagem ou um sistema integrado é fundamental para a metáfora da marca, pois as marcas da empresa requerem consistência e integração em uma gama de decisões.

A marca da liderança também se torna o ponto central em torno do qual uma miríade de investimentos em liderança pode ser feita.[6] Pesquisas realizadas pela Executive Development Associates (EDA) revelaram que a integração dos investimentos em liderança foi o principal fator em seu estudo para o desenvolvimento de líderes, com 68% dos entrevistados citando-a como prioridade número um.[7] Então, em vez de contratar ou promover alguém, enviar um subordinado a um programa executivo e designar mais uma missão especial, o enfoque da marca da liderança requer um sistema integrado de gestão de talentos, em que as opções de desenvolvimento estejam mapeadas em relação às necessidades dos líderes individuais, em que a experiência de desenvolvimento de cada líder se alinhe com a marca desejada e em que todos os processos relacionados reflitam a marca da liderança e se alinhem com ela.

Vincule os investimentos em liderança à empresa

Como já explicado no Capítulo 2, o desenvolvimento da marca da liderança começa com uma declaração clara sobre as expectativas dos clientes e dos investidores traduzida por meio de uma estratégia, da marca da empresa e depois da marca da liderança. Essas expectativas dos clientes definem o que os líderes que personificam a marca devem saber e fazer. Esta é a base para a marca da liderança e o motivo para prestar atenção à liderança em primeiro lugar. Quando determinada instituição analisa como desenvolver os líderes de que precisa para gerar resultados comerciais, saber o que deve ser treinado (conteúdo) é mais importante do que a forma do treinamento (resultado). E o conteúdo deve ser maleável para refletir mudanças estratégicas, a fim de responder às necessidades dos clientes. Assim como as necessidades dos clientes mudam, a estratégia também muda e, por isso, o que os líderes sabem e fazem também deve mudar. Como resultado, os investimentos feitos na marca da liderança visando ao treinamento e ao desenvolvimento constantemente equilibram objetivos corporativos com os objetivos da empresa local. Quando a marca corporativa cria valor no mercado, torna-se parte da marca da liderança; quando a unidade de negócios local cria mais valor, ela se torna a marca da liderança dominante.[8]

Permita a expansão da marca da liderança

Como já discutido no Capítulo 4, os dirigentes passam por fases previsíveis ao longo de sua carreira. Os investimentos em liderança para os diferentes estágios de carreira também devem variar. Os investimentos em liderança para o estágio de aprendiz deverão centrar-se em aprender a operar dentro da empresa existente e deverão refletir um percentual minoritário do total de investimentos, utilizando métodos altamente padronizados e de baixo custo. Os investimentos em liderança para o estágio de colaborador individual deverão centrar-se no desenvolvimento de maior autonomia e responsabilidade para a realização de tarefas e refletir um percentual ligeiramente maior de investimentos. Os investimentos em liderança para o estágio de gerente deverão centrar-se na construção de equipes e no desenvolvimento de relacionamentos entre os indivíduos, e refletir a maior parte do orçamento alocado para a liderança. Os investimentos em liderança no estágio estratégico deverão enfatizar a elaboração e a consecução dos objetivos.

Além disso, como as organizações evoluem com o tempo para corresponder à evolução das expectativas dos clientes, acreditamos que os estilos individuais da marca da liderança deverão expandir à medida que o indivíduo avança na hierarquia da empresa. Por exemplo, se um novo líder geralmente assume um cargo superior a cada cinco anos, e a instituição deseja ter um grupo de potenciais candidatos composto por quatro líderes para escolher seu futuro líder, os níveis de liderança podem ser semelhantes àqueles incluídos na Tabela 5-1:

TABELA 5-1

Características dos níveis de liderança

	Número de pessoas	Posição atual	Idade
Nível 1	1 pessoa	Mais alto cargo	55-60
Nível 2	4 pessoas	5 anos para chegar ao topo	50-55
Nível 3	16 pessoas	10 anos para chegar ao topo	45-50
Nível 4	64 pessoas	15 anos para chegar ao topo	40-45
Nível 5	256 pessoas	20 anos para chegar ao topo	35-40

À medida que descemos na empresa, o número de potenciais candidatos para o cargo principal aumenta, assim como a variedade das formas como a marca da liderança se manifesta. Uma vez que é difícil prever com confiança quais serão as expectativas dos clientes daqui a 15 ou vinte anos, os líderes nos níveis 4 e 5 devem representar um maior leque de competências técnicas e estilos de liderança do que aqueles encontrados no nível 2. Essa expansão da marca da liderança não é diferente dos esforços envidados pelas empresas para expandir a marca de seu produto ou a sua marca. Nem todos os produtos são um sucesso.

Da mesma forma que é interessante ter uma linha de desenvolvimento de produtos, os investimentos na marca da liderança devem ser estruturados de modo a encorajar uma variedade de expressões da marca da liderança. Uma gama de produtos garante o sucesso de uma empresa que produz múltiplos produtos em que a inovação exigirá experimentação contínua. Alguns colegas estimaram a seguinte lógica para a inovação do produto:[9]

- 3 mil ideias brutas
- 300 ideias apresentadas
- 125 pequenos projetos
- 9 em fase inicial de desenvolvimento
- 4 grandes desenvolvimentos
- 1,7 lançamento
- 1 sucesso

Do mesmo modo, investir na marca da liderança deve encorajar várias marcas no restante da empresa, de maneira que a marca certa possa surgir no momento certo para ajudá-la a atingir seus objetivos.[10]

Alternativamente, um líder individual que passa pelos estágios profissionais delineados no Capítulo 4 e está exposto a uma variedade de desafios organizacionais, de produção e dos clientes, tende a obter um repertório de experiências e a capacidade de se adaptar às expectativas dos clientes em constante mudança.

Uma nova fórmula para desenvolver a marca da liderança

Ao longo dos últimos 15 anos, um truísmo sobre como desenvolver talentos surgiu: 70-20-10. Nessa lógica, 70% da aprendizagem e do desenvolvimento decorrem de experiências, tarefas e resolução de problemas práticos no ambiente de trabalho. Isso torna as tarefas o aspecto mais importante de qualquer plano de desenvolvimento e aprendizagem. Por exemplo, o verdadeiro aprendizado de uma habilidade adquirida em um programa de treinamento ou de uma ideia apresentada como feedback ocorre no ambiente de trabalho quando a competência ou o feedback é aplicado a uma situação real. Entretanto, 20% provêm da aprendizagem por meio de comentários dos colegas, com a observação e o trabalho com modelos, e apenas 10% da aprendizagem e do desenvolvimento resultam de treinamento formal.

A fórmula 70-20-10 parece estar difundida no mundo empresarial e organizacional como um todo. No Google, os funcionários estratégicos aspiram dedicar 70% de seus esforços aos negócios essenciais; 20%, a negócios relacionados e 10%, a negócios não relacionados.[11] Os líderes do Google argumentam que essa razão os ajuda a equilibrar o sucesso atual com os elementos essenciais em relação ao sucesso futuro. Na General Electric, Jack Welch acreditava que 20% dos empregados eram excelentes e deveriam ter autonomia, 70% eram razoáveis e poderiam ser desenvolvidos e 10% não tinham futuro e deveriam ser eliminados. Mesmo nas dietas, somos encorajados a obter 70% das calorias de proteínas, 20% dos carboidratos e 10% de gordura insaturada.

Para o desenvolvimento do ambiente de trabalho, a fórmula 70-20-10 deriva, em parte, da pesquisa realizada pelo Center for Creative Leadership (CCL), que pede aos empregados que comentem, retrospectivamente, sobre "as experiências mais significativas" que os ajudaram a desenvolver suas carreiras.[12] Nesse contexto, não surpreende o fato de as experiências práticas no trabalho terem destaque. A explicação é muito simples. Se alguém é transferido para uma função muito exigente, essa transferência tende a durar seis meses, 12 meses ou mais (cerca de mil horas ou mais). Por outro lado, uma experiência de treinamento tende a durar cinco dias (quarenta horas) ou menos. Assim, é surpreendente que o treinamento represente até 10% do impacto percebido dos investimentos em liderança.

Acreditamos que as três fontes de experiência (treinamento, trabalho e vida diária) podem oferecer perspectivas únicas, e que os 10% atribuídos retrospectivamente ao treinamento não indicam com exatidão a sua importância. O treinamento eficaz oferece modelos cognitivos e relacionamentos humanos que agregam valor às experiências de trabalho posteriores, fornecendo uma estrutura na qual processá-las. Do mesmo modo, as vivências desenvolvem a predisposição do líder potencial para ser curioso, para aprender e crescer e para aprofundar todos os valores pessoais que aumentam o impacto das experiências de treinamento e de trabalho. As três são essenciais para investir com sucesso no desenvolvimento da marca da liderança — não se trata de eliminar 10% das experiências de desenvolvimento menos significativas e 10% dos empregados de menor rendimento no trabalho.

Além disso, acreditamos que, assim que começarmos a aplicar o conceito da marca da liderança, as percentagens e as categorias mudarão um pouco, digamos, para 50-20-30. Ou seja, até 30% do desenvolvimento global de uma pessoa pode ser alcançado por meio de experiências de treinamento. À medida que a marca da liderança substituir o desenvolvimento de líderes individuais, experiências de treinamento bem concebidas e bem orquestradas tenderão a ser mais essenciais para a criação dessa marca da liderança. Nos últimos anos, programas de treinamento deixaram de ser eventos com múltiplos propósitos e passaram a ser experiências adaptadas à estratégia empresarial, à marca da empresa e à marca da liderança, e deixaram de enfatizar as palestras para valorizar a aprendizagem em ação como um processo inerente. Foram criados para oferecer ferramentas e estratégias específicas, casos personalizados e avaliações orientadas que tornam a aprendizagem direcionada, relevante e útil.

Entretanto, o treinamento formal ajuda os líderes em desenvolvimento a filtrar o que interessa quando confrontados com o turbilhão de informações e conhecimentos sobre o ambiente de negócios atual. As experiências podem ser como blogs sem qualquer tipo de filtro: excesso de informação, boa parte enganosa. Assim, consideramos que o investimento em programas de treinamento de líderes inovadores e sistemáticos terá cada vez maior impacto nos próximos anos, uma vez que ajuda os participantes a compreender, estruturar e aprender com suas experiências formais e informais.

A nosso ver, a experiência profissional continua a ser o principal fator no desenvolvimento de líderes e da marca da liderança, digamos 50%. Essa forma de desenvolvimento vem de indivíduos com experiências com novas tarefas, pessoas, desafios e oportunidades. Aprender fazendo ainda é a principal maneira pela qual as pessoas realmente aprendem. Acreditamos também que, mesmo em um mundo cada vez mais sem fronteiras, 20% da aprendizagem virá de experiência de vida. Isso significa que os líderes podem aprender com o que acontece fora do ambiente formal de trabalho (em trabalhos voluntários, sociais e nos ambientes domésticos). À medida que vão adaptando as lições aprendidas com as experiências de vida à sua organização, são capazes de aprender e crescer mais rapidamente. Mas, do ponto de vista do que uma empresa pode controlar, vale a pena analisar, em primeiro lugar, os 30% cruciais que recebem treinamento formal.

Treinamento: 30%

Como se observa atualmente, grande parte dos investimentos em treinamento ocorre de forma aleatória e não se baseia nos pressupostos da marca da liderança. Esses investimentos resultam no que chamamos de *treinamento para turistas*, ou seja, os participantes frequentam os programas de treinamento com o mesmo espírito com que um turista visita um país estrangeiro. Chegam, visitam os pontos turísticos, tiram algumas fotos, têm algumas experiências formais e estruturadas, compram lembranças ou cartões-postais e depois voltam para o "mundo real" e retomam sua antiga forma de vida. Sua visita é delimitada e empacotada como um evento fora do fluxo normal da vida e recordada de vez em quando como uma agradável lembrança (ou não), mas com pouco impacto duradouro além dessas lembranças. Uma história que costumamos contar é a seguinte: um grupo de perus passou três dias aprendendo a voar, estudando a aerodinâmica do voo, experimentando manobras e efetivamente voando; no final dos três dias, todos foram andando para casa. O treinamento para turistas não vai além do período de treinamento propriamente dito.

Um convidado, por outro lado, envolve-se com a população local, pode permanecer em uma casa ou uma pensão local em que conhece pessoas de verdade, se preocupa em aprender os detalhes e as preocupações da vida diária, talvez até o suficiente da língua local para se virar e compartilhar um pouco a própria vida. Por meio da troca, os convidados e a população local ampliam suas perspectivas e, sem dúvida, enxergarão os estranhos costumes do "outro" de forma mais receptiva. Ninguém é exatamente o mesmo depois dessa experiência. Ainda depois de voltar para casa, o convidado poderá adotar alguns novos hábitos com relação a comida, bebida ou vestuário, e certamente lerá as notícias internacionais com novo interesse, esperando aprender mais. Quando o convidado ouvir falar do lugar no qual esteve pelo noticiário, ele não dirá: "Eu estive lá!", como o turista diria. Ele dirá: "Eu conheço essa cidade e as pessoas de lá e me importo com o que está acontecendo com elas." Ocorreu uma mudança. Houve crescimento.

Os bons investimentos na marca da liderança em treinamento e desenvolvimento — voltados ao estilo da liderança — evitam o enfoque turístico e promovem mudanças intelectuais, emocionais e comportamentais duradouras. Assemelham-se às marcas de produtos que são mais do que protótipos e, de fato, têm um fluxo de produtos relacionados à marca. O programa de desenvolvimento é menos um evento do que uma experiência que molda formas de pensamento e ação. As ideias são internalizadas, e não apenas observadas. As ações delineadas no programa são obrigações específicas e pessoais que o participante assumirá, e não elementos abstratos que os outros poderiam fazer ou já fizeram. As experiências de desenvolvimento que geram marca dão origem a conteúdo e processos com base nos pressupostos já descritos neste capítulo. E essas experiências não são apenas para um líder individual que faz visitas aleatórias, mas para um quadro de líderes em toda a organização que vai aprender a marca certa a partir do conteúdo ensinado e dos processos utilizados para ensiná-lo.

CONTEÚDO. Às vezes, aqueles encarregados de elaborar os programas de treinamento se enamoram com inovações inteligentes, populares e criativas ou com efeitos novos nos treinamentos e deixam de perceber a importância do conteúdo, ou do que é ensinado. Como os adultos aprendem mais quando entendem os motivos por trás do aprendizado e não apenas de que trata o treinamento, o conteúdo dessas experiências deve estar alinhado com a estratégia. Esse alinhamento ocorre de duas formas: treinamento horizontal e vertical. O *treinamento horizontal* concentra-se em desenvolver atributos que apoiem a marca da liderança, de acordo com o estágio ou o nível do líder. A declaração da liderança abordada no Capítulo 3 dá origem a uma série de expectativas do que os líderes devem saber. Essas expectativas podem ser adaptadas às exigências específicas dos líderes em determinado nível, como indicado na Tabela 5-2.

TABELA 5-2

Considerações para o treinamento horizontal

Nível	ATRIBUTOS		
	Gerador de valor	Disciplinador da mudança	Desenvolvedor
Diretor	Define valor do acionista para a empresa	Patrocina iniciativas de mudança	Revê processos de desenvolvimento de talentos
Executivo	Cria valor para a unidade organizacional	Concentra a mudança nas principais prioridades	Garante revisões regulares e o progresso dos principais subordinados
Gerente sênior	Organiza os recursos para entregar valor	Promove iniciativas de mudança	Dá oportunidades para que os funcionários de talento assumam responsabilidades
Gerente novato	Constrói valor para a operação ou a equipe	Implementa a mudança	Procura reunir e integrar grandes talentos
Colaborador individual	Compreende as fontes de criação de valor dentro da empresa	Faz a mudança acontecer	Aprende o que é necessário para contribuir para o sucesso da empresa

Os participantes das sessões de treinamento horizontal normalmente são indivíduos que procuram adquirir conhecimento e habilidades para ajudá-los a ter sucesso em seu nível atual. A marca da liderança existe quando boa parte dos líderes da organização compartilha a mesma experiência de treinamento. Em geral, as pessoas que partem para uma nova missão têm uma janela de oportunidade em que estão abertas para aprender novas habilidades. Por isso, é importante que as pessoas tenham uma experiência de treinamento baseada em níveis dentro de quatro a seis meses depois de assumir uma nova função, para ajudá-las a adquirir instrumentos a fim de realizar a tarefa da maneira certa.

O *treinamento vertical* concentra-se menos nas habilidades de liderança por níveis e mais em usar o treinamento para implementar iniciativas empresariais. Por exemplo, se os altos executivos de uma empresa acreditam que a organização deve melhorar a eficiência operacional por meio da aplicação dos princípios da produção enxuta (ou Seis Sigma), podem criar experiências de desenvolvimento cujo conteúdo transforme os princípios da disciplina escolhida em um conjunto de práticas. Equipes encarregadas da execução da iniciativa participam como grupos; durante a experiência de desenvolvimento, centram-se na aplicação das ferramentas ao próprio ambiente. Esse treinamento baseado em equipes ajuda a estabelecer a marca para o líder e seus colegas de equipe.

Tanto o treinamento vertical quanto o horizontal são movidos pela estratégia e pela marca da empresa, e ambos ajudam a incorporar a marca da empresa nas ações dos líderes. Ambos procuram comunicar ideias com impacto. Ambos personalizam a experiência conforme os estilos de aprendizagem dos líderes que participam das sessões de treinamento. Ambos exigem avaliações preliminares para diagnosticar o que é e o que deveria ser. Ambos transmitem a marca da empresa por meio do que é ensinado. No entanto, o programa horizontal centra-se no conhecimento, nas habilidades e nos valores que os líderes em diferentes níveis da instituição devem demonstrar para tornar a marca da empresa real; o programa vertical centra-se em como implementar iniciativas em toda a empresa para colocar a estratégia em prática. As experiências horizontais em geral concentram-se em planos de ação e aprendizado; as experiências verticais concentram-se em equipes e em como mudar os processos da empresa. Ambos ajudam a divulgar a marca da liderança entre todos os empregados. Esse tipo de aprendizagem em ação para indivíduos ou equipes tem sido citado como fator de sucesso por 73% das empresas consultadas sobre sua prosperidade no ambiente atual.[13]

Muitas empresas criaram universidades corporativas ou centros de aprendizagem para abrigar tanto experiências de treinamento horizontais quanto verticais. Esses centros podem ser vinculados a um local específico (a IBM tem sua instalação em Armonk; a Goldman Sachs tem um centro em Pine Street; o McDonald's tem a Hamburger University em Oak Park, no estado de Illinois), ou podem estar distribuídos ao longo da empresa. Esses centros às vezes são sinal de que o indivíduo entende o que é a marca da liderança: "Você frequentou Pine Street?" não só mostra uma consciência de ter participado do treinamento, mas implica ter sido afetado por ele. Esses centros devem tornar-se exemplos e arquétipos da marca da liderança da empresa. Usamos as seguintes perguntas para diagnosticar como o conteúdo de formação reforça a marca da liderança:

- Em que medida os clientes ou investidores ficariam satisfeitos com o esboço do programa (objetivos da aprendizagem, material do curso)?
- Em que medida o conteúdo do programa transmite a marca da liderança da empresa?
- Até que ponto alguém que lê o conteúdo do programa consegue discernir a estratégia da empresa?

- Em que medida a experiência reforça um modelo integrado de liderança que se conecta a clientes ou investidores?
- Até que ponto o programa flui de módulo em módulo de forma consistente?
- Até que ponto o programa equilibra ideias inovadoras com a aplicação individual, em equipe ou organizacional das ideias?
- Em que medida o programa evoluiu para se alinhar com as expectativas dos clientes em constante mudança?
- Até que ponto o conteúdo programático atingirá uma massa crítica de líderes para que princípios semelhantes sejam aprendidos em toda a empresa?

PROCESSO. "Conteúdo" envolve os conceitos a serem treinados; "processo" define como garantir que a experiência de treinamento alcance os resultados desejados. Várias escolhas são necessárias para garantir que a experiência de treinamento promova a marca da liderança.

Professores. O corpo docente deve personificar a marca que estão transmitindo. Um executivo determinou que seus subordinados diretos envolvessem os demais na empresa e compartilhassem com eles a tomada de decisões, embora essa tenha sido uma das muitas exigências arbitrárias que ele fez na ausência de qualquer decisão compartilhada de sua parte. Sua hipocrisia ao exigir que os demais fossem participativos levou ao cinismo. Quem lida com líderes nas sessões de treinamento deve representar e vivenciar a mensagem que está comunicando. Com essa ressalva genérica, quatro categorias de professores podem ser indicadas para ajudar na eficácia do treinamento: especialistas internos, peritos externos, gerentes de linha e stakeholders externos (clientes e investidores, ou ambos).

- *Especialistas internos.* Os departamentos de treinamento em geral têm pessoas que preparam e oferecem excelentes módulos de formação. Essas pessoas precisam inspirar confiança pela sua forma de apresentação e pelo que já fizeram em sua carreira. É especialmente útil apresentar instrutores internos que tenham tido experiências positivas em cargo de gerência de linha e que consigam concentrar-se em áreas técnicas, nas quais têm profundos conhecimentos. Eles também poderão ser certificados no programa do momento (como os Cinturões Negros do Seis Sigma) e, portanto, capazes de ajudar os demais a se tornarem certificados. Muitas vezes, à medida que os especialistas internos avançam para o modo de instrução, recebem treinamento em técnicas de apresentação para aumentar seu impacto sobre determinada plateia. Eles conhecem a empresa e a cultura, e podem falar com confiança e experiência sobre como transformar ideias em ação no próprio ambiente dos alunos em treinamento.

- *Peritos externos.* Instrutores externos trazem ideias e conhecimentos novos. Eles transmitem práticas que funcionaram em outras situações. Entretanto, para tornar o conhecimento produtivo, eles também devem ter conhecimento suficiente sobre o negócio imediato para ver como o seu conhecimento vai ajudar a promover a marca da liderança da empresa. Eles devem adaptar suas ideias às necessidades específicas da empresa. Podem trabalhar em conjunto com gerentes e instrutores internos para que suas ideias tenham o máximo impacto.

- *Gerentes de linha.* Nos últimos anos, os gerentes de linha vêm sendo cada vez mais usados para projetar e oferecer treinamento. Um colega responsável pelo desenvolvimento da liderança nos disse que o melhor a fazer era conseguir que os altos dirigentes da empresa treinassem os outros líderes, até porque isso forçaria quem estivesse encarregado do treinamento a modelar o comportamento que defendem e ensinam. A EDA verificou que 75% das principais empresas usaram seus altos executivos como instrutores durante pelo menos parte do treinamento.[14] A PepsiCo foi uma das líderes nessa área. Seus altos dirigentes trabalham para tornar o treinamento relevante para a situação da PepsiCo, incluindo coaching individual de futuros líderes.[15] Esse papel de mentoring vai além dos limites da sala de aula para se tornar acessível a líderes aprendizes assim que eles voltarem à rotina de trabalho. Eles centram suas instruções em como fazer as coisas acontecerem de verdade na PepsiCo, por meio da ação da liderança. Têm conversas informais durante as refeições ou à noite, quando comunicam os valores da PepsiCo por meio de histórias. Relatam sua jornada pessoal de liderança na empresa e incentivam os líderes aprendizes a criarem a própria história. Trabalham para que o que estão ensinando aos futuros líderes seja coerente com sua rotina de liderança diária. Todas essas ideias ajudam os participantes de uma experiência de treinamento a aprender a marca da liderança observando-a em primeira mão. A dependência excessiva nos gerentes de linha tem a limitação de não buscar ideias de fora da empresa e de tornar o processo isolado, formando líderes com base no que os atuais dirigentes fizeram sem considerar as possibilidades futuras e sem ter uma pedagogia ou um estilo de ensino inovador (espera-se que os gerentes de linha sejam excepcionais professores).

- *Clientes ou investidores.* Para uma empresa sair da formação de líderes para o desenvolvimento da marca da liderança, é fundamental envolver os stakeholders externos na concepção, no fornecimento ou na apresentação da experiência de treinamento. Os clientes e os investidores poderão participar de cada uma dessas etapas, por meio de sua presença (pessoalmente ou por meio de vídeo) ou sua essência (garantindo que suas preocupações estão sendo abordadas). Os clientes podem estar presentes nas reuniões de planejamento do curso e transmitir suas opiniões sobre o que deveria ser ensinado, ou a equipe responsável pela concepção do curso pode pesquisar as expectativas dos clientes e garantir que elas sejam incluídas no planejamento do curso. Os clientes e os investidores podem ajudar a gerar um programa como um perito externo, como participantes de um estudo de caso real centrado nas próprias necessidades, ou membros de um painel de discussão para compartilhar seus encontros com a empresa. Os clientes também podem entrar no programa como participantes, trabalhando para garantir que suas expectativas (que estão no cerne da marca da empresa) sejam entendidas e traduzidas em ações por meio de investimentos, aproveitando também os benefícios pessoais do próprio programa. Incluir clientes e/ou investidores nas experiências de treinamento aumenta a probabilidade de que os participantes sejam mais do que turistas, de que eles não só entenderão o que a marca da liderança precisa ser, mas encontrarão maneiras de torná-la realidade.

Quando os quatro grupos de professores formarem uma equipe integrada, o treinamento terá conteúdo inovador (peritos externos), estará adaptado à empresa (peritos internos), com relevância para o sucesso da instituição (por causa da participação de clientes ou investidores ou ambos) e prestando conta de sua aplicação (por causa da participação do gerente de linha).

Limites do treinamento. Tradicionalmente, o treinamento é um evento ou curso com um início e um fim claros, realizado dentro ou fora do ambiente de trabalho: como turistas, os participantes chegam, participam do evento e voltam para o trabalho. Cada vez mais, o investimento em treinamento envolve experiências ou processos com fronteiras tão maleáveis que não se enquadram facilmente na armadilha do turismo. Antes do evento, os participantes (como indivíduos no treinamento horizontal ou equipes no treinamento vertical) são informados sobre as razões pelas quais estão no curso e o que se espera de sua participação, e como será o acompanhamento após o evento, para garantir que seus efeitos se transformem em ações concretas.

Em alguns dos programas universitários nos quais lecionamos, os participantes pagam caro — custos diretos do programa, despesas indiretas relacionadas e material de estudo — para participar em um programa de duas ou quatro semanas. Quando perguntamos "Quantos de vocês tiveram uma conversa franca com o chefe ou outro superior sobre os motivos para participar do programa e o que é esperado de vocês no final?", frequentemente 20% dos participantes se manifestam. A maior parte dos investimentos em termos econômicos e de pessoal exigiria um exame mais minucioso. Mas os 20% que sabem por que estão ali estão aptos a aproveitar ao máximo sua participação. Em geral, eles já estão liderando um projeto ou uma missão importante ou estão escalados nesse sentido em um futuro próximo. Eles, imediatamente, adaptam as ideias apresentadas à sua situação, e o treinamento torna-se muito mais relevante para eles do que para outras pessoas que estão frequentando o curso simplesmente porque parecia ser uma boa ideia.

Durante o curso de treinamento moderno, as fronteiras também não estão claras. O treinamento é menos "tempo fora do trabalho" do que "tempo para revitalizar a maneira de trabalhar". Isso significa que, durante o treinamento — que pode incluir estudos de casos, palestras, debates, ou pequenos grupos —, os participantes continuamente procurarão a forma de aplicar suas ideias ao ambiente de trabalho. Em nossa pesquisa sobre aprendizagem, chamamos esse tipo de treinamento de *ideias com impacto* e constatamos que ele ajudava a transportar as ideias da sala de aula para o ambiente de trabalho.[16] Com frequência chamado de *aprendizagem em ação*, esse tipo de formação incentiva constantemente os participantes a traduzir as ideias nos desafios que eles enfrentam no trabalho. Ao fazê-lo, eles vivenciam a marca da liderança desejada durante a experiência de formação propriamente dita. Para as equipes, aprendizagem em ação significa aplicar os princípios ensinados a situações práticas específicas.

O treinamento como experiência não precisa terminar com o curso. Na verdade, o curso pode ser o início de uma experiência de mais longo prazo. Uma empresa fez com que todos os participantes formassem pares e trabalhassem juntos para treinar uns aos outros no desenvolvimento de um plano de ação pessoal que o treinador poderia continuar a acompanhar ao longo do tempo. Outra empresa fez com que as pessoas enviassem os planos de ação para si mesmas (em mensagens que só seriam entregues três ou seis meses mais tarde), para que pudessem avaliar o impacto da formação, com cópias para os superiores diretos que pagaram pelo treinamento, a fim de que eles pudessem tirar as próprias conclusões quanto ao sucesso do evento. Uma empresa exigia que quem tivesse participado de uma sessão de treinamento interno ou externo preparasse uma breve sinopse das principais ideias, com duas ou três aplicações específicas para sua unidade de trabalho que pudessem ser compartilhadas na próxima reunião de pessoal. Outra empresa acompanhava os resultados do treinamento com telefonemas para a equipe de treinamento interno perguntando aos participantes não só o que eles haviam aprendido, mas como tinha aplicado seus conhecimentos. Outra empresa ainda mantinha reuniões trimestrais, em que os participantes de um evento de treinamento de duas semanas voltavam para explicar como haviam adaptado o que aprenderam à sua realidade. Cada uma dessas ideias desloca a lógica do treinamento de um evento isolado para uma experiência, possibilitando, assim, maior taxa de sucesso e garantindo o impacto sobre a empresa.

Projeto e métodos de treinamento. Muitas pesquisas já foram realizadas sobre como treinar com impacto. Aqui estão algumas dicas específicas que aumentarão o impacto de seu investimento na construção da marca da liderança, em contraste com o desenvolvimento de líderes:

- *Ofereça um modelo integrado para a experiência.* Continuamos vendo muitos eventos de treinamento como desfiles de astros, em que cada dia ou cada módulo é ministrado por um apresentador atencioso (fora do grupo de instrutores internos, gerente de linha ou cliente), seguido por outro módulo com outro instrutor e depois outro. Com pouca integração, cada módulo de treinamento é um evento isolado. O treinamento com estilo exige uma mensagem integrada (o que os líderes precisam saber e fazer para demonstrar uma marca da liderança consistente com a marca da empresa), que tenha módulos distintos elaborados em torno do tema da marca.

- *Use vários métodos de ensino e treinamento.* Como os adultos aprendem em ritmos distintos, diferentes metodologias podem e devem ser utilizadas. Uma combinação de palestras, discussões em pequenos grupos, estudos de caso por escrito, estudos de caso ao vivo, projetos de aprendizagem em ação, apresentação das equipes, trechos de vídeos, aprendizagem baseada em tecnologia, simulações, ferramentas de avaliação, e assim por diante, tudo isso pode ser incorporado à experiência de formação para assegurar que, independentemente do estilo de aprendizagem de cada participante, todos encontrarão métodos que funcionam bem. Lembre-se de que, com alunos adultos, os instrutores devem fazer uso da palavra durante cerca de 60 ou 70% do tempo da aula. Se os instrutores deixarem que sua participação caia para menos de 50% do tempo de aula, os participantes estarão em uma sessão de resolução de problemas e vão questionar o papel do instrutor; se o instrutor falar 85% do tempo ou mais, os participantes tenderão a não internalizar o conteúdo.

- *Crie módulos que sigam o princípio conceito-ilustração-ação (C-I-A)*. Durante uma experiência de formação, uma série de módulos pode ser criada em torno do tema C-I-A integrado. Cada módulo deve ter um conjunto claro de conceitos. Os conceitos representam a teoria baseada em pesquisas e princípios que estruturam determinada questão, ou apenas ideias comuns que claramente se aplicam sem teoria ou pesquisas profundas.[17] Esses conceitos devem alinhar-se especificamente com a marca da empresa, e sua forma de interação com a marca da liderança. Com o conteúdo, no entanto, também deve haver ilustração, ou exemplos, do que outras pessoas já criaram com os princípios ensinados. As ilustrações podem ser estudos de caso de empresas de sucesso (ou não), estudos de caso ao vivo (quando os clientes participam e compartilham problemas, por exemplo), casos gravados em vídeo. Seja qual for a escolha, os participantes aprendem vendo como as ideias foram implementadas na prática. Assim, a aplicação se segue. A aplicação em geral reforça ideias com impacto pessoal à medida que os participantes vão adaptando os conceitos e as ilustrações à sua situação pessoal. Com o uso da lógica C-I-A em cada módulo, começa a emergir um entendimento pessoal da marca da liderança, que os participantes conseguem absorver, observar e colocar em prática.

- *Monte aulas interativas (autorreflexivas e com autoaprendizagem) para o treinamento*. A meia-vida do conhecimento está cada vez mais curta, por isso todos os conceitos ensinados devem ser analisados e atualizados constantemente. Por exemplo, quando o CEO da IBM Lou Gerstner quis aumentar as capacidades de velocidade e de colaboração da empresa, patrocinou uma experiência de treinamento denominada *Accelerating Change Together* (ACT). O processo ACT foi concebido para gerar uma abordagem rápida e colaborativa para a liderança com foco em projetos de aprendizagem em ação baseado em equipe. Cada equipe identificou problemas de oito, dez e 12 semanas que precisavam de solução e, em seguida, procurou encontrar as pessoas certas no mundo para resolvê-los (concedendo oito, dez ou 12 semanas para cada). À medida que as equipes passavam por essa experiência de treinamento, aprendiam e desaprendiam continuamente como melhorar seus projetos. Fazer com que um líder individual compreenda e adapte a marca da liderança pode exigir que ele conheça o que a marca requer e esteja atento a como vivencia a marca diariamente. A marca da liderança tende a não permanecer se for imposta aos líderes individuais e tende a criar raízes quando eles a vivenciam por meio de experiências de treinamento e de trabalho.

Experiência de trabalho: 50%

Como já dissemos, os adultos aprendem fazendo. Pelo menos, eles aprendem quando refletem sobre o que fizeram e ganham uma perspectiva que lhes permite melhorar no futuro. Fazer não conduz à aprendizagem sem reflexão, mas uma reflexão cuidadosa torna as experiências de trabalho uma fonte importante de investimentos em futuros líderes. A marca da liderança instala-se em um grupo de líderes autônomos quando eles sentem em primeira mão o impacto da marca em seu comportamento e desempenho.

Infelizmente, é fácil nos envolvermos na rotina diária em que o futuro é sempre previsto pelo presente. Quando isso ocorre, as pessoas não conseguem aprender e crescer, como aconteceu com um casal de aposentados que se mudou para uma região mais quente, mas continuou assistindo ao mesmo programa de televisão que via quando morava em sua antiga casa. Eles se mudaram para um novo lugar, mas não se abriram a novas experiências, por isso estavam atrofiando, em vez de avançar.

Bob Eichinger e Mike Lombardo discutiram os benefícios de tarefas difíceis ou de experiências de trabalho em que os líderes são cobrados para que superem graves erros de estratégia, subordinados problemáticos, chefes ruins ou questões desafiadoras.[18] Concordamos que esse tipo de experiência profissional é uma parte essencial de qualquer programa de desenvolvimento de líderes. Tais experiências aprimoram a aprendizagem por meio de pessoas, do trabalho e do local. Essas experiências de trabalho também podem se centrar na marca da liderança desejada.

PESSOAS. O ambiente humano de uma experiência profissional faz enorme diferença para cada um de seus participantes. Cercar o novo líder de pessoas que têm formação diferente e prioridades culturais diversificadas — o novo chefe, colegas, clientes, empregados, fornecedores, investidores — muda praticamente todos os aspectos do trabalho. Saber como trabalhar bem com pessoas de origens distintas permite ao líder crescer e ter sucesso em um mundo multicultural. Alcançar a marca da liderança na empresa pode ser resultado do encontro do líder com pessoas diferentes. Essas experiências moderarão qualquer preconceito porventura existente e promoverão a aprendizagem pela exposição a novas ideias. A aprendizagem em geral não ocorre quando passamos algum tempo com amigos próximos, uma vez que o líder já sabe o que eles pensam e como agem. Mas, ao trabalhar com novos associados, o novo líder pode ser exposto a novas ideias e começar a aceitar novos comportamentos.

O ambiente humano também pode ser melhorado com o uso de mentores ou treinadores. Estes oferecem perspectivas pessoais e profissionais sobre como as intenções de um líder se refletem em comportamentos concretos. Poucos de nós somos imunes à tendência de nos julgar por nossas intenções, embora julguemos os demais (e as outras pessoas nos julguem) pelo comportamento observado.[19] Os treinadores asseguram que os líderes tenham mais consciência de seu trabalho por meio de feedback (realçando comportamentos passados) e feed-forward (discutindo o que fazer para melhorar).[20] Os treinadores também podem ser guias, na medida em que mostram até que ponto o líder demonstra a marca da liderança desejada.

Os investimentos com treinadores e mentores devem ser feitos de forma sensata. Existem dois tipos de abordagem ao coaching. O comportamental ocorre quando o treinador observa e ajuda a moldar as ações dos líderes para que sejam congruentes com a marca da empresa e a marca da liderança almejadas. O voltado a resultados ocorre quando o treinador ajuda o líder a identificar os resultados desejados (em geral, a partir do ponto de vista do cliente) e depois concentrando a atenção em quais decisões tomar para apresentar esses resultados. Os dois tipos de coaching têm em mente o interesse do líder, oferecem alternativas e ideias inovadoras, além de ajudá-lo a ter clareza e novas perspectivas sobre as metas e os estilos atuais de liderança. Além disso, o treinador oferece sugestões específicas sobre como envolver os demais para auxiliá-los a atingir as metas e gerar retorno bem informado sobre os investimentos de tempo, de modo que os líderes dediquem tempo e energia às coisas certas.[21] Os mentores oferecem perspectivas e guias para navegar pelas tortuosas realidades sociais e políticas em determinada empresa.

TRABALHO. Experiências de trabalho difíceis têm um elemento de tudo ou nada; tarefas que o novo líder desconhece exigem aprendizado rápido. As novas tarefas podem resultar do trabalho em funções diferentes da empresa (digamos, sair de marketing para fabricação ou da linha de montagem para a administração), uma unidade de negócio diferente (sair do ramo de produtos para entrar na área de serviços), ou um novo desafio comercial (sair de uma start-up para uma empresa consolidada). Em cada caso, o investimento na experiência de trabalho desafia o líder aprendiz a adquirir novas perspectivas e habilidades e a expandir sua zona de conforto. A mobilidade no trabalho aumenta o senso individual do que deve ser a marca da empresa para que ela se conecte com os clientes. Observando como as diferentes partes de uma instituição funcionam para atender aos clientes, o líder começa a reunir habilidades pessoais em uma marca da liderança compartilhada.

Uma tarefa variável pode ser permanente ou temporária. As tarefas permanentes são importantes porque aproveitam as curvas S, pelas quais todos passamos quando aprendemos uma nova função. Ou seja, as pessoas começam uma nova tarefa com grande energia e novas ideias e passam por uma rápida curva de aprendizagem para dominar as novas complexidades enfrentadas. No entanto, inevitavelmente, quando a função deixa de ser nova, as pessoas entram em uma fase estática e sua energia e paixão esmorecem. Nesse momento, muitos conseguem ímpeto renovado criando uma nova curva S, que continua a desafiar e a fazer o indivíduo avançar, mas outros acabam estagnados e transformam seu trabalho em rotina, momento em que é melhor buscar algo novo.

Don Hambrick descobriu que, embora o tempo e a produtividade no trabalho variem muito, um grande percentual de líderes maximiza seu desempenho em determinada função em um período de três a cinco anos. Algumas empresas promovem as pessoas cedo demais (a cada 12 ou 18 meses) e, assim, não permitem que os líderes tenham tempo suficiente para dominar uma nova função e vivenciar as consequências de suas escolhas. Outras deixam que ocupem a mesma função durante muito tempo (sete a nove anos ou mais) e percebem que o nível geral de criatividade no trabalho diminui com o tempo.[22]

A experiência no trabalho também surge na forma de projetos ou tarefas especiais. A Dell Computer, por exemplo, trabalha para ampliar a experiência profissional por meio de várias tarefas ou projetos. Em geral, a empresa atribui a líderes talentosos projetos que envolvem várias funções e tentam compartilhar ideias em todos os níveis organizacionais, passando por projetos estratégicos críticos para determinado departamento ou função, ou projetos corporativos especiais que expandem o pensamento (como a segmentação ou a diversidade de clientes). Além disso, a Dell estimula líderes talentosos a participarem de redes de comunicação, troca de funções, coaching e mentoring.[23]

A Teva Pharmaceutical Industries (que cresceu significativamente em função de fusões de uma empresa de US$ 2 bilhões para US$ 6 bilhões) criou sua declaração de marca da empresa ou identidade e depois uma declaração de marca da liderança (veja o Capítulo 3). Nesse processo, os principais executivos da Teva trabalharam para identificar experiências de trabalho que poderiam ajudar os líderes a adquirirem o conhecimento e as habilidades da marca da liderança. Também estimularam os líderes a ter conversas com seus subordinados diretos sobre formas de expandir seu talento pessoal para liderança. Eis uma lista de experiências de trabalho que os líderes da Teva podiam escolher como um modo de expandir suas capacidades:

- Sair de uma posição na produção e passar para a administração e vice-versa.
- Ser treinador ou mentor de outra pessoa.
- Começar em uma função de contabilidade de lucros e perdas e depois passar para funções que exigem cada vez mais responsabilidade.
- Escolher assumir cargos internacionais com experiências em culturas diferentes.
- Trabalhar em situações que envolvem grandes mudanças.
- Ser responsável por uma parte significativa de um negócio de fusão e aquisição.
- Fazer um rodízio de várias funções.

- Participar de estágios com clientes.
- Trabalhar com um chefe diferente.
- Participar de equipes de projeto que complementam a atual tarefa.

Os projetos suplementares eram importantes em função do impacto e da visibilidade e representavam uma verdadeira honra para o escolhido. Alguns projetos envolviam a gerência de contas da empresa; outros eram empresas start-up, equipes de respostas a emergências ou de inovação. Quando esse tipo de experiência de trabalho é aberto aos líderes em toda a empresa, e eles compreendem como elas ajudam a desenvolver a marca da liderança, esta se torna ainda mais enraizada.

LOCALIZAÇÃO. As condições mudam à medida que nos afastamos do ambiente em que crescemos e, neste mundo cada vez mais globalizado, poucos líderes se dão ao luxo de passar sua carreira inteira perto de casa. A eficácia requer que o aprendizado ocorra em várias geografias. Apesar do efeito nivelador da tecnologia, os países ainda têm culturas e padrões únicos.[24] Aprender a conviver com as diferenças religiosas e as diferentes perspectivas de vida na Ásia, no Oriente Médio, na Europa, na África e na América do Norte permitirá que um líder aprendiz seja sensível e receptivo ao multiculturalismo. Também ajuda um líder a reconhecer a marca da liderança que permeia a empresa global — não apenas as variações existentes em sua cidade natal. Temos um colega que trabalhou para uma empresa global do setor petroquímico. Ele e a família mudavam de país a cada quatro ou cinco anos, e viajaram pelo mundo, incluindo Ásia, Europa, América Latina, Oriente Médio e América do Norte. Agora, na casa dos 50 anos, ele tem um sólido "senso" do que a empresa representa em cada uma dessas diversas culturas.

Embora as tarefas individuais fossem difíceis e únicas, ensinaram-no alguns dos pressupostos subjacentes e compartilhados sobre a empresa e qual era sua ligação com os clientes. Ao internalizar essas lições em ações e comportamentos de liderança, ele passou a personificar a marca da liderança da empresa.

Em nossos seminários no Ocidente, costumamos perguntar: "Quantos de vocês sabem quando é o Natal?" A plateia levanta a mão sem compreender o motivo de uma pergunta tão boba, pois, obviamente, teremos 100% de respostas positivas. Depois perguntamos quantos sabem quando é o chanuca (ou a Páscoa dos judeus). Um número menor de participantes levanta a mão. Quando perguntamos quantos sabem quando é o Ramadã este ano — raramente alguém levanta a mão. Isso explica como é fácil ser etnocêntrico na vida, abrindo caminho para uma discussão sobre como o que não conhecemos pode nos magoar. As experiências de trabalho em várias partes do mundo ampliam as perspectivas dos líderes para que eles possam representar a marca da liderança global da empresa.

Experiência de vida: 20%

Em um mundo conectado e sem fronteiras, o aprendizado ocorre em vários ambientes. A tecnologia renovou as fronteiras entre o trabalho e o lar; da mesma forma, as lições aprendidas com a experiência pessoal estão cada vez mais adaptadas às funções de liderança na empresa e vice-versa.

FONTES DE EXPERIÊNCIA ÚTEIS. Nos seminários, perguntamos aos participantes: "O que vocês aprenderam com as experiências de vida que ajudou a definir seu comportamento no trabalho?" As respostas que recebemos, em geral, incrivelmente vívidas, podem ser agrupadas em quatro categorias: serviços, relacionamentos, desafios e valores.

Serviços. Os serviços nas organizações e áreas fora do ambiente de trabalho em geral ajudam os líderes a encontrarem formas mais eficazes de se comportar no trabalho. As experiências externas criam não só uma marca pessoal, mas também a marca da liderança da empresa, porque o líder individual pode comparar oportunidades externas com as internas e aceitar o que ocorre dentro da empresa como resultado de uma experiência externa. Os serviços externos podem abranger tarefas formais ou esporádicas, como treinar um time infantil, dar aulas de piano, dirigir uma peça ou atuar como voluntário. Nesse tipo de atividade direcionada, os líderes se colocam em posição de aprendizes, fazendo algo novo. Estar longe do ambiente de trabalho altera as regras políticas e permite que os líderes vivenciem novas oportunidades ou experimentem novos estilos. Treinar um time infantil ajuda os líderes a aprender como definir um ponto de equilíbrio entre definir metas claras (vencer a liga *versus* escalar todos os jogadores), desenvolver talentos (treinos voltados para o aprendizado de novas habilidades) e lidar com negociadores muito difíceis (os pais). Essas habilidades tornam-se muito importantes no trabalho, em que gerenciar recursos esparsos, envolver os demais e administrar relacionamentos difíceis afetam diretamente os resultados da empresa. Às vezes, ao liderar um grupo fora do trabalho, os líderes podem reconhecer a marca da liderança em seu próprio ambiente.

Os serviços também expõem os líderes a várias formas de administrar e decidir. Estar envolvido em uma organização de trabalho voluntário ajuda os líderes a aprender como envolver corações e mentes dos voluntários em incentivos econômicos. Atualmente, os empregados mais talentosos são basicamente voluntários, embora estejam sendo pagos, por conta das inúmeras opções de trabalho de que dispõem. Os líderes que aprenderam a envolver voluntários fora do ambiente profissional tendem a ser mais eficazes nessa função no trabalho também. Esses líderes talvez tenham mais capacidade de articular o que é exclusivo sobre a marca da liderança no trabalho e podem ajudar os demais a se envolver com o processo.

Os serviços também estabelecem um elo entre os líderes e redes de indivíduos que podem ajudar em diferentes situações. Entrar para associações profissionais (como o Rotary) pode ajudar os líderes a identificar novas ideias e obter novas informações que não foram filtradas pelas lentes da empresa.

Relacionamentos. Em grande medida, a liderança abrange relacionamentos e o envolvimento dos demais em um processo de mudança. A marca da liderança traduz as expectativas dos clientes em comportamentos dos empregados e da empresa como um todo. Envolver os empregados em novos comportamentos requer que os líderes dominem as sutilezas das mudanças e sua influência. Em geral, essas lições surgem quando os líderes aprendem com relacionamentos não ligados ao trabalho. Criar filhos é um processo que envolve inúmeras valiosas lições que podem ser aplicadas ao trabalho. Uma simples troca de fralda nos ensina muito sobre como definir metas claras, moldar comportamento, reforçar resultados positivos e mostrar persistência diante do fracasso. Trabalhar com adolescentes ensina a maioria dos pais a administrar diferenças, estimular o crescimento, ajudar os outros a tomar decisões informadas e reconhecer as consequências dessas decisões e a ser pacientes e flexíveis diante da rejeição. Manter um relacionamento durante muitos anos (ou às vezes apenas por alguns meses) requer encontrar vínculos comuns diante de orientações distintas e negociar soluções que agradem ambos os lados. Encerrar relacionamentos envolve aprender quando e como cortar os laços.

Os relacionamentos fora do trabalho podem ser excelentes fóruns para experiências no trabalho. Quem trata seus filhos, amigos e associados com respeito tende a tratar seus empregados, clientes e colegas de trabalho também com respeito. É difícil manter uma orientação diferente no trabalho daquela adotada em casa, e vice-versa. Para traduzir as expectativas dos clientes em comportamentos dos empregados, os líderes precisam aprender a exercer influência com graça, e as experiências fora do ambiente de trabalho podem ajudar os líderes a desenvolver habilidade que os ajudem a tornar isso realidade.

Desafios. A maior parte do aprendizado decorre das dificuldades que enfrentamos. Experiências fora do trabalho em geral são emocional, social e pessoalmente desafiadoras. Estimulam a aprendizagem por nos fazer lidar com momentos difíceis. Recebemos várias respostas interessantes de pessoas que enfrentaram desafios fora do trabalho e os aplicaram no ambiente de trabalho:

- Perdi minha irmã inesperadamente. Ela era minha melhor amiga. Fiquei profundamente abalada. Precisei reorganizar e reestruturar minha vida. No trabalho, aprendi a ser mais cuidadosa e sensível às questões pessoais que preciso administrar como líder.

- Meu filho nasceu com uma série de deformidades físicas. Ele precisou passar por mais de quarenta cirurgias ainda bebê para enfrentá-las. Para mim, é sempre uma luta lidar com ele. Quando sou confrontada no trabalho com situações desafiadoras, penso que nada pode ser mais difícil do que o drama vivido por meu filho. E, assim, consigo seguir em frente e superar o desafio.

- Descobri que eu tinha câncer. Disseram que está em remissão, mas que pode voltar a qualquer momento. Percebi no trabalho que cada dia é importante, e que preciso ter muita clareza sobre o que estou realizando e que estou dedicando meu tempo e energia a coisas realmente significativas. Também descobri que os relacionamentos no trabalho significam mais do que apenas cumprir uma tarefa. Algumas pessoas no trabalho tornam-se amigos pessoais mais do que colegas profissionais. Sinto que tenho alguém em quem buscar ajuda.

Doenças, perdas e desafios pessoais são partes inevitáveis da vida. Aprender fora do trabalho a lidar com essas tragédias aumenta nossa força de vontade no trabalho. Quando um cliente cancela uma conta, um empregado ameaça largar a empresa com animosidade ou um produto apresenta defeito, o problema é menos desesperador para quem aprendeu a enfrentar inúmeros desafios fora do trabalho. As experiências externas à empresa ajudam a definir atitudes e abordagens internas para a aplicação no ambiente de trabalho. Essas experiências externas podem ajudar a promover e a incorporar uma marca da liderança.

Valores. Uma marca da liderança no trabalho deve ser consistente com os valores do líder fora do trabalho. Como os líderes usam seu tempo livre, como passam as férias, como enfrentam os inúmeros desafios da vida, como formam seu código de moralidade, como tomam decisões sobre o que é certo ou errado em sua vida, tudo isso apresenta uma série de princípios para os valores. Os líderes que têm consciência de seus valores fora do ambiente de trabalho tendem a ser mais capazes de aplicá-los ao trabalho também. Isso não significa impor valores aos demais, mas agir tendo um código pessoal firme que sustenta as decisões. Ter essa perspectiva pessoal ajuda os líderes a saber se a marca da liderança da empresa é adequada a ele (ou não). Garantir que a marca da liderança da empresa seja congruente com a marca pessoal auxilia ambas a sobreviverem.

USANDO EXPERIÊNCIAS EXTERNAS. Os líderes podem aprender com suas experiências fora do trabalho de várias maneiras. Um desafio é transferir esse aprendizado do ambiente externo para o ambiente de trabalho. Isso pode ser feito de várias maneiras.

Primeiro, os líderes aprimoram suas predisposições em ambientes fora do trabalho. A predisposição pessoal de um líder ao aprendizado, o desenvolvimento de relacionamentos, a promoção de colegas e a realização de tarefas podem aparecer em atividades não ligadas ao trabalho. Já que cerca de 50% dos traços da liderança são inatos, discernir quais potenciais líderes são mais ou menos predispostos aos atributos exigidos para a marca da liderança pode economizar recursos enormes. Uma das perguntas mais interessantes nas entrevistas para novas contratações é: "O que você faz nas horas de folga?" Essa pergunta, se respondida com sinceridade, oferece uma perspectiva para as predisposições do futuro empregado. A pessoa se envolve com atividades que estimulam aprendizagem e crescimento? São intelectualmente curiosas e gostam de ler, observar outras pessoas e apreciam o desenvolvimento pessoal? Ou será que atrofiam suas habilidades repetindo várias vezes as mesmas atividades? Os investimentos em seleção direcionada, entrevistas baseadas na marca da liderança e outros diagnósticos seletivos que se fundamentam em dados fora do ambiente de trabalho para prever ações no trabalho podem ser úteis.

Em segundo lugar, as organizações podem estimular os líderes a participar ativamente de atividades fora do trabalho, informalmente ou oferecendo um tempo de folga para experiências de vida enriquecedoras. Quando Dave Ulrich pediu ao reitor para tirar três anos de licença para realizar serviços na igreja, o reitor respondeu: "Como instituição de ensino, tenho orgulho de você e o apoiaremos integralmente." Uma política formal como essa estimula o corpo docente a se envolver em trabalhos comunitários e políticos, o que amplia seus horizontes e traz novas contribuições para o ambiente de trabalho. As licenças profissionais — em que funcionários importantes são estimulados a tirar um tempo de folga para viver experiências únicas e diferentes — são uma parte cada vez maior dos atuais planos de carreira. Em geral, essas experiências se baseiam em serviços, como trabalho voluntário em uma escola, mas também podem estar fundamentadas em tarefas ou no local de trabalho, envolvendo visitas prolongadas a um novo país.

Estimular experiências fora do ambiente de trabalho pode ser feito de forma mais ou menos informal, por meio de boletins, artigos em publicações da empresa, almoços para compartilhar experiências, clubes de leitura no trabalho ou conversas informais em que os líderes demonstram interesse por sua vida pessoal e pelo que os empregados estão aprendendo. Também pode ser formalizado pela organização de sessões específicas em que as pessoas se reúnem para compartilhar o que aprendem fora do ambiente de trabalho. Por exemplo, a Herman Miller tem um Conselho de Administração eclético cujos membros têm longa experiência em seus interesses profissionais e pessoais. Nas reuniões do Conselho, os diretores em geral são convidados a passar de 45 minutos a uma hora falando sobre o que estão aprendendo sobre o mundo. Um membro do Conselho falou sobre seu trabalho na evolução do design e como ele vem mudando na arquitetura e em outros cenários. Outro diretor falou de sua experiência ao visitar líderes religiosos na África e de seu trabalho para combater a fome e a pobreza. Outro contou sua experiência ao trabalhar com hospitais para garantir melhor assistência médica. Embora nenhuma dessas experiências estivesse diretamente relacionada ao projeto e à produção de móveis, todas influenciavam o que os membros do Conselho e a empresa pensavam sobre o trabalho. Ao modelar esse comportamento ao nível do Conselho, a Herman Miller estimula comportamentos semelhantes por parte dos líderes em toda a empresa. Equipes de empregados da Herman Miller usam seu tempo de férias pessoais em prol de causas de ajuda humanitária. Quando voltam ao trabalho, são estimulados a compartilhar suas experiências como forma de desenvolver todos os colaboradores.

O planejamento da sucessão e a marca da liderança

Em nossa visão, um enfoque integrado ao investimento em liderança deve envolver 30% de experiências de treinamento, 50% de experiências de trabalho e 20% de experiências de vida. No entanto, para que essas três categorias garantam uma marca da liderança, precisam estar integradas — e o planejamento da sucessão (ou a gestão de talentos) promove o elo de união. Embora os detalhes possam diferir, em geral, no planejamento da sucessão, os executivos começam com a estratégia de negócios e articulam a marca da liderança da empresa desejada. Tendo isso em mente, fazem revisões trimestrais de talentos individuais em que criam planos de desenvolvimento individual para avaliar experiências de treinamento, profissionais e de vida na equipe de líderes. Quando os executivos definem a marca da empresa e da liderança e revisam a capacidade dos líderes de toda a empresa em relação a esses padrões, a liderança vai além do indivíduo; envolve o processo e está centrada não apenas na parte interna, mas também na parte externa da instituição, na essência da marca.

Para ter sucesso, os sistemas de planejamento da sucessão precisam do apoio da alta Diretoria — o interesse e o suporte contínuos dos gerentes de linha que dedicam tempo pessoal à revisão dos indivíduos para as principais funções. Esse tempo pode ser centrado em cargos abertos, em que o líder avalia a lista de candidatos para cada cargo disponível. Ou o tempo pode ser dedicado a revisões de talentos, em que o líder avalia o contexto de negócios e a estratégia existente, quando considera a próxima geração de líderes e em que medida conseguirão responder a essas condições. Revisar essas listas concentra a atenção no cargo individual e no indivíduo; revisar as condições de negócios e a marca da liderança centra-se no quadro geral ou no grupo de líderes existentes. A revisão periódica e regular dos talentos (digamos, uma vez por trimestre ou duas por ano) garante a continuidade do planejamento da sucessão.

Além disso, os sistemas de planejamento da sucessão precisam incluir as seguintes características:[25]

- Trabalhar a partir de um conjunto compartilhado de expectativas em relação ao que torna um líder eficaz. Esse conjunto de padrões é estabelecido pela declaração da liderança (veja o Capítulo 3) e concentra-se em atributos e resultados específicos que estão ligados aos resultados dos clientes.

- Usar um processo sistemático para coletar informações sobre líderes potenciais (veja o Capítulo 4). O processo de dados pode contar com o suporte de softwares (como PeopleSoft, HRCharter, Lotus Notes, Pilat ou ExecuTRACK) ou algum outro sistema de monitoração.

- Reconhecer a flexibilidade do desenvolvimento da liderança com base nas necessidades dos indivíduos. Os planos de desenvolvimento individual começam com expectativas e oportunidades individuais, e não com um objetivo indefinido. Isso significa perguntar aos indivíduos o que eles pretendem alcançar em seu desenvolvimento pessoal. Às vezes, os líderes podem ter compromissos pessoais (por exemplo, crianças na escola, interesses em duas carreiras ou outros compromissos familiares) que os impedem de assumir determinada tarefa. Isso não significa que eles estejam eternamente limitados em suas oportunidades de crescimento.

- Garantir que os líderes individuais saibam o que estão fazendo em relação a várias expectativas da marca da liderança. Esse feedback é extraído das observações feitas de várias fontes (chefe, colegas, subordinados, clientes) e permite que o líder encontre formas de melhorar seu desempenho no futuro.
- Tratar os indivíduos de forma diferente. Alguns indivíduos e algumas funções são mais críticas para a geração de riqueza em uma organização do que em outras. Esses cargos e esses indivíduos devem receber atenção diferenciada da gerência.
- Usar uma variedade de experiências para desenvolver os líderes. O aprendizado resulta de uma combinação de experiências de treinamento, profissional e fora do trabalho. Essas experiências são interligadas em um programa de desenvolvimento criado para cada líder, mas, coletivamente, esses investimentos criam a marca da liderança, assim como os líderes individuais o fazem.
- Monitorar a qualidade dos candidatos que passam pelo processo de revisão no sistema de planejamento da sucessão e o impacto dos investimentos em liderança.[26]

O planejamento da sucessão é uma atividade que demanda tempo e requer a atenção dos executivos seniores. Em nossa experiência, os resultados valem o investimento de tempo e esforço. Quando o planejamento da sucessão se torna um processo permanente, ele continua a melhorar (e se torna mais fácil quando os resultados começam a aparecer). Sem ele, a marca da liderança é um conceito interessante que pode ou não vingar.

Conclusão

Desenvolver líderes que manifestam uma marca da liderança compartilhada envolve uma série de novos pressupostos sobre o que torna o desenvolvimento de líderes eficaz. Idealmente, envolve uma quantidade substancial de treinamento específico, apoiado por experiência de trabalho direcionada e experiências não relacionadas ao trabalho que desenvolvem as competências desejadas.

Para o treinamento, a essência das opções em termos de conteúdo e processos organizacionais é que os investimentos em programas de liderança devem promover a marca da liderança. Quando o conteúdo do que é ensinado for consistente com a marca e quando o processo segundo o qual o material é ensinado também for consistente com a marca, os líderes que participarem do treinamento serão mais do que turistas — eles absorverão os propósitos e as premissas da marca e, assim, se tornarão cidadãos do novo país, mesmo que não morem lá o tempo todo.

Com relação às experiências profissionais, os investimentos em liderança compensam especialmente bem quando são apoiados pelo desenvolvimento de uma marca da liderança estabelecida. É verdade que as experiências profissionais passadas são os principais fatores para prever futuros resultados no trabalho. A partir dessas experiências profissionais, os líderes aprendem em primeira mão quem são, o que precisam fazer para melhorar e como podem melhorar. A essência do enfoque das experiências profissionais ao investimento em liderança é estimular os líderes para que continuem a realizar tarefas difíceis — continuem lidando com pessoas, tarefas ou locais que não conhecem. Os líderes que constantemente buscam desafios intelectuais, emocionais e sociais crescem e aprendem, enquanto aqueles que são vítimas da rotina acabam presos a um ciclo vicioso, repetindo eternamente as mesmas tarefas. Uma empresa que deliberadamente desenvolve seus líderes garante que uma experiência de dez anos represente realmente dez anos — em vez de um ano que se repete dez vezes.

Mas o desenvolvimento da liderança não cessa com experiências voltadas ao treinamento e à vida profissional. Cada vez mais, ele cruza fronteiras, à medida que as pessoas passaram a trabalhar em casa, na empresa e em trânsito. Da mesma forma, as lições aprendidas fora do trabalho podem ser cada vez mais adaptadas para melhorar o desempenho profissional. Por fim, os empregados aprendem e agem conforme o modelo dado pelos líderes. Quando os líderes são publicamente visíveis em sua busca por experiências não relacionadas ao trabalho, os empregados estarão dispostos a fazer o mesmo. Mesmo quando os líderes simplesmente falam sobre suas experiências pessoais com a família, seus hobbies ou sua experiência com serviço comunitário, isso amplia as possibilidades de aprendizado e o melhor desempenho para os colaboradores.

O planejamento da sucessão unifica os esforços de desenvolvimento da liderança e se beneficia muito deles. Quando o grupo de líderes compartilha uma marca da liderança consistente, a empresa mantém seus quadros preenchidos e ocupa a maioria dos cargos de liderança com opções internas benfeitas que conhecem e agem conforme a marca da liderança.

6

Como medir o retorno da marca da liderança

Todos nós sabemos que nem sempre conseguimos o que esperamos. Para conseguir o que queremos, temos de aprender como acompanhar e medir o que é preciso melhorar. Não perdemos peso sem nos pesar; nenhum aluno ouvinte consegue o mesmo desempenho que um aluno regular que é avaliado pelo resultado das provas; no desenvolvimento da marca da liderança, precisamos medir o que queremos alcançar. Em geral, caímos na armadilha de medir o que é fácil, e não apenas o que é certo. Junte-se a nós na análise deste caso:

Como saber?

Jordan Pettinger, vice-presidente de desenvolvimento de liderança para uma empresa de tecnologia global de rápido crescimento, sorria ao se reunir com Bill Zariah, o CEO. Ela estava preparada para qualquer desafio que ele lhe lançasse e se sentia orgulhosa, porque o primeiro ano do programa que ela criou recebeu muitos elogios dos participantes.

Após alguns minutos de conversa preliminar, Zariah perguntou: "Então, quanto você gastou naquela iniciativa de liderança?"

"Entre 21 e 24 milhões", Pettinger respondeu imediatamente. Ela havia preparado bem essa resposta, mas não foi tão fácil quanto ela achou que seria. Além dos custos diretos do treinamento, ela precisava contabilizar os indiretos, dos quais boa parte tinha de ser estimada e distribuída, mas Pettinger estava confiante em sua previsão.

Zariah calou-se por um instante e depois perguntou, pensativo: "Quais são os resultados?"

Pettinger também estava pronta para responder: "Tivemos 16.237 supervisores, gerentes e executivos participando de sessões de treinamento de quarenta horas, com uma avaliação média de 4,3 em uma escala de cinco pontos. Mais de 60% dos participantes afirmaram que estavam mais bem preparados para lidar com os desafios competitivos que enfrentamos. Também tivemos bons resultados em nosso modelo de competência. Sei que ficará satisfeito em ouvir que recebemos quase cem mensagens de e-mail dos participantes nos agradecendo por realizar o treinamento, inclusive dois de nossos vice-presidentes seniores. Foi muito gratificante. Nada mal para o primeiro ano."

"Ótimo, mas estamos *melhores* do que éramos?", perguntou o CEO com ênfase desnecessária, percebeu Pettinger.

"O que você quer dizer?", ela retrucou, sentindo uma fisgada de terror.

"Quero dizer, como resultado de gastar todo esse dinheiro, temos uma liderança melhor? Nossos supervisores, gerentes e executivos estão mais bem equipados para apresentar os resultados certos no ano que vem?"

"Acho que sim, mas é difícil estabelecer uma correlação direta entre os resultados do próximo ano e os investimentos em liderança feitos este ano. Trata-se de um investimento de longo prazo. É preciso continuar investindo até alcançar um ponto essencial com a liderança." Pettinger sabia que estava se desviando do assunto. "Você deveria ter me dito quais eram suas expectativas para que eu pudesse me preparar melhor", ela acrescentou.

"Por que você acha que estávamos investindo em liderança?", perguntou Zariah. Ele pensou que o preço pago foi alto demais — milhares de dólares investidos em algo que parecia tão amorfo e com poucas chances de gerar resultados tangíveis, mas ele não sabia como articular isso com Pettinger de modo a não derrubar sua autoconfiança completamente. Em vez disso, ele pediu que ela preparasse o orçamento de treinamento para o ano seguinte, já sabendo, de antemão, que seria preciso fazer cortes significativos.

O dilema de Pettinger com seu chefe está longe de ser único. Os executivos seniores continuam a patrocinar investimentos em liderança sem ter clareza sobre o resultado. Quando a *BusinessWeek* publicou sua pesquisa anual sobre treinamento executivo, os dados apontavam que 134 empresas de 24 nações inscreviam mais de 21 mil empregados em programas de liderança, a um custo de US$ 210 milhões. Esse é um investimento significativo em termos de atividade que talvez não produza líderes ou gerentes melhores.

Uma pesquisa recente da Bersin & Associates (respondida por três mil líderes e associados em 117 empresas) reportou que 63% planejam aumentar os gastos e programas de desenvolvimento, apesar do fato de 75% dos executivos de RH entrevistados não darem a esses programas uma avaliação positiva.[1] Em um subgrupo do estudo, 1.200 entrevistados que vinham de empresas de diferentes tamanhos e de diferentes setores de atuação apresentaram vários pontos problemáticos, conforme indicado na Figura 6-1.

Um estudo da Accenture com as visões dos executivos seniores sobre treinamento realizado há alguns anos realça os mesmos aspectos e define o dilema com clareza. Como indicado na Figura 6-1, existe um abismo separando o que os executivos consideram resultados importantes do treinamento dos resultados concretos que eles acreditam que o treinamento promoverá.

194   A marca da liderança

Por exemplo, 77% acreditam que as prioridades de treinamento devem estar alinhadas com o negócio, mas apenas 11% estão satisfeitos e acreditam que o treinamento está atualizado e tem objetivos práticos. Outros 72% acreditam que a melhoria da produtividade da força de trabalho é um resultado essencial do treinamento, enquanto apenas 9% acreditam que ele cause real impacto na produtividade.

Não foi à toa que Bill Zariah fez aquela pergunta: sem dados específicos, ele só poderia concluir que o treinamento em liderança que ele financiara tivesse produzido bons sentimentos e talvez confiança renovada. Ele não tinha como dizer se o treinamento realmente impulsionaria o desempenho da empresa. Ou geraria melhores resultados competitivos com base em medidas em que ele confiava como CEO — valor de mercado, lucratividade, fluxo de caixa, custo de produção e razões de capital de giro. Claramente, ele tinha motivos para estar desconfiado. Afinal, se ele tivesse simplesmente comprado para cada participante um ótimo livro sobre liderança e tivesse dado a sexta-feira de folga para que eles o lessem, será que receberia a mesma reação geral?

FIGURA 6-1

Frustração com os programa de treinamento

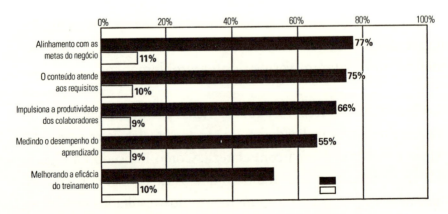

Fonte: Adaptado de Accenture, "The Quest for Exceptional Workforce Performance", artigo, maio de 2003.

Dois enfoques à avaliação

Nos últimos 15 anos, a avaliação da eficácia da liderança vem sendo caracterizada por dois enfoques distintos. Um deles é o enfoque da competência; o outro procura um retorno concreto sobre o investimento em treinamento.

O enfoque da competência

De acordo com essa escola de pensamento, a liderança se define como um conjunto de atributos ou competências, com base no pressuposto de que os bons líderes compartilham determinado conjunto de características. Quem usa esse enfoque pressupõe que, "se construirmos competências, os resultados virão". O objetivo desse tipo de desenvolvimento de liderança é aumentar a qualidade e a frequência do comportamento em áreas específicas, gerando líderes que sabem ouvir melhor, que estimulam os empregados com mais eficácia, que constroem equipes mais sólidas e assim por diante. Isso, por sua vez, deve impulsionar o desempenho.

Os modelos de competência estão, é claro, em voga nas empresas comerciais e também têm sido amplamente aplicados no mundo sem fins lucrativos. Por exemplo, em 2002, o estado de Nova York publicou um "Relatório sobre o Grupo de Trabalho de Competências" que delineava um total de 46 competências de liderança a partir das quais os departamentos e órgãos governamentais dos Estados Unidos escolhem desenvolver modelos de competência específicos para suas instituições. As competências listadas abrangem desde as muito práticas como "responsabilidade" e "gestão fiscal" até aspectos mais etéreos como "inteligência emocional" e "visão".[2]

Qual é o problema dos modelos de competência? Basicamente, quando isolados, eles podem ser um enfoque indireto e, portanto, problemático à avaliação da liderança. Voltando ao exemplo do estado de Nova York, ter visão pode ser uma competência que muitos líderes apresentam, mas a capacidade de prever — antecipar o futuro — não é, por si só, prova de resultados da liderança. Quantas pessoas competentes são capazes de enxergar as possibilidades oferecidas pelo futuro — mas não são capazes nem estão dispostas a adotar as medidas (ou assumir os riscos) necessárias para gerar resultados concretos? Mais importante: quanto mais longe procuramos, mas difícil é falar a mesma língua em termos de competências. Será que ter visão envolve a capacidade de prever futuras tendências ou saber o que fazer com elas?

Além disso, os modelos de competência em geral identificam um conjunto de traços genéricos — visão, direção, energia etc. — e depois tentam encontrar e desenvolver líderes da próxima geração que se encaixem no modelo. O problema com essa prática é que se trata de uma abordagem superficial. Considere o que aconteceu quando fizemos uma oficina para nove empresas de renome. Pedimos aos representantes de cada empresa que nos enviassem seus modelos de competência da liderança, que apresentassem o conjunto de características exclusivas que a empresa valorizava em seus líderes ("tem visão firme", "promove o trabalho em equipe", "tem energia", "demonstra inteligência emocional", assim por diante). Em seguida, apagamos os nomes das empresas de cada modelo. Durante a sessão, pedimos aos representantes que apontassem o próprio modelo de competência. Poucos conseguiram fazê-lo, pois havia pouca diferença entre os modelos de empresas de telecomunicações, produtos de consumo, serviços financeiros e aeroespaciais. A conclusão era óbvia: modelos de competência comuns geram líderes comuns. O paradoxo também estava claro: ao se concentrarem nos traços desejados dos líderes individuais, as empresas acabam criando modelos genéricos.

Essas desvantagens dos modelos de competência constituem a base do problema de Jordan Pettinger. Ela não consegue responder à pergunta fundamental do CEO sobre o impacto causado pelo treinamento, porque o programa se concentra principalmente em competências que podem ou não diferenciar o desempenho e que, muitas vezes, acabam sendo competências genéricas, e não particulares e especiais. Como resultado, sua avaliação de impacto precisa centrar-se na atividade (quantas pessoas receberam treinamento), no impacto percebido (relatos de maior sensação de confiança ou de estarem mais bem equipados para lidar com desafios de negócios) e na avaliação das competências (testar conceitos abstratos, tais como perspicácia nos negócios). Em geral, medimos o que é fácil (quantas pessoas participaram do programa de treinamento), em vez do que é certo (como a empresa atendeu às expectativas dos clientes como resultado das ações da liderança).

Bill Zariah tem uma perspectiva muito diferente. Ele se preocupa com os resultados que podem ser avaliados objetivamente e imagina se esse grande investimento criou valor "real" — alguma diferença mensurável para sua empresa. Para Pettinger, a escolha simples era fazer ou não fazer o treinamento. Para Zariah, os mais de US$ 20 milhões usados no treinamento de líderes representavam o custo da oportunidade: dinheiro que não poderia ser investido em um novo programa de remuneração que ele acreditava que impulsionaria as vendas, ou em propaganda adicional em seus dois mercados mais difíceis.

Pettinger não pode responder à pergunta sobre o impacto do desenvolvimento da liderança, muito menos sobre a marca da liderança e de seus investimentos nela, a menos que compreenda, de forma mais profunda, suas opções sobre como avaliar o impacto e suas implicações. Acreditamos que ela e seus colegas do mundo real devem medir o impacto dos líderes e dos investimentos em liderança com seu programa de treinamento. Usando medidas certas, alguém na posição de Pettinger poderia ter uma conversa muito melhor com o CEO que paga as contas.

Retorno concreto: o enfoque Rival

Antes de poder manter uma conversa mais estruturada com seu CEO, Pettinger precisa considerar quais medidas constituem o ROI almejado — no contexto deste livro, vamos chamá-lo de *retorno sobre a marca da liderança*. Uma ou duas medidas bem escolhidas que se enquadrem em cada um dos quadrantes da Figura 6-2 demonstrarão o valor dos investimentos no desenvolvimento da liderança em termos que possam ser entendidos pelo CEO.

A matriz apresentada na Figura 6-2 (e introduzida no Capítulo 1) analisa a marca da liderança a partir da interação de duas dimensões. A primeira concentra-se na perspectiva — ou seja, quem está avaliando — e reflete visões diferentes de stakeholders internos e externos. A segunda concentra-se no propósito, nas

FIGURA 6-2

Retorno sobre a marca da liderança: Medidas

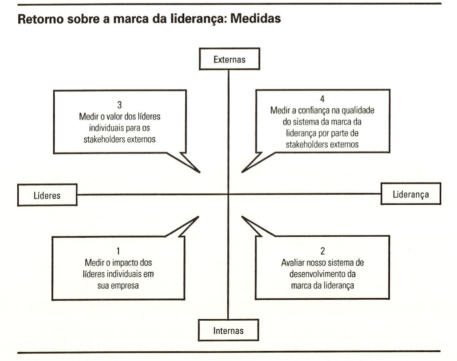

metas mais específicas de desenvolver talento individual (líderes) e de criar um sistema organizacional para o desenvolvimento de talentos (liderança). Essas dimensões formam quadrantes que criam uma gama de opções de avaliação:

Quadrante 1: Impacto dos líderes individuais na própria empresa (chamados de líderes competentes)

Quadrante 2: Eficácia do sistema da marca da liderança como um todo (chamado de capacidade de liderança)

Quadrante 3: Valor dos líderes individuais aos stakeholders externos (chamado de líderes famosos)

Quadrante 4: Confiança dos stakeholders externos na marca da liderança (chamado de marca da liderança)

Inúmeros outros livros concentraram-se em como avaliar os quadrantes 1 e 3, por isso vamos nos centrar em avaliar a capacidade da liderança e a marca da liderança, ou seja, os quadrantes 2 e 4.

Avaliação na prática

Dependendo da abrangência da iniciativa da liderança (em toda a empresa, unidade de negócios e região geográfica), os quadrantes 2 e 4 podem ser medidos com sucesso. O que importa é que as medidas da marca da liderança sejam congruentes com a marca da empresa e com as estratégias da empresa (veja o Capítulo 3).

Avaliar o quadrante 2: Sistema para desenvolver a marca da liderança

Em *Evaluating Training Programs*, Donald Kirkpatrick apresenta uma abordagem que constitui a base para a maioria das tentativas de medir o impacto geral que observamos.[3] Ele descreve quatro dimensões de impacto:

- *Atitude*: Os participantes apreciaram a experiência de desenvolvimento da liderança?
- *Conhecimento*: Os participantes aprenderam algo com a experiência de desenvolvimento dos líderes?
- *Comportamento*: Os participantes mudaram de comportamento como resultado da experiência de liderança?
- *Resultados*: Os participantes aplicaram o aprendizado de modo a produzir um retorno tangível sobre o investimento?

Por conta própria, essa estrutura pode simplesmente analisar aspectos do quadrante 1 — o impacto sobre os participantes individuais. Entretanto, ela é facilmente adaptada ao quadrante 2 — avaliação da marca da liderança, como indicado na Avaliação 6-1.

De todas as medidas que podem ser realizadas no quadrante 2, recomendamos o foco em três áreas críticas:

- Melhorias para justificar os investimentos na marca da liderança
- Melhorias na força do quadro de líderes
- Impacto na retenção dos principais talentos

MELHORIAS PARA JUSTIFICAR OS INVESTIMENTOS NA MARCA DA LIDERANÇA. Voltando a Jordan Pettinger, parece pouco provável que ela estivesse trabalhando a partir de um caso de negócios detalhado e específico antes de investir na marca da liderança em seu primeiro ano no cargo. Se ela tivesse preparado uma justificativa clara para o investimento — ou se procurasse desenvolver esses argumentos —, estaria em melhor posição para conversar com Bill Zariah usando termos que ele entende e aprecia: como seus investimentos em liderança melhoraram a execução da estratégia, a rentabilidade comercial e o valor do negócio.

No Capítulo 2, descrevemos duas fontes para justificar a mudança: uma baseada em alcançar objetivos estratégicos e de crescimento e outra baseada em valores. Na Tabela 6-1, acrescentamos dados aos gráficos apresentados no Capítulo 2 e propusemos ideias para avaliação.

AVALIAÇÃO 6-1

Avaliar o sistema para o desenvolvimento da marca da liderança

	Pouco Muito
1. Atitude — Até que ponto existe:	
• Concordância quanto à marca da liderança em todos os níveis?	1 2 3 4 5
• Crença de que nossa marca da liderança é uma fonte de vantagem?	1 2 3 4 5
2. Conhecimento — Até que ponto existe:	
• Clareza sobre o que significa a marca da liderança: por que ela é importante?	1 2 3 4 5
• Uma expectativa clara do que cada líder deve desenvolver para chegar à marca da liderança?	1 2 3 4 5
3. Comportamento — Até que ponto:	
• Os líderes sabem que seus comportamentos são consistentes com os padrões da marca da liderança?	1 2 3 4 5
• Os líderes se comportam de acordo com os padrões da marca?	1 2 3 4 5
4. Resultados — Até que ponto:	
• Os líderes cumprem o que prometem em defesa da mudança?	1 2 3 4 5
• Nossos líderes seguem nossa declaração da marca da liderança?	1 2 3 4 5
• Temos melhores líderes por conta de processos da marca da liderança?	1 2 3 4 5
• Retemos talentos por conta de nossos investimentos na marca da liderança?	1 2 3 4 5
Total	

Resultados:

Se seus pontos somarem 45-50: Provavelmente, sua marca da liderança é forte, e os investidores precisam saber disso.
Se seus pontos somarem 35-44. Você está no caminho certo para chegar à marca da liderança; identifique qual a menor pontuação e concentre-se nesse ponto.
Se seus pontos somarem 25-34: Você está tendo dificuldade em conseguir chegar à marca da liderança; encontre uma área para melhorar e comece desse ponto.
Abaixo de 25: Cuidado. Seu futuro está ameaçado porque a marca da liderança não é o que deveria ser. Trabalhe para defender a mudança.

MELHORIAS NA FORÇA DO QUADRO DE LÍDERES. O quadrante 2 avalia a capacidade de a empresa desenvolver uma equipe de liderança que forme líderes em cada nível e estágio (veja o Capítulo 4), que tenham um estilo alinhado com o da empresa e que possam apresentar os resultados certos da maneira certa. Isso é especialmente importante para as funções críticas discutidas no Capítulo 2: aquelas que precisam ser realizadas para que a empresa alcance sua intenção estratégica e que enfrentam pressões em períodos de alto crescimento. As funções de altos executivos também são consideradas críticas em geral.

Uma medida simples mas importante é o índice de qualidade da equipe de líderes. Para os cargos de liderança críticos na empresa, qual é o índice de confiança nos substitutos? A resposta deve ser pelo menos 1,0 e quanto mais, melhor. Um índice de 1,0 significa um substituto preparado para cada função crítica. Isso inclui a função de CEO e outros cargos de liderança importantes.

O fato de tantos CEOs virem de poucas empresas grandes revela o tamanho da oportunidade de melhoria para a maioria das empresas. Entretanto, o índice de substituição do CEO não é suficiente. Outros cargos críticos de liderança podem ter grande impacto nos lucros que podem ser reinvestidos para crescimento estratégico. Recentemente, trabalhamos com uma empresa de rápido crescimento que era fabricante terceirizada para muitas outras grandes empresas. Ela havia concentrado boa parte de seus esforços de uma perspectiva hierárquica nos substitutos da maioria dos gerentes seniores e ignorara, em grande medida, as outras funções críticas de liderança. Nesse caso, sua capacidade de escalar geograficamente e de manter a excelência nas operações era absolutamente essencial ao sucesso do crescimento. Depois de analisar os resultados do caso de negócios desenvolvido a favor dos investimentos em liderança, a empresa percebeu que também precisava se concentrar nos cargos de liderança relacionados à manutenção da excelência operacional.

IMPACTO NA RETENÇÃO DE TALENTOS. Um dos resultados da criação da marca da liderança é a capacidade de atrair e reter talentos importantes. Grandes talentos atraem grandes talentos.

TABELA 6-1

Avaliação dos investimentos em liderança: Estratégia e crescimento

Desafio	Justificativa da liderança em função da estratégia e do crescimento	Ideias para avaliação
1. Planejamento de pessoal	Temos de desenvolver um número suficiente de líderes para ajudar o crescimento futuro; o crescimento não acontecerá sem liderança de alta qualidade. A liderança é importante porque contar com um número suficiente de líderes prontos para fazer a empresa crescer da maneira certa é uma necessidade comercial	• Relação entre sucessos e fracassos • Medida em que os líderes estão disponíveis, quando necessário, para o crescimento • Índice de qualidade da equipe de líderes: número de substitutos preparados para as funções críticas e essenciais
2. Resultados certos da forma certa	Precisamos de líderes que demonstrem os valores em que acreditamos (a marca da empresa). A liderança importa porque as ações dos líderes demonstram o que realmente mais importa	• Metas estratégicas alcançadas a cada trimestre e todo ano • Mudanças nos índices de comprometimento dos empregados • Mudanças nos índices de lealdade dos empregados • Continuidade dos investidores
3. Mudanças de estratégia	Ao passarmos da estratégia A para B, precisamos desenvolver líderes que possam apresentar bons resultados nessa nova estratégia. A liderança importa porque ajuda a fazer a estratégia acontecer	• Percentual de líderes externos necessários em cada nível da empresa durante a mudança estratégica em um período de dois anos • Percentual de realização de novas metas estratégicas
4. Geografia	Ao entrarmos em novas regiões do mundo, precisamos de líderes com competências para se adaptar às condições existentes. A liderança importa porque os líderes eficazes se adaptam a condições locais e têm competências para transferir conhecimento de uma área para outra.	• Percentual da equipe executiva com experiência em locais que são importantes para a empresa nos próximos cinco anos • Percentual de aumento de líderes em áreas geográficas específicas, em vez de fontes internas tradicionais
5. Combinação de Fusões & Aquisições e crescimento orgânico	Os futuros líderes precisam ter competências para apresentar resultados em termos de aquisições e crescimento orgânico. A liderança importa porque garante a integração bem-sucedida da fusão e um crescimento orgânico lucrativo	• Percentual de líderes com sólida experiência em fusões e aquisições • Percentual de líderes com histórico de sólida experiência em crescimento orgânico • Tempo necessário para retorno do custo de capital de fusões e aquisições
6. Funções críticas	Certas funções críticas sofrerão tremenda pressão durante o crescimento. A liderança importa porque, se os líderes nessas funções não forem bem-sucedidos, a estratégia não poderá ser implementada, independentemente dos pontos fortes em outras áreas	• Identificação inicial e precisa das funções críticas específicas • Investimentos iniciais no desenvolvimento de pessoas para preencher essas funções

Eles também apresentam os melhores resultados — tangíveis e intangíveis. Isso inclui maior retorno financeiro, assim como maior satisfação dos clientes, confiança dos investidores e envolvimento dos empregados. O índice de retenção de talentos consiste em duas partes: *o valor da retenção dos principais talentos e o custo da substituição dos talentos.*

O valor estratégico e operacional de reter os principais talentos é óbvio — inúmeros estudos citam a dificuldade de substituir indivíduos excepcionalmente talentosos.[4] É claro que a observação mordaz do general DeGaulle estava certa: "Os cemitérios estão cheios de pessoas insubstituíveis!" Ainda assim, embora um diretor executivo de um importante banco de investimentos ou um alto executivo de uma empresa de desenvolvimento de software talvez não sejam realmente insubstituíveis, leva anos para desenvolver alguém que realmente atenda às necessidades da instituição. Nosso colega Jon Younger, ex-principal executivo de aprendizagem da National City Corporation, usa um índice de retenção de talentos que avalia o valor da retenção, mas acrescenta a ele o custo da substituição. Por exemplo, ele cita um estudo realizado há alguns anos pela Bell Northern Research (BNR), a divisão de P&D da Nortel, que estimou os custos financeiros tangíveis de substituir um engenheiro de software júnior que deixou a empresa depois de dois anos. Esse cálculo foi feito da seguinte maneira:

Tempo até atingir funcionalidade máxima (24 meses de salário):	US$ 120 mil
Benefícios (24 meses):	US$ 40 mil
Custos de treinamento:	US$ 20 mil
Tempo da gerência (coaching):	US$ 10 mil
Custos de recrutamento:	US$ 5 mil
Total:	US$ 195 mil

O cálculo da BNR tentou ser o mais abrangente e realista possível na avaliação do custo de perder o engenheiro de talento. Esse cálculo incluiu tanto os custos diretos — salário, benefícios e treinamento — quanto os indiretos, mas não menos reais como o tempo do gerente. Essa era uma pequena arte do custo de substituir o funcionário valioso, porém júnior, mas, à medida que vão aumentando as responsabilidades dos indivíduos, particularmente à medida que eles vão assumindo novas funções gerenciais que exigem perspectiva e tomada de decisões com base em experiência na função e na empresa, custos menos tangíveis como esses se tornam cada vez mais significativos e elevados. Um caso para análise:

Um passo pequeno para um executivo, mas uma perda enorme para a empresa

Quando Ray McGuire deixou a Morgan Stanley, em 2005, para entrar para o Citigroup, a empresa de corretagem perdeu mais do que apenas "outro" banqueiro de investimentos sênior. Ela perdeu um de seus mais produtivos geradores de receita, alguém que ajudara a conquistar uma das primeiras posições no ranking de negociações de fusões e aquisições e que atuou como banqueiro nesse setor para empresas como a General Electric e o Unilever Group. A empresa perdeu também seu executivo afro-americano de maior experiência — um importante ímã de talentos para atrair jovens negros excepcionais.

A perda para a Morgan Stanley foi muito maior do que os custos de desenvolvimento envolvidos no treinamento do novo diretor executivo: dezenas e talvez centenas de milhões de dólares em receitas não realizadas e a perda de prestígio, além da maior capacidade de o Citigroup concorrer com a Morgan Stanley no futuro, e o valor futuro adicional dos jovens que acompanhariam McGuire para sua nova empresa, em vez de entrar para a Morgan Stanley, como teriam feito, caso ele permanecesse na empresa.

A natureza dos bancos de investimentos e das corretoras, bem como a posição única de McGuire em seu setor, tornam sua experiência um exemplo extremo da importância da retenção de talentos. Embora radical, mostra-se válido em circunstâncias mais corriqueiras. Mesmo que as pessoas nunca sejam verdadeiramente insubstituíveis, o custo da substituição pode ser considerável e grave, em especial no caso de funções críticas, e as pessoas críticas que as preenchem.

Avaliando o quadrante 4: Confiança dos stakeholders externos no sistema da marca da liderança

O quadrante 4 é onde executivos como Jordan Pettinger realmente prendem a atenção e o interesse de seus CEOs. As medidas do quadrante 4 estão voltadas para avaliar o valor que os investimentos em liderança trazem para o mundo exterior: parte do que chamamos de retorno sobre intangíveis (o novo ROI).

VALOR INTANGÍVEL. O significado da marca da liderança no contexto do desempenho financeiro implica que, à medida que a empresa desenvolve uma marca da liderança diferenciada, o valor aparece no valor percebido pelos investidores dos rendimentos (ou do preço das ações) da empresa. Ou seja, o preço da ação da empresa melhora por associação com uma marca da liderança considerada especialmente valiosa. Nesse contexto, a marca da liderança da empresa é vista como tendo valor financeiro, mesmo que seja um bem intangível, semelhante às marcas de produtos, P&D e outros bens intangíveis.

Os intangíveis representam a confiança que os stakeholders internos e externos têm no futuro do negócio. Empresas com marcas de liderança sólidas têm alto valor intangível porque os stakeholders têm muita confiança na capacidade de os líderes apresentarem resultados futuros. Usamos o modelo de Kirkpatrick no quadrante 2 para descrever quatro aspectos do impacto que o treinamento de líderes individuais pode ter na marca da liderança da instituição. O quadrante 4 acrescenta um quinto nível ao modelo de Kirkpatrick: o impacto dos intangíveis. A Tabela 6-2 amplia esta perspectiva, incluindo aspectos da marca da liderança no modelo de Kirkpatrick, com uma quinta dimensão para os intangíveis.

A Tabela 6-3 mostra como avaliar o retorno sobre os investimentos em liderança em termos de valor intangível para os principais stakeholders.

Ao contemplar o poder dos intangíveis como a marca da liderança, os líderes precisam definir o que podem e devem fazer para criar valor intangível e tornar os intangíveis tangíveis. Os líderes enfrentam esse desafio em empresas públicas e privadas, em todos os níveis da hierarquia organizacional, nas equipes de produção e administração. Onde quer que estejam, os líderes têm a responsabilidade de construir e proteger o valor intangível. Essa é uma área que discutimos anteriormente em mais detalhes, mas um resumo se faz necessário para colocar as sugestões de avaliação em contexto.[5]

Basicamente, temos um padrão na forma como os líderes aumentam com sucesso o valor dos intangíveis da empresa: a arquitetura dos intangíveis (ver a Tabela 6-4).[6]

Nível 1 — Confiança: cumprir suas promessas; apresentar resultados consistentes e previsíveis. Em empresas com ações na bolsa, previsões de lucros trimestrais confiáveis são a base para a confiança no mercado; a consistência e a previsibilidade ratificam a credibilidade da empresa para os investidores. E, em qualquer empresa, administrar as expectativas e cumprir suas promessas para alcançar credibilidade em termos de serviços, qualidade e entrega, ao mesmo tempo mantendo promessas explícitas e implícitas para a força de trabalho, desenvolvem a lealdade e o moral dos empregados. Líderes que fazem e cumprem promessas desenvolvem a credibilidade, a confiança e a convicção.

TABELA 6-2

Avaliação dos líderes e da liderança

Dimensões de avaliação	Líderes individuais	Investimentos na marca da liderança
1. Atitude	• Percepções: Aceitação da marca da liderança • Marca da liderança como fonte de vantagem	Até que ponto os investimentos em experiências de vida, treinamento e funções ajudaram a desenvolver a marca?
2. Conhecimento	Clareza sobre o que é a marca da liderança e expectativas para vivenciá-la	Até que ponto a marca da liderança foi comunicada aos stakeholders?
3. Comportamento	Em que medida os líderes se comportam de acordo com os padrões da marca?	Em que medida os investimentos em liderança estão alinhados com o desenvolvimento da marca? As ações dos líderes são consistentes com a marca?
4. Resultados	Nossos líderes cumprem o que prometeram na fase de desenvolvimento da declaração da liderança?	Até que ponto os investimentos em liderança estão centrados nos resultados?
5. Intangíveis	Até que ponto nossos investidores têm confiança na qualidade da liderança conforme demonstrada em mais altos múltiplos de P/L?	Em que medida os investidores ficariam satisfeitos com os investimentos em liderança que fazemos? Eles estão envolvidos? Os investimentos estão voltados para as questões certas?

Para atender a esse nível mais básico de ação no quadrante 4, avalie até que ponto as promessas feitas foram cumpridas no último ano. Por exemplo, Jordan Pettinger poderia dizer a Bill Zariah: "Bem, os 2.130 executivos que participaram do programa concluíram 67% das metas estabelecidas para o ano, enquanto aqueles que ainda não participaram só concluíram 40% das metas. O programa está ajudando os líderes a aprender a cumprir suas promessas."

Nível 2 — Clareza: Articular uma estratégia sólida; planejar o futuro. Uma visão sólida estimula e energiza. Os líderes que enxergam crescimento geram entusiasmo. No entanto, eles também devem definir o caminho que a empresa seguirá para alcançar esse crescimento; caso contrário, a visão passa a ser considerada uma retórica vazia e desenvolve o cinismo, e não a confiança.

TABELA 6-3

Avaliação dos investimentos em liderança: O papel da qualidade da liderança

Stakeholder	Valor da liderança	Ideias para avaliação
• Investidores	Uma marca da liderança forte aumenta a confiança do investidor sobre o futuro, pois apresenta resultados e aparece na forma de intangíveis para os investidores. A liderança importa porque aumenta o valor de mercado	• Razão preço-lucro comparada com a de outras empresas no mesmo setor e ao longo do tempo, não em um ponto específico • "Levantamento dos intangíveis" para medir a confiança dos investidores nas prioridades e capacidades da liderança
• Clientes	À medida que as necessidades e os gostos vão mudando, a liderança deve adaptar-se para continuar a garantir proposições de valor sustentável que agregam valor. A liderança importa porque aumenta a participação do cliente	• Aumento ou redução de vendas, lucratividade, participação dos clientes-alvo • Medidas do compromisso para com clientes-alvo (atitude dos clientes e participação dos clientes) • "Levantamento dos intangíveis" para avaliar a confiança dos clientes-alvo nas prioridades e capacidades de liderança
• Empregados	A atitude dos empregados está associada à retenção e à satisfação no trabalho. A marca da liderança garante valor contínuo que é criado para clientes com o envolvimento e o compromisso dos empregados. A liderança importa porque afeta a competência dos empregados e seu grau de comprometimento	• Avaliação contínua do compromisso dos empregados • Correlação entre o compromisso dos empregados e a retenção dos clientes a partir de dados da pesquisa

TABELA 6-4

Arquitetura dos intangíveis

Nível	Área de foco	Potencial de ação da marca da liderança
4	Singularidade: Melhorar as capacidades da organização; desenvolver valor por meio das pessoas e da empresa	Desenvolver atitudes compartilhadas, talento, colaboração, rapidez, responsabilidade, aprendizado e liderança em toda a empresa
3	Execução: Investir nas competências essenciais; colocar o dinheiro onde está a estratégia	Oferecer apoio concreto para os intangíveis em P&D, tecnologia, vendas e marketing, logística e fabricação
2	Clareza: Articular uma estratégia sólida; prever o futuro	Estimular a crença e o apoio às relações com clientes, inovação de produtos e expansão geográfica
1	Confiança: Cumprir suas promessas; apresentar resultados constantes e previsíveis	Desenvolver e defender sua reputação entre stakeholders internos e externos por cumprir suas promessas

Para esse nível, Pettinger poderia informar o CEO da seguinte maneira: "Como sempre, este ano, a pesquisa de atitude com os empregados indagou até que ponto havia confiança na direção da empresa. O resultado variou de 4,0 a 4,4 de 5, ou seja, um aumento de 10%. Esse alto nível de confiança entre os empregados ajudará a desenvolver a confiança entre nossos investidores quando transmitirmos essas informações a eles."

Nível 3 — Execução: Investir nas principais competências; colocar seu dinheiro onde está sua estratégia. Qualquer lacuna entre a direção proclamada para o futuro crescimento e a alocação de recursos, o tempo e a atenção, gera ceticismo sobre a intenção de alcançar o crescimento prometido. Por exemplo, se um líder articula uma plataforma de crescimento por meio da inovação de produto, os investidores e empregados esperam encontrar níveis mais elevados do que a média da indústria em termos de investimentos em P&D e marketing. Os líderes investem nas competências essenciais para aumentar a probabilidade de sucesso estratégico. Essas competências essenciais representam o conhecimento e o desempenho das "entranhas" da empresa e em como ela cria valor.

O que Pettinger faria nesta categoria? Seu relatório sobre como a empresa investe em competências essenciais em comparação com o restante da indústria é bom. Ela só precisa acrescentar alguns aspectos sobre os resultados dos investimentos; por exemplo, um investimento em P&D deve levar ao lançamento de novos produtos, novas patentes ou receitas advindas dos novos produtos, e os investimentos em marketing poderiam ser acompanhados pela participação de mercado ou dos clientes. Segundo esse mesmo critério, os investimentos em desenvolvimento da liderança deveriam levar à maior qualidade da liderança conforme percebida por stakeholders internos e externos.

Nível 4 — Singularidade: Melhorar as capacidades da empresa; desenvolver valor por meio das pessoas e da instituição. As capacidades organizacionais são as formas como a empresa aplica pessoas e processos às tarefas da concorrência. Essas capacidades basicamente se tornam sua identidade. Definem em que a empresa é boa e, no final, sua própria identidade. Aqui estão as seis capacidades mais básicas que uma instituição precisa enfatizar:

- *Talento*: Somos bons em atrair, motivar e reter pessoas competentes e comprometidas.
- *Rapidez*: Somos bons em fazer com que as mudanças importantes ocorram primeiro.
- *Atitude compartilhada*: Somos bons em garantir que clientes e empregados tenham imagens positivas das experiências com nossa empresa.
- *Responsabilidade*: Somos bons nas disciplinas que resultam em alto desempenho.
- *Colaboração*: Somos bons em trabalhar em equipe para garantir eficiência e alavancagem.
- *Aprendizado*: Somos bons em gerar e generalizar ideias com impacto.

Dos quatro níveis de valor intangível, as capacidades organizacionais são aquelas que um concorrente reproduz com mais dificuldade. Elas satisfazem os clientes, envolvem os empregados, estabelecem uma boa reputação com os investidores e oferecem valor sustentável de longo prazo.

Pettinger precisa conversar com Zariah e pedir a ele que escolha as duas capacidades mais favoráveis à sua estratégia de negócios nos próximos 12 a 18 meses, usar o levantamento de intangíveis com a equipe executiva da empresa ou derivar as capacidades organizacionais críticas da declaração de estratégia da empresa. Zariah provavelmente vai começar querendo tudo, mas Pettinger deve segurar a rédea, explicando que o desempenho de classe mundial em duas capacidades seria uma conquista incrível e uma quantidade excepcional de trabalho — algo a ser alcançado apenas se houver absoluta concentração. Em seguida, ela pode estabelecer medidas básicas para as capacidades críticas, concentrar o treinamento em torno dessas capacidades e avaliar a contribuição dos investimentos em liderança conforme eles vão melhorando as medidas das capacidades críticas.

O LEVANTAMENTO DOS INTANGÍVEIS. Pettinger pode ajudar Zariah a escolher as capacidades vencedoras tomando uma via independente para avaliar cada nível da arquitetura dos intangíveis, ou fazer o que chamamos de levantamento dos intangíveis.[7] Esse tipo de levantamento permite que os líderes identifiquem quais fatores na arquitetura dos intangíveis terão maior impacto no sucesso futuro, assim como uma auditoria financeira permite o monitoramento do fluxo de caixa — e também é muito importante. Ao estabelecer quais intangíveis são mais importantes em função da estratégia da organização, avaliar como intangíveis importantes estão sendo definidos e fornecidos, e apresentar um plano de ação para melhorar os intangíveis, o levantamento atende a líderes em todos os níveis da empresa: ajuda o Conselho de Administração a julgar a capacidade geral da empresa, auxilia a alta liderança a criar a estratégia, os gerentes intermediários, a executá-la, e os líderes da produção, a torná-la realidade.

Todo levantamento desse tipo é único, mas nossa experiência demonstrou que existem maneiras corretas de abordar o processo. A seguir, estão alguns aspectos que alguém no lugar de Pettinger pode recomendar a seu CEO.

Mantenha o foco. É melhor ser excelente em algumas áreas específicas do que dispersar a energia da liderança em várias. Sempre perguntamos às equipes de executivos o que eles acham que o levantamento vai revelar antes de verem os resultados. Em muitos casos, eles nos dizem que estão certos de que receberão resultados positivos nos primeiros três níveis (cumprir promessas, articular uma estratégia clara e permitir competências essenciais). Às vezes, eles estão certos, mas, na maioria dos casos, verificamos que os clientes ou investidores não têm uma noção clara da estratégia ou como estão investindo para alcançar competências técnicas superiores.

Os líderes devem escolher, no máximo, dois ou três pontos que exigirão seu tempo e atenção; devem buscar desempenho de classe mundial em pelo menos dois aspectos. Isso significa priorizar e identificar quais áreas terão maior impacto e quais serão mais fáceis de implementar. Uma empresa pode escolher focar em capacidades de talento, liderança e rapidez; outra pode optar por garantir que sua estratégia seja bem compreendida por todos os stakeholders.

Os pontos restantes identificados no levantamento deverão buscar um desempenho em níveis comparáveis aos de outras empresas do mesmo setor. Os investidores raramente desejam saber se a empresa está na média ou ligeiramente acima da média em tudo; querem que a instituição tenha uma identidade única e diferenciada que se alinhe com sua estratégia.

Reconheça a interdependência dos intangíveis. Embora seja preciso ter foco, é importante compreender que cada nível da arquitetura dos intangíveis depende dos outros. Apesar de não ser preciso almejar mais do que um ou dois para dedicar sua atenção, as áreas mais importantes, em geral, precisam ser combinadas. Por exemplo, a rapidez não será suficiente por conta própria; provavelmente, será preciso ter um processo rápido de inovação de produtos ou estabelecer boas relações com os clientes de forma rápida. À medida que uma área melhora, outras também melhorarão. Supomos que nenhuma dessas áreas se desenvolve sem líderes, por isso trabalhar em uma delas necessariamente promove a capacidade de liderança. À medida que a qualidade da liderança melhora, as questões de talento e colaboração vêm à tona, e o processo de resolver problemas de colaboração e talento, responsabilidade e aprendizado em geral é reforçado.

Aprenda com os melhores. Compare sua empresa com outras que têm desempenho de classe mundial em relação à sua estratégia e às capacidades almejadas. É provável que essas empresas não estejam no mesmo setor em que você está; em geral, é interessante buscar setores análogos em que uma empresa pode ter desenvolvido força extraordinária nas áreas que você deseja. Por exemplo, os setores de hotelaria e linhas aéreas têm muitas diferenças, mas são comparáveis quando se trata de alguns aspectos centrais: prolongar a vida útil dos bens de capital, agradar os turistas, empregar funcionários de atendimento direto e assim por diante. A vantagem de procurar fora de seu setor de atuação por modelos é que é possível copiá-los sem concorrer diretamente com eles e a probabilidade de que eles, compartilhem com você suas perspectivas sobre o tema são muito maiores do que ocorre com seus concorrentes diretos.

Crie um ciclo virtuoso de avaliação e investimento. A avaliação rigorosa ajuda os executivos da empresa a descobrir quais fatores serão necessários para o sucesso, o que os auxilia a determinar onde investir. Com o tempo, a repetição do ciclo avaliar — investir resultará em uma base para o benchmarking.

Compare as percepções dos stakeholders. Como o feedback 360 graus para as avaliações da liderança, as auditorias organizacionais podem resultar em visões diferentes da empresa. É revelador, por exemplo, quando os altos executivos percebem uma atitude compartilhada, mas os empregados ou clientes não percebem. Envolva os stakeholders nos planos de melhoria. Se os investidores avaliarem a empresa mal em termos de capacidade, por exemplo, o CEO ou o CFO poderão se reunir com os investidores para falar sobre planos de ação específicos para o futuro.

Coincida capacidade com resultados. Os líderes não precisam apenas falar sobre capacidades; precisam demonstrá-la por meio de resultados; a retórica sobre as capacidades não deve exceder a ação. As expectativas pelos resultados devem ser delineadas em um plano de ação detalhado. Um enfoque é reunir os líderes em uma sessão de meio dia para abordar as questões que devem ser incluídas no plano: O que queremos alcançar com essa capacidade (incluindo um resultado mensurável)? Quem é responsável por essa capacidade? Quais são as decisões que podem ser tomadas imediatamente para estimular essa capacidade? Como vamos monitorar o progresso na consecução desse objetivo? Quais ações os líderes podem tomar para alcançar essa capacidade? As ações podem incluir o desenvolvimento de planos educacionais ou de treinamento, novos sistemas de gestão de desempenho e a implementação de mudanças estruturais para abrigar as capacidades necessárias. Os melhores planos de capacidade terão uma janela de noventa dias, especificando ações e resultados que ocorrerão nesse período de tempo. Os gerentes serão os proprietários e os responsáveis por esses planos, enquanto os profissionais de RH poderão ser seus arquitetos.

Evite subinvestimentos nos intangíveis organizacionais. Em geral, os líderes caem na armadilha de se concentrar no que é fácil de avaliar, e não no que é útil. Eles precisam de balanços financeiros que registrem os lucros, o valor econômico agregado (EVA) ou outros dados econômicos, mas não levam em conta os fatores organizacionais subjacentes que podem agregar valor. De vez em quando, as capacidades podem ser muito concretas.

Não confunda resultados com atividades. Uma capacidade organizacional é um conjunto de atividades. Uma atividade gerencial, como o desenvolvimento da liderança, deve ser concebida em termos da capacidade que ela gera, não apenas da atividade que ocorre. Em vez de perguntar que percentual de líderes recebeu quarenta horas de treinamento, os líderes devem se perguntar: "Que capacidades o processo de desenvolvimento da liderança criou para a empresa?" Distribuir essas atividades em resultados desejados (veja a Tabela 6-5) é um exercício útil para cada componente do desenvolvimento da marca da liderança.

TABELA 6-5

Resultados desejados das atividades de desenvolvimento da marca da liderança

Atividade	Resultados desejados
Razões para os investimentos	Vínculo claro entre o desenvolvimento da marca da liderança e a execução da estratégia e a promoção da reputação da liderança
Declaração da marca da liderança	Lógica exclusiva para o que os líderes representam para a empresa; permite atividades descentralizadas de desenvolvimento da liderança que se somam à intenção geral
Avaliação de líderes	Identifica lacunas da liderança; oferece foco para o desenvolvimento individual e organizacional
Desenvolvimento de líderes	Garante que os líderes têm o requisito "saber, ser, fazer" para seu cargo atual e estão desenvolvendo esses níveis para sustentar o progresso adicional
Desempenho dos líderes	Mede a eficácia e a eficiência dos esforços de liderança
Reputação dos líderes	Garante a consciência de todos os stakeholders para que continuem a investir

TABELA 6-6

Opções de retorno sobre a marca da liderança: Medidas para líderes individuais e da marca da liderança

Quadrante	Possíveis medidas
Quadrante 1: Impacto dos líderes individuais na própria empresa	• Percentual de líderes com planos de desenvolvimento individual com base em feedback 360 graus que se valem do código da liderança e da declaração da liderança • Percentual de líderes que receberam feedback 360 graus com base no desenvolvimento de competências da marca da liderança nos últimos 12 meses • Percentual de líderes cujos planos de desenvolvimento individual acompanham o progresso em estágios individuais: até que ponto quero alcançar alto desempenho no atual estágio ou passar para o próximo estágio de desenvolvimento? • Percentual de funções críticas alinhadas com o desenvolvimento do estágio: até que ponto temos líderes com habilidades e perspectivas certas para as expectativas de sua função? • Número de funções de desenvolvimento consistente com as experiências definidas como críticas para incentivar os investimentos: até que ponto estamos oferecendo experiências de desenvolvimento que sejam consistentes com nossa estratégia (rotatividade, fusões e aquisições, funções administrativas e de produção, experiências em diferentes geografias e culturas etc.)?
Quadrante 2: Eficácia do sistema de marca da liderança	• Melhorias no processo de investimento na marca da liderança • Melhorias no índice de qualidade da equipe de líderes • Impacto no principal índice de retenção de talentos
Quadrante 3: Valor dos líderes individuais aos stakeholders externos	• Número de palestras para grupos direcionados no setor • Número de solicitações a headhunters em níveis seniores (quer o líder vá embora ou não) • Impacto da saída dos líderes individuais no valor de mercado da empresa e no valor da outra empresa • Número de artigos na mídia sobre seu pessoal • Percentual de aumento na visibilidade no setor (pessoas em cargos executivos e similares)
Quadrante 4: Confiança por parte dos stakeholders externos na marca da liderança	• Múltiplo P/L comparado com outros do setor • Aumento dos resultados do levantamento de intangíveis para diferentes grupos de stakeholders (especialmente em áreas específicas) • Número de artigos favoráveis na mídia sobre a marca da liderança • Aumento da confiança na sua unidade de executivos corporativos seniores (levantamento) ou da sua empresa como um todo • Aumento do orçamento ano após ano (unidade de negócios, geografia, divisão, equipe) • Alocação favorável de recursos em sua área

Conclusão

Como acontece com frequência, a sessão de avaliação com o CEO apresentada neste capítulo não foi bem encaminhada porque a visão da pessoa responsável pelo desenvolvimento da liderança enfatizou demais as competências da liderança e se concentrou unicamente no papel dos líderes individuais como justificativa para investimentos em liderança. Por outro lado, uma conversa baseada em uma gama de medidas de retorno sobre a marca da liderança gerará investimentos sustentáveis em liderança e um alto nível de confiança de que o departamento responsável será capaz de administrar um orçamento adequado.

É fácil imaginar Jordan Pettinger procurando Bill Zariah com as opções apresentadas na Tabela 6-6 e revisando os pontos que ele está mais interessado em avaliar no próximo ano. Se Pettinger conseguir demonstrar como os líderes que têm uma marca da liderança conseguem vincular a identidade dos clientes externos com o comportamento dos empregados internos, ela estará no caminho certo.

7

Como promover a consciência da marca da liderança

O FILME *CAMPO DOS SONHOS* contém uma grande promessa, "se você construir, eles virão". Muitas vezes fazemos coisas para as quais não temos um desfecho claro nem vislumbramos chances de sucesso. Um dos motivos pelos quais os líderes talvez não percebam o impacto total de suas ações é que às vezes as pessoas não têm consciência do que os líderes estão fazendo. Mesmo no caso de excelentes líderes, se suas ideias ou ações não forem vistas nem compreendidas, elas não terão muito impacto. A frase deveria ser: "Quando eles souberem que você construiu, eles virão." Vamos considerar um caso:

Sem alarde

Ashley McKenna, CEO de uma empresa de alta tecnologia em rápida expansão na Irlanda, constitui exemplo vivo da maior parte das ideias deste livro, mas ela não está recebendo o reconhecimento devido por isso. McKenna acredita que a liderança seja uma fonte de valor e que o papel essencial dos líderes é a execução da estratégia. Sua equipe executiva vem trabalhando para desenvolver uma declaração de liderança que reúna comportamento dos empregados e expectativas dos clientes. Ela e sua equipe avaliaram seu quadro de líderes e estão empenhados em superar as lacunas ainda existentes por meio de uma série de investimentos. Medidas internas demonstram que esses investimentos valem a pena.

Entretanto, McKenna não considera esses investimentos em liderança algo a ser alardeado. Ela acredita que clientes, analistas, investidores, potenciais empregados e a comunidade como um todo devem ver os frutos da marca da liderança da empresa nos resultados apresentados e que isso seria suficiente para ajudar a empresa a entrar nos mercados globais. Ela fica frustrada com a especulação da mídia sobre a capacidade de sua empresa aproveitar as oportunidades de crescimento e em ver que só pode contar com a razão preço-lucro média do setor.

Ela pode mudar as especulações da mídia e as razões P/L médias se for persistente. A consciência externa e pública pode manifestar-se de forma explícita ou não. Comportamentos tranquilos e consistentes podem despertar a consciência, como foi o caso com Alan Lafley e Doug Conant.

Às vezes, é o que temos dentro de nós

Alan Lafley, CEO da Procter & Gamble, realizou o que chama de "revolução silenciosa". Embora poucas iniciativas da P&G tenham aparecido em revistas, ele articulou o que era necessário para reenergizar a empresa, e para chamar a atenção do mundo.

A Campbell's tem uma história semelhante. O CEO Doug Conant chegou há seis anos em uma empresa falida. Sem muito alarde, ele silenciosamente começou a consertar as coisas — iniciando por fatores básicos de higiene (melhorando o ambiente de trabalho, mudando a ideia de transformar as lojas da empresa em centros de lucro, entre outros) e depois trabalhando para manifestar gratidão e desenvolver uma comunidade para estreitar elos de colaboração com a mão de obra, construindo uma universidade na empresa para enfatizar o aprendizado e finalmente promovendo o legado que gostaria de deixar, motivação elevada e valor individual que perpassam toda a empresa. Conant acredita que é necessário avançar silenciosamente pelos quatro estágios para, de fato, envolver os empregados. A consciência sobre o mundo exterior pode ser consequência de ações silenciosas que culminam em uma história ou mensagem clara. Ele foi bem-sucedido com medidas sólidas nos setores financeiro, de participação de mercado, inovação e força de trabalho. Por exemplo, alguns dos resultados mais recentes de envolvimento dos empregados conquistados pela Campbell's, segundo a Gallup, estão no principal quartil, e a Gallup considera o envolvimento para os 370 principais gerentes como de classe mundial.

Existem muitas maneiras de construir reputação. Tony La Russa, gerente da St. Louis Cardinals, foi citado na *Sports Illustrated* por conta do efeito cumulativo de pequenas ações: cinco bases roubadas são iguais a um *home run*; três *home runs* equivalem à vitória. Como diz George Will, ao descrever os treinadores de beisebol: "O resultado das pequenas ações não é pequeno."[1] A vitória de George Pataki sobre Mario Cuomo nas eleições para governador do estado de Nova York causou espanto. Cuomo era mais conhecido e mais eloquente. Mas Pataki afirmou várias vezes: "Liberal demais por tempo demais." Na época das eleições, os eleitores finalmente haviam entendido sua mensagem e reagiram.

Não é necessário administrar por slogans ou frases de efeito, mas é preciso gerenciar o processo de conscientização. De acordo com nossa experiência de desenvolvimento da liderança, encontramos executivos seniores que, como Ashley McKenna, evitam falar com os stakeholders sobre o que eles estão fazendo para desenvolver líderes. Eles dizem coisas do tipo "Não nos gabamos deste trabalho" e "Não nos autopromovemos" para descrever como se sentem sobre despertar a consciência quanto aos investimentos na qualidade da liderança. Em uma empresa de alta tecnologia como a de Ashley

McKenna, entretanto, mais da metade do valor de mercado vem da confiança no futuro. Essa empresa tem mais necessidade de um enfoque ativo do que outra que comercializa produtos mais corriqueiros de uso diário, como a P&G ou a Campbell's.

A McKinsey & Company é uma consultoria privada e se concentra em resolver questões que preocupam a alta Diretoria de empresas e organizações de grande porte. Conhecida como "A Firma" entre empregados e clientes, foi fundada em Chicago em 1926 por James McKinsey, professor da Universidade de Chicago. McKinsey foi sucedido por Marvin Bower em 1933. Bower esteve à frente da ascensão da empresa para uma posição de destaque global. Durante muitos anos, a McKinsey era a líder e não tinha rivais no ramo da consultoria. Os ex-funcionários iam direto para empresas de ponta, em geral ex-clientes, levando a negócios adicionais para "A Firma". Até hoje, a McKinsey continua a desenvolver a reputação de sua marca da liderança honrando aqueles que saem de seus quadros, em vez de brigar com eles. Isso é feito por meio de acompanhamento e divulgação de seus ex-funcionários de sucesso. No site da McKinsey, há uma seção especial intitulada "Ex-funcionários na mídia", com três seções: Destaques, Últimas Notícias e Quem é Notícia. Recentemente, havia três destaques, 13 notícias recentes e uma página e meia de quem é notícia.

Os três destaques deste site incluem:[2]

- "*Dois ex-funcionários expandem o turismo na China*: Todo mundo sabe que a China é notícia ultimamente. Nossos ex-funcionários estão se desenvolvendo com a economia, e estamos crescendo em vários setores. Eles estão causando grande impacto no turismo. Clique aqui para saber mais."

- "*Stephan Pauly leva Mozart ao século XXI*: Stephan colocou em prática as técnicas aprendidas na McKinsey como CEO e diretor artístico da Fundação Mozart de Salzburgo."

- "*Bill Drayton pinta uma visão de Changemaking*: O fundador e CEO da Ashoka: Innovators for the Public, Bill Drayton alega que a emergência de um setor cidadão empresarial de larga escala pode ajudar a resolver os problemas mais contundentes da sociedade moderna."

Na seção de Últimas Notícias, vemos ex-funcionários da McKinsey realizando trabalhos importantes:

- "Ted Hall entrou para a Diretoria da Dolby Laboratories."
- "Shawn Weidmann é nomeado presidente da Teleflora."
- "Alison Watkins entra para o conselho da Woolworths."

Finalmente, na seção Quem é Notícia, podemos ler mais sobre os seguintes temas:

- "Conheça Fred Hilmer, o novo vice-chanceler e presidente da Universidade de New South Wales, na Austrália."
- "Manoj Jain cria inovação no campo de pesquisas on-line."
- "Georgia Lee causa sensação na comunidade cinematográfica com 'Red Doors'."

Essas notícias constantemente atualizadas são impressionantes. A McKinsey transformou pessoas potencialmente negativas que não chegaram a sócios e saíram da empresa ou gente que não gostava do estilo ou da pressão e das viagens exigidas pela função em fatores muito positivos. Os atuais e futuros empregados da McKinsey sentem-se confiantes de que fazem parte de uma sólida associação, mesmo quando deixarem a empresa. Idealmente, outras empresas também encontrarão formas criativas de impulsionar a reputação de suas respectivas marcas da liderança.

A qualidade da liderança é um intangível essencial, e informar aos stakeholders externos o que você está fazendo e por quê — sem sensacionalismo nem falsas promessas, é claro, garante que sua empresa seja corretamente avaliada no mercado. Desde que não haja exageros, é errôneo reter informação; se você não ajudar os stakeholders a reconhecerem a capacidade da liderança que sua empresa está construindo, verá que o mercado tende a subvalorizar suas capacidades. As Avaliações 7-1 e 7-2 apresentam instrumentos que o ajudarão a ver qual a sua posição na promoção da reputação interna e externa da liderança.

Usando a matriz de força da marca

Usamos a expressão "marca da liderança" para enfatizar o aspecto de que o enfoque dado por determinada empresa à liderança e a seu desenvolvimento é um verdadeiro ativo. Seria impensável ter uma

AVALIAÇÃO 7-1

Indicadores da reputação da liderança interna

Em que medida nós...

	Pouco				Muito
1. Investimos até o máximo: sabemos que é preciso ter tempo, dinheiro e energia para criar uma reputação por saber selecionar, desenvolver e reter líderes de ponta.	1	2	3	4	5
2. Construímos, e não apenas compramos: somos sempre muito seletivos sobre quem escolhemos e depois desenvolvemos.	1	2	3	4	5
3. Tornamos todo mundo um recrutador: mantemos todos os empregados atentos, à procura de novos talentos.	1	2	3	4	5
4. Consideramos o talento uma propriedade corporativa: consideramos o talento um ativo corporativo, e não um ativo de uma unidade de negócios. Não vale reunir pessoas em uma unidade de negócios, por isso insistimos em fazê-los ganhar experiência em várias funções para que possamos ver suas reais qualidades.	1	2	3	4	5
5. Temos uma opinião sobre os grandes líderes: temos um método para desenvolver o verdadeiro talento.	1	2	3	4	5
6. Mantemos firmeza: temos expectativas claras e aplicamos métodos de avaliação rigorosos com amplo feedback.	1	2	3	4	5

AVALIAÇÃO 7-1 (continuação)

Indicadores da reputação da liderança interna

Em que medida nós...

	Pouco Muito
7. Temos um plano de ação visível: nossos executivos estão divulgando e falando sobre a importância da liderança.	1 2 3 4 5
8. Encontramos um lugar para alguém de valor: nunca abrimos mão de um grande talento, e encontraremos um lugar para alguém que pode realizar suas funções da maneira certa. O inverso também é verdadeiro.	1 2 3 4 5
9. Dedicamos nosso tempo: nossos líderes seniores consideram o desenvolvimento da liderança prioridade crítica.	1 2 3 4 5
10. Entregamos o jogo: acompanhamos as carreiras de quem deixou a empresa e venceu.	1 2 3 4 5
11. Realizamos pesquisas sobre as atitudes dos funcionários que nos informam o que eles pensam sobre nossos líderes: ouvimos, para não precisar contar as tirinhas do Dilbert nas paredes, a fim de deduzir o que as pessoas pensam de nós.	1 2 3 4 5
12. Temos uma marca da liderança clara e positiva: conhecemos e valorizamos as principais características de nossos líderes.	1 2 3 4 5
13. Contamos histórias e mitos sobre nossos líderes — passados e atuais: nossas culturas prosperam no campo corporativo.	1 2 3 4 5
14. Temos um senso de boa vontade da liderança: as pessoas seguem o que os líderes dizem e dão a eles seu voto de confiança por meio de ações.	1 2 3 4 5
15. Mantemos a lealdade entre os principais atores: nossos líderes têm a lealdade de quem mais os conhecem.	1 2 3 4 5
16. Garantimos um bom relacionamento: nossos líderes têm um bom relacionamento com os empregados; eles se dão bem, compartilham ideias e é fácil lidar com eles.	1 2 3 4 5
17. Temos líderes que inspiram confiança: os empregados confiam em seus líderes e acreditam que eles estão do seu lado e tomando as decisões certas.	1 2 3 4 5
18. Temos líderes acessíveis: os empregados podem procurar os líderes se tiverem algo a dizer.	1 2 3 4 5
19. Temos a confiança do Conselho de Administração: o Conselho conhece e confia nos líderes seniores.	1 2 3 4 5
20. Agimos deliberadamente em função das decisões dos líderes: a maioria dos empregados confia em uma nova direção proposta pelos líderes, seja um programa, um produto ou outra ação qualquer.	1 2 3 4 5
Total:	

Pontos:
90-100: Você já tem consciência elevada. Se conseguir manter esse ritmo, poderá continuar fazendo o que está fazendo.
70-90: Sua consciência é moderada. Comece aplicando algumas ideias sobre comunicação com cada stakeholder.
Menos de 70: Comece a trabalhar.

marca de produto e não despertar consciência sobre ela. O mesmo vale para a marca da liderança. Independentemente de a marca ser conhecida ou não, a empresa terá benefícios diretos e indiretos importantes, mas as vantagens de ter uma marca da liderança conhecida (e recompensada) são significativas demais para que sejam relevadas.

Para ajudar a pensar sobre como aproveitar a força da marca da liderança de sua empresa, considere esta fórmula simples para o processo de desenvolvimento da marca de um produto:

Eficácia x Consciência = Força da marca

Esses dois fatores — eficácia (O produto faz o que você diz que ele faz?) e consciência (Quantas pessoas sabem disso?) — criam a matriz de força da marca 2 x 2 retratada na Figura 7-1.

Um lado da matriz reflete eficácia. Alta eficácia significa que a marca tem condições de cumprir inteiramente sua promessa, seja referente a um produto ou a uma pessoa ou ao sistema inteiro. A baixa eficácia é a incapacidade de cumprir a promessa da marca: essa marca não apresenta os resultados esperados. O outro lado da matriz reflete a conscientização. Alta consciência significa que a marca tem ampla reputação, ou seja, muitas pessoas a conhecem. Baixa consciência significa que a marca é relativamente desconhecida. A seguir, apresentamos a forma como os quatro quadrantes podem ser aplicados à marca da liderança.

1. *Ninguém liga*

Se houver baixa eficácia e baixa consciência, ignore a publicidade até ter mais elementos para trabalhar. Se nós — Dave e Norm — formássemos uma dupla de cantores ou dançarinos, cairíamos nesta categoria. Em termos do desenvolvimento da marca da liderança, esta categoria talvez se aplique a empresários de start-ups que não conseguem levantar capital de risco porque não têm experiência suficiente para despertar a confiança em seus talentos.

AVALIAÇÃO 7-2

Indicadores da reputação da liderança externa

	Ponto fraco (1)	Média (2)	Ponto forte (3)
Investidores			
1. P/L do último período			
2. Relatórios dos investidores sobre a empresa e a liderança			
3. Movimento de ações dias após as reuniões com os investidores			
4. Honestidade na divulgação de boas e más notícias			
5. Relatórios de analistas da indústria sobre os seus líderes			
6. Exposição de vários executivos aos analistas			
7. Discussão da marca da liderança nos relatórios anuais			
Clientes			
8. Saber por que os clientes compram de você, e não dos concorrentes			
9. A análise do conteúdo das notícias de negócios (*Business Week, Wall Street Journal, Forbes, Fortune*, entre outras publicações) revela histórias que abordam seu estilo de liderança de modo favorável em relação à concorrência			
10. Disposição em admitir erros e agir com firmeza quando tudo dá errado			
11. Frequência com que os líderes são procurados por empresas de pesquisas como fontes de talento			
12. Frequência com a qual os líderes são convidados a participar de conselhos de administração e a fazer palestras em conferências			
13. Disposição dos líderes de cumprir suas promessas ou de ser sinceros sobre os problemas e encontrarem soluções			
14. Medida em que os líderes conhecem os clientes pelo nome e vice-versa			
15. Até que ponto o processo da marca da liderança é uma fonte para atrair clientes			

Resultados:
40-45: A consciência entre investidores e clientes é muito elevada. Continue o bom trabalho.
35-39: Sucesso moderado. Há espaço para melhoria.
Menos de 35: Comece a trabalhar.

FIGURA 7-1

Força da marca

	Consciência do stakeholder	
	Baixa	Alta
Eficácia Alta	2. Vantagem não explorada	4. Vantagem sustentada
Eficácia Baixa	1. Ninguém liga	3. Estrela cadente

2. Vantagem não explorada

O primo de Norm, Craig Carmichael, é um inventor muito criativo que mora em Victoria, na província de British Columbia, no Canadá. Periodicamente, Carmichael liga para saber se temos contatos com empresas que possam estar interessadas em comercializar uma de suas invenções — um dispositivo para otimizar os custos de equipamentos de aquecimento e ar-condicionado para prédios comerciais, por exemplo. As invenções de Carmichael sempre funcionam — ou seja, são sempre de alta eficácia. No entanto, como ele age de forma independente, ou seja, quer continuar morando em sua casa de praia em Victoria, sem precisar viajar para divulgar suas ideias, acaba não despertando consciência ou visibilidade do público. Ele ganha bem, mas, a menos que finalmente consiga um patrocinador que queira comercializar suas invenções e realmente desperte a consciência do público para seu trabalho, é improvável que ele fique rico.

Em termos de marca da liderança, Ashley McKenna, a CEO irlandesa, está na categoria "vantagem não explorada". McKenna criou alta eficácia com seus investimentos em liderança, mas tem baixa consciência por parte dos stakeholders. Empresas com vantagens não exploradas são excepcionais, mas ainda não foram descobertas. No mundo atual, essa situação é cada vez mais rara — com a transparência imposta pelo clima legal, a maior parte é rapidamente identificada. Mas os líderes dessas empresas cumprem o que dizem sem alarde e fanfarra. Sabendo ou não, eles seguem o slogan da Northwestern Mutual: "*The Quiet Company*". Sua meta é oferecer excelência, em vez de falar sobre oferecer excelência — só que essas empresas podem ter menos oportunidades de apresentar excelência em função de sua reticência em se destacar.

3. *Estrela cadente*

Esta categoria, de baixa eficácia mas alta consciência, dispõe de muitos exemplos em praticamente qualquer campo e em vários países. Pense nos candidatos derrotados nas últimas eleições nacionais — quantos nomes você consegue lembrar? Em determinado momento, esses candidatos pareciam ser extremamente importantes, mas, um ano ou mais depois da eleição, a maioria dos eleitores já não consegue se lembrar direito de seus nomes, muito menos de seus planos. Outro exemplo está em Milli Vanilli, uma dupla pop e de dance music formada por Frank Farian na Alemanha em 1988, com Fab Morvan e Rob Pilatus. O álbum de estreia do grupo alcançou altas vendas internacionais e ganhou um Prêmio Grammy por Melhor Artista Revelação de 1990. No entanto, o sucesso se tornou infâmia quando o prêmio foi revogado, por ter sido descoberto que os supostos cantores não cantavam no álbum.[3]

Da perspectiva da marca da liderança, Al Dunlap é um exemplo famoso. "Al Motosserra", como era conhecido, tornou-se famoso por alguns anos ao acumular bilhões de dólares na década de 1980 e início da década de 1990 assumindo empresas como a Scott Paper, vendendo seus ativos e depois vendendo a empresa.

Dunlap era temido, odiado ou respeitado, dependendo de sua posição em relação a ele: funcionário recém-demitido ou investidor beneficiário das flutuações no valor das ações. Sua carreira acabou quando Dunlap não conseguiu recuperar a Sunbeam.

4. *Vantagem sustentada*

Este é o sonho do desenvolvimento de marcas — alta eficácia e alta consciência. Por exemplo, o U2 — fundado em 1976 e considerado um dos grupos mais populares do mundo desde meados da década de 1980 — vendeu aproximadamente 50,5 milhões de álbuns nos Estados Unidos e mais de 170 milhões no mundo todo. Seis de seus álbuns conquistaram o primeiro lugar nas paradas nos Estados Unidos e nove na Inglaterra. Desde o lançamento do álbum *The Joshua Tree*, o U2 vem sendo considerado a maior banda de rock do mundo por fãs e críticos especializados. A banda ganhou 22 prêmios Grammy, a maior premiação já recebida por um artista do gênero. O vocalista Bono usa sua fama como plataforma para estimular os líderes mundiais a eliminarem a dívida e levantar fundos para auxiliar países do Terceiro Mundo.[4]

Em termos de marca da liderança, a General Electric é a campeã disparada no que diz respeito à eficácia e à consciência no mundo dos negócios. Jack Welch começou usando a Crotonville, a universidade da GE, para desenvolver confiança em líderes atuais e futuros. Comandada por Jeff Immelt, a GE procura líderes nas empresas dos clientes em mercados emergentes como a China e os convida a passar pelo louvado processo de desenvolvimento da liderança. Poucos não aceitam o convite e aqueles que participam tornam-se fãs — e clientes — da GE. Como a derradeira empresa geradora de talentos, a GE desenvolveu uma sucessão de líderes altamente bem-sucedidos e uma gama de outras empresas, desenvolvendo valor intangível excepcional para os acionistas.

Para entender como é importante desenvolver a reputação da marca da liderança na GE, analisamos vários anos de relatórios anuais e lemos a primeira seção: "Carta aos stakeholders." Essa seção apresenta aos stakeholders externos quais são as ideias dos executivos seniores da empresa e, em geral, envolve preocupações financeiras e relativas ao crescimento. A GE é diferente. A seguir, estão os títulos das seções do relatório anual da empresa de 2000:

- Integridade
- Vivenciando a mudança
- O cliente (investida contra a burocracia)
- Usando o tamanho
- Aniquilando a burocracia (mais)
- Liderança
- Treinamento
- Pessoas
- Informalidade[5]

Não é à toa que a maioria dessas questões se relaciona com o que os líderes podem fazer para construir valor ao cliente por meio da liderança.

Em 2003, Jack Welch deixara a GE e Jeff Immelt era CEO. Sua carta aos acionistas no relatório anual de 2003 continha as seguintes seções:

- Liderança técnica
- Serviços
- Foco no cliente
- Globalização

- Plataformas de crescimento
- A Equipe GE (Liderança) (duas páginas, a seção mais longa)[6]

A tradição continua com um foco em como os líderes da GE constroem valor concentrando o comportamento dos funcionários nas preocupações dos clientes e depois comunicando esses investimentos a clientes, funcionários e investidores. A GE continua a comunicar a clientes e investidores que a qualidade da marca da liderança é um importante fator para o sucesso futuro da empresa.

Pode haver outra empresa que comunica sua reputação aos stakeholders externos para a marca da liderança mais do que a GE, mas não conseguimos encontrá-la.

Interpretando os quadrantes

Para alcançar prosperidade sustentada, toda marca precisa de eficácia e consciência — não faz sentido divulgar algo que não funciona ou, por outro lado, esconder algo que funciona e esperar que as pessoas, de alguma forma, adivinhem sua presença. Quando se trata da marca da liderança, desenvolver a eficácia é mais complexo do que despertar a consciência; os Capítulos 1 a 7 estão voltados para a eficácia, mas este também aborda um processo mais simples de aumentar a consciência por parte dos *stakeholders* de maneira mais rápida e eficiente do que simplesmente deixar que os resultados falem por si.

As áreas de maior interesse para as empresas que trabalham seriamente o desenvolvimento da marca da liderança são os quadrantes de vantagem não explorada e vantagem sustentada. O da estrela cadente não precisa de mais consciência — as empresas nesta classe precisam concentrar-se em aprender a cantar e a tocar violão. E aquelas no primeiro quadrante realmente não têm importância; sinceramente, ninguém liga se ninguém liga.

Como despertar a consciência

O primeiro passo é entender seus stakeholders. Nosso colega Mike Panowyk fez um trabalho muito interessante sobre como os valores diferem, destacando que cada grupo de stakeholders tem os próprios interesses — elementos específicos que seus integrantes querem conhecer sobre sua marca da liderança. Essas diferenças estão listadas na Tabela 7-1, com algumas ideias preliminares sobre como despertar a consciência com base no que cada grupo de stakeholders valoriza.

Desenvolver a consciência dos stakeholders sobre a marca da liderança envolve três etapas:

1. Convidar os stakeholders.
2. Desenvolver um plano de comunicação
3. Agir

Convidar os stakeholders

Procure seus stakeholders — especialmente aqueles que influenciam outros stakeholders — e solicite informações ativamente sobre a visão que eles têm da marca da liderança de sua empresa. Isso inclui os representantes e analistas da mídia que escrevem sobre a empresa e seus respectivos líderes. Essas informações devem ser sistematicamente coletadas e analisadas para encontrar padrões de percepção sobre os líderes e o estilo da liderança. Somente quando você compreender o que as pessoas pensam, poderá começar a formular meios de influenciar suas percepções.

Além de apenas servir como fonte de dados, pedir aos stakeholders que manifestem suas percepções sobre a empresa permite que você crie um fórum extremamente valioso para diálogo e intercâmbio. No Capítulo 6, descrevemos uma auditoria feita nos intangíveis da empresa, um processo que reúne informações de stakeholders internos e externos sobre aspectos intangíveis, como a marca da liderança. Essas informações são extremamente importantes para criar uma base a partir da qual avaliar o impacto dos investimentos na liderança. Funciona como um processo de feedback 360 graus, que inclui encontros para avaliar os resultados da pesquisa e descrever o plano de ação pretendido — uma interação que é muito mais eficaz do que receber o retorno em nível individual e esperar que as ações tomadas tenham o efeito desejado.

A história de Chuck Prince e do Citigroup, contada no Capítulo 2, ilustra a importância das relações com os stakeholders. Além de agir e resolver o problema que havia impossibilitado o Citigroup de realizar novas fusões e aquisições (eficácia), iniciou uma série de reuniões com stakeholders internos e externos para informar sobre os avanços do processo (consciência). Dentre outras atividades, isso envolvia escrever casos sobre questões éticas para uso na formação da liderança, uma etapa que foi inicialmente considerada problemática, pois esses casos poderiam ser usados contra a empresa em juízo por réus que foram despedidos como resultado desses problemas. Para crédito de Prince, ele vetou essas preocupações e exigiu que os casos fossem reescritos de forma realista, de modo que todos os líderes e empregados envolvidos pudessem entender o potencial para equívocos.

Seja por meio de pesquisas como levantamento de intangíveis ou convidando stakeholders a ajudar a resolver um problema, a combinação de medidas corretas com a comunicação frequente com os reguladores, membros do Conselho de Administração, analistas, clientes e empregados leva a percepções melhores e mais positivas da empresa. No Citigroup, Prince foi capaz de criar a própria marca da liderança com relação à importância dos clientes, funcionários e a empresa, envolvendo, ao mesmo tempo, os stakeholders na solução de um problema difícil.

TABELA 7-1

Interesses dos stakeholders

Stakeholder	Proposição de valor da marca da liderança *Esta empresa constrói líderes em todos os níveis que...*	O que comunicar	Ação para despertar a consciência
Empregados	Sabem como motivar os empregados e lhes oferecer oportunidades de crescimento e desenvolvimento Temos um processo de marca de liderança claro que desenvolve líderes de alta qualidade dos quais tenho orgulho	Está claro como posso e devo me desenvolver para ser parte dessa equipe vencedora	• Realizar pesquisas com os empregados • Agir com base em resultados • Vincular a pesquisa com os empregados a medidas concretas • Divulgar os resultados • Ouvir os empregados • Dedicar tempo com os empregados (reuniões e assembleias) • Solicitar contribuições dos empregados (via sistema de sugestões ou outros meios)
Clientes	Garantem a satisfação e o compromisso dos clientes para que eu receba o atendimento e a experiência que desejo quando interajo com essa empresa	A empresa tem líderes, pessoas e capacidades que me atraem.	• Incluir perguntas sobre líderes, quando apropriado, sobre pesquisas de satisfação dos clientes • Convidar os clientes a eventos de desenvolvimento de líderes como realizadores, participantes ou apresentadores • Convidá-los a participar de painéis sobre a liderança e em eventos dos empregados • Comunicar ativamente • Pedir aos empregados que se comportem como se fossem clientes
Investidores	Conseguem compreender os investidores e demonstram confiança na estratégia e nos resultados futuros	Essa empresa investiu para entregar valor sustentável, de modo a manter seus clientes e investidores	• Descrever a necessidade da mudança, de investimentos e das avaliações no relatório anual • Vincular os resultados aos investimentos • Comunicar ativamente • Envolver os investidores em eventos internos

TABELA 7-1 (continuação)

Interesses dos stakeholders

Stakeholder	Proposição de valor da marca da liderança *Esta empresa constrói líderes em todos os níveis que...*	O que comunicar	Ação para despertar a consciência
Equipe executiva	As pessoas têm orgulho de fazer parte desta empresa Demonstram estar conscientes da marca da liderança e seguem seus princípios	Os líderes desenvolvem, modelam e reforçam todos os aspectos do processo da marca da liderança	• Falar sobre formas como a liderança interna reflete os clientes externos • Garantir visibilidade aos demais para que possam se tornar líderes melhores
Fornecedores	Garantem a dedicação e o compromisso dos fornecedores	Esta empresa diferencia o que faz melhor do que nós podemos fazer de melhor por ela	• Incluir os principais fornecedores no desenvolvimento da liderança • Comunicar ativamente • Solicitar sua percepção sobre os líderes nas pesquisas
Analistas	Garantem confiança na prosperidade futura	Esta empresa tem líderes, pessoas e capacidades que a diferenciam de outras alternativas de investimento	• Apresentar o grupo de líderes aos analistas, conforme apropriado • O CEO deve explicar por que e como a empresa está investindo em liderança • Solicitar sua percepção sobre os líderes nas pesquisas
Reguladores	Incorporam a confiança nas regras e nos regulamentos prescritos	Os líderes nesta empresa estabelecem processos efetivos de governança, funções e responsabilidade	• Revisar como o sistema de liderança considera a conformidade e a liderança ética • Solicitar sua percepção sobre os líderes nas pesquisas sobre o sistema de liderança
CEOs	Conquistaram minha admiração como referência em termos de melhores práticas no desenvolvimento de líderes com estilo	Esta empresa sustentará uma liderança competitiva por causa de seus investimentos no sistema da liderança	• Iniciar visitas de boas práticas. • Escrever artigos e fazer palestras — mostrar flexibilidade às oportunidades da mídia • Solicitar sua percepção sobre os líderes nas pesquisas sobre o sistema da liderança

Desenvolver um plano de comunicação

Qualquer bom plano de comunicação deve levar em conta vários fatores importantes:

- O que queremos comunicar (a mensagem)
- Quem deve transmitir a mensagem (o emissor)
- Quem deve receber a mensagem (o receptor)
- Quando a mensagem deve ser compartilhada (o tempo)
- Como a mensagem deve ser compartilhada (o processo)

A MENSAGEM. Como mostrado na Tabela 7-1, os stakeholders estão interessados em diferentes aspectos da proposição de valor da marca da liderança. Descobrimos que os vários tipos de stakeholders não mudam seus interesses ao longo do tempo. Em vez disso, quando surgem problemas ou mudanças, a intensidade e a frequência da mensagem é que mudam.

Por exemplo, vamos supor que o CEO tenha realizado um ótimo trabalho durante anos e se aposenta. Essa aposentadoria cria uma oportunidade e uma ameaça para vários de seus stakeholders. Entretanto, o que comunicar a cada grupo de stakeholders continua consistente com a Tabela 7-1. Os empregados precisam ter certeza de que o novo CEO ainda está interessado no processo de desenvolver a marca da liderança e de que esses líderes reterão os tipos de valores que existiram no passado. O novo CEO pode alterar aspectos do processo de desenvolvimento da marca da liderança, mas os motivos para investir e os mecanismos existentes para avaliar, desenvolver e medir o desempenho dos líderes tendem a permanecer relativamente consistentes. Acima de tudo, o fato de o valor do processo de construção da marca da liderança por si só continuar sendo um importante aspecto do que a empresa continua a fazer deve ser comunicado sob a perspectiva de como a marca da liderança permite aos empregados continuarem a aprender e a crescer e a manter um compromisso para com seus líderes. Histórias sobre como o novo CEO gerou resultados financeiros, mas também cuidou de seu pessoal e criou oportunidades, são relevantes.

Os investidores têm interesses distintos dos empregados e, por isso, precisam de comunicação que reforce seus interesses sobre o novo CEO. Mais uma vez, a comunicação principal com os investidores deve concentrar-se no compromisso contínuo com o processo de construção da marca da liderança, mas as descrições do valor do processo nessas comunicações devem voltar-se para a capacidade de o sistema entregar os resultados prometidos hoje e no futuro. Os investidores devem ser assegurados de que a empresa continuará a gerar líderes de alto calibre que podem alcançar os resultados desejados. Comunicar histórias sobre líderes orientados ou treinados pelo novo CEO que alcançaram resultados financeiros estelares ajudará a assegurar aos investidores que o valor intangível associado com a marca da liderança será mantido.

Para proteger o valor completo da marca da liderança, clientes, equipe executiva, fornecedores, reguladores, analistas, CEOs e quaisquer outros grupos interessados precisarão de garantias de que a empresa permanece comprometida com o desenvolvimento da marca da liderança, de modo a se relacionar com seus interesses e preocupações.

O EMISSOR. A maioria das mensagens sobre a qualidade da liderança precisa ser comunidade pelo CEO. Ele é o gerente da marca da liderança e também tem responsabilidade por toda comunicação sobre ela. As mensagens sobre os motivos para o investimento na liderança e o enfoque geral, assim como as que tratam dos principais resultados, devem ser feitas pelo CEO a analistas, investidores, empregados e clientes. É especialmente útil para ele escrever sobre questões de desenvolvimento da liderança no relatório anual.

Além disso, o CEO pode aumentar esses esforços convidando uma série de outros profissionais da empresa a colaborar. No Capítulo 8, discutimos os papéis que os vários atores desempenham na criação e construção da marca. Eis como eles participam de sua divulgação:

- *Chefe de RH.* A função do RH é coordenar o processo de desenvolvimento da marca da liderança dentro da empresa e ajudar a transmitir a mensagem aos stakeholders internos e externos. Especificamente, as mensagens sobre o processo de desenvolvimento devem ser feitas pelo chefe de RH. Isso inclui mensagens sobre a lógica para novas promoções na empresa e sobre como treinar e desenvolver conteúdos e o processo como um todo.

- *Executivos de linha.* Como os executivos de linha se comunicam com grupos internos, eles precisam continuamente transmitir e reforçar a importância da marca da liderança. Isso é feito tentando alcançar resultados comerciais concretos no processo da marca da liderança e tornando-o parte do que eles conversam. Também o fazem modelando a marca da liderança e ativamente treinando os líderes em sua empresa para desenvolver seus estilos de marca da liderança.

- *Relações públicas.* Como os profissionais de RP comunicam histórias relevantes sobre a empresa, é importante que eles integrem a história da marca da liderança em seus eventos. Desde o lançamento de novos produtos até os resultados da empresa, passando por superar um desastre, é fundamental vincular a marca da liderança à história que está sendo contada.

O RECEPTOR. As pesquisas em comunicação revelam que quem recebe informação precisa ouvir a mensagem dez vezes para cada unidade de entendimento. Mensagens consistentes e redundantes têm mais impacto do que gritos altos e ousados mas infrequentes. Os líderes precisam de todas as oportunidades existentes para encontrar mensagens que sejam relevantes aos interesses dos stakeholders.

O TEMPO. Pedimos a declaração do ex-CEO da IBM Tom Watson: "Nunca reorganizamos, exceto por um bom motivo comercial — e, se não fizemos uma reorganização recente, é por um bom motivo comercial."[7] No contexto atual, nós a adaptamos para "Não comunicamos nada aos stakeholders a não ser que tenhamos um bom motivo comercial — se não comunicamos nada nos últimos três meses, esse é um bom motivo comercial." Faz muito sentido ter pelo menos algum tipo de comunicação trimestral com todos os stakeholders sobre o que a empresa está fazendo e pelo menos uma dessas comunicações todos os anos deve concentrar-se na qualidade de sua liderança e na marca da liderança.

Se um problema de negócios tem impacto em todos os stakeholders, a frequência da comunicação pode aumentar para uma vez por mês, duas vezes por semana ou até mesmo uma vez por dia, dependendo da gravidade do problema. Por exemplo, se sua empresa sofrer algum tipo de acidente com vítimas, a comunicação deve ser frequente (provavelmente uma vez por dia), direta e transparente, até que o problema seja resolvido e o interesse diminua. A maneira como seus líderes lidam com situações de emergência revelam aos stakeholders muito sobre sua marca da liderança.

Como sempre dizemos, seus líderes são o elo entre o mundo exterior e interior. Em geral, as situações de emergência envolvem consciência. A eficácia da marca da liderança é verificada ou refutada nos momentos em que você mais precisa que os líderes se destaquem e façam a coisa certa. Quando os líderes agem assim e vivem a marca da liderança em períodos de crise, a mídia e outros stakeholders são testemunhas — e imaginam se os próprios líderes teriam tido a mesma atitude admirável. Quando os líderes não fazem nada, a publicidade não perdoa suas deficiências.

O PROCESSO. Eis algumas dicas sobre como compartilhar mensagens para desenvolver credibilidade:

- *Compartilhar com frequência.* Os stakeholders não querem ser surpreendidos com uma quantidade exagerada de informação; querem saber o que esperar por meio de contatos frequentes.
- *Apresentar a lógica que norteia a orientação dada.* Compartilhar os resultados previstos não é suficiente; os stakeholders querem saber qual a lógica por trás das projeções. É mais fácil entender alguma coisa quando entendemos primeiro seus motivos.
- *Informar rapidamente se as circunstâncias mudarem.* Eventos inesperados mudam a forma de administração do negócio e as boas comunicações em geral têm problemas, preocupações e soluções em comum.
- *Desenvolver ciclos de feedback.* A comunicação de uma via acontece quando os líderes falam e todo mundo ouve o que eles dizem. O risco nesse processo é que os líderes podem estar respondendo a perguntas que não interessam a ninguém. A comunicação de duas vias se dá quando os líderes encorajam o diálogo e lidam com as questões diretamente, e é muito mais eficaz do que apenas conversar e esperar pelo melhor.
- *Oferecer respostas honestas.* É tentador blefar quando ouvimos perguntas para as quais não temos resposta na hora, mas reconhecer a falta de informação com sinceridade e assumir o compromisso de encontrar a resposta e apresentá-la logo tende a causar boa impressão duradoura.

Agir

Um dos problemas em coletar as percepções dos stakeholders sobre seus líderes é que nem sempre você gosta do que ouve. Outra é que você definitivamente não gosta de todas as ideias dos stakeholders sobre o que você deve fazer no futuro. Mais uma vez, é como pedir e receber feedback 360 graus que acaba sendo conflitante. Quem quer que tenha recebido feedback do chefe, de colegas e subordinados diretos sabe que diferentes pessoas podem perceber a mesma situação e interpretar o que ela significa e o que deve ser feito para melhorar de modos muito diferentes.

O mesmo é válido quando líderes de determinada empresa solicitam feedback sobre a qualidade da liderança geral e que direção ela poderá seguir. Outro caso em análise:

Os stakeholders buscam os próprios interesses

Alguns anos atrás, trabalhamos com uma empresa global de hospitalidade que havia passado por inúmeras mudanças no ano anterior, incluindo uma cisão, uma tomada hostil do controle acionário e importante reestruturação em torno de uma nova estratégia. Durante o ano, os analistas regularmente faziam análises da incompetência da empresa e de seus líderes. Como parte da reestruturação, custos de infraestrutura significativos foram eliminados, levando a empresa de volta à paridade do setor com seus concorrentes. O CEO e a equipe executiva sentiam que um importante marco fora alcançado com essa redução sustentada dos custos e queriam concentrar-se em outros fatores mais consistentes com sua nova estratégia, tais como desenvolver a marca e melhorar as relações com os clientes. Considerando todas as mudanças do ano anterior e a capacidade dos líderes de superar cada obstáculo, parecia um bom momento para obter retorno dos stakeholders.

A expectativa era de que os stakeholders apoiariam essa nova direção. Afinal, o CEO havia enfrentado as armadilhas do ano anterior com grande sucesso e agora declarava claramente sua intenção de se concentrar no desenvolvimento da marca — o que poderia dar errado? Entretanto, os resultados da auditoria provaram que essa não era a real situação.

Os proprietários de franquias, os clientes-alvo, os empregados, os fornecedores, os investidores e a equipe executiva concordavam que a empresa deveria buscar melhores relações com clientes, mas os analistas, de forma consistente, propuseram mais redução nos custos. O exasperado CEO queria atender aos analistas, mas acreditava piamente que a contínua redução de custos minaria a estratégia desejada. No entanto, em vez de apenas avançar com os próprios planos, ele decidiu se reunir com os analistas e compartilhar os dados da auditoria com eles.

Esse gesto simples fez toda a diferença. Ele agradeceu aos analistas por suas informações e mostrou a eles como os demais grupos interessados concordavam com a direção futura, e como essa informação era diferente da fornecida pelos analistas. Como resultado, a maior parte dos analistas saiu da reunião bem impressionada e inclinada a apoiar a empresa. Na verdade, um dos analistas que havia sido o mais negativo de todos escreveu um relatório sobre a qualidade da nova liderança e como eles haviam conseguido fazer o que ele considerava impossível.

Os princípios neste exemplo são eternos. A ação deve ser tomada depois de coletar as informações fornecidas pelos stakeholders e depois de tomar decisões sobre o que fazer com essas informações. Não é necessário fazer o que cada stakeholder sugere, mas é importante agradecer a contribuição de todos e informar a eles qual foi sua decisão e explicar seus motivos. Quando você repetir esse ciclo, aumentarão as chances de receber feedback no futuro. O mais importante é que o valor das informações está garantido com o follow-up sobre o que está sendo feito.

Conclusão

Pense novamente em Ashley McKenna. Qual seria seu conselho para ela? Basicamente, acreditamos que McKenna agiu corretamente no começo, mas agora ela precisa desenvolver maior confiança dos stakeholders quanto ao futuro de sua empresa, despertando a consciência do que é a marca da liderança e por que ela fará diferença. Isso pode ser feito entendendo o que cada grupo de stakeholders considera importante e depois lançando um processo de comunicação que informe regularmente a esses stakeholders sobre o que eles querem saber.

McKenna precisa garantir que o que é dito e o que é feito em termos de desenvolvimento da marca da liderança sejam equivalentes. Nossos amigos na Herman Miller entendem isso, por esse motivo esperaram para introduzir seu novo produto de sistemas nas reuniões anuais até que estivesse concluído e pronto para entrega. Na época, a prática comum na indústria era lançar produtos com design e ideias na reunião quando ainda estavam em fase de conceito. Quando os líderes da Herman Miller passaram a esperar até os produtos estarem disponíveis, o resultado foi muito melhor. Os clientes gostaram dos conceitos, mas gostaram mais ainda de poder apreendê-los. Os mesmos princípios valem para a marca da liderança: é importante desenvolver um sistema que funcione bem antes de divulgá-lo. Quando o sistema da liderança está funcionando, também é muito importante garantir que ele seja entendido e apreciado.

8

Formas de preservar a marca da liderança

"**P**REPARAR, APONTAR, FOGO!"

Isso não é brincadeira de criança, mas um sério exercício de liderança. Quando trabalhamos com as empresas para melhorar as práticas de tomada de decisão, em geral especificamos uma decisão e pedimos a todos em volta da mesa — que normalmente é uma equipe ou comitê de líderes — que indiquem a pessoa que será a principal responsável por tomar essa decisão. Depois de superarmos a quase inevitável resistência — pode até parecer um pouco infantil e tolo —, verificamos que o exercício ajuda a definir quem é publicamente responsável pela decisão.

Infelizmente, quando a discussão envolve desenvolver uma marca da liderança, "Preparar, apontar, fogo!" não funciona. Ninguém consegue apontar em todas as direções necessárias. Desenvolver a marca da liderança requer atenção consistente em todos os níveis da empresa. Na Hewlett-Packard, a identidade da marca de que tudo é possível afeta os profissionais de P&D que inventam novas ideias, os operários que continuamente trabalham para melhorar os processos de produção na fábrica, o pessoal de marketing que busca novas maneiras de chegar ao mercado e a equipe administrativa que encontra maneiras criativas de moldar e projetar a empresa. Neste capítulo, sugerimos formas específicas como diferentes grupos compartilham a responsabilidade pelo desenvolvimento da marca da liderança, incluindo os membros do Conselho de Administração, o CEO, gerentes de linha em todos os níveis, o chefe de RH e o chefe do setor de aprendizagem.

Conselho de Administração

Os membros do Conselho de Administração têm um dever fiduciário para com os investidores e proprietários da empresa. Eles garantem que os líderes operem com disciplina financeira apropriada e processos de governança adequados. Após os recentes escândalos por conduta corporativa antiética, em que líderes seniores agiram fora dos padrões éticos e financeiros aceitáveis, os Conselhos de Administração passaram a enfrentar maior escrutínio. Embora novos membros sejam nomeados pelos membros existentes, em geral com orientação da Diretoria, cada vez mais eles estão sendo desafiados a atuar com transparência e independência.

Transparência significa que as recomendações e decisões do Conselho devem seguir altos padrões éticos e se tornar públicas. A lei Sarbanes-Oxley, legislação norte-americana que exige que os Conselhos de Administração sejam mais transparentes em relação às decisões tomadas e façam rigorosa auditoria financeira e dos processos organizacionais da empresa, forçou os Conselhos de Administração a serem mais diretivos em sua governança. Independência significa que, embora os membros do Conselho possam ser recomendados e vetados pela gerência, são eleitos para servir aos investidores e precisam tomar decisões sem a influência indevida da Diretoria. Cada vez mais, os Conselhos de Administração têm menos "diretores internos", ou seja, pessoas que também são altos executivos da empresa e mais membros provenientes de outras instituições.

Os Conselhos de Administração podem influenciar de várias maneiras a marca da liderança de determinada empresa. Uma tarefa importante do Conselho é selecionar o próximo CEO da empresa. O CEO define o tom da administração para toda a empresa. Com um escrutínio cada vez maior dos CEOs (e períodos de administração mais curtos em cada cargo), os Conselhos precisam monitorar constantemente o comportamento do CEO e da equipe executiva atual e planejar a troca de CEOs.

Além de administrar a sucessão de CEOs, os Conselhos devem cumprir suas obrigações para com os acionistas, gerando confiança no futuro da estratégia da empresa, na estrutura financeira e de capital, no projeto e distribuição de produtos e na marca da liderança. Em geral, adotam uma estrutura em comitês para monitorar os detalhes dessas responsabilidades. Isso significa que os Conselhos contam com subcomitês, cada qual encarregado de supervisionar determinado aspecto da empresa. Os comitês financeiros ou de auditoria supervisionam os processos financeiros e as funções de auditoria. Os comitês de governança administram a nomeação de candidatos ao Conselho e garantem um processo de governança ética dentro da empresa.

A marca da liderança está ganhando atenção crescente dos Conselhos de Administração, em geral por meio de comitês de remuneração. Tradicionalmente, esses subcomitês se concentram na remuneração do CEO e dos executivos, e cada vez mais estão expandindo seu escopo para incluir o foco na marca da liderança como parte de sua missão. Os estatutos de alguns subcomitês ou Conselhos de Administração ilustram o tipo de atenção conferida às capacidades e às práticas de revisão da marca da liderança:

O Comitê de Remuneração e Desenvolvimento da Liderança do Conselho de Administração da Sun Microsystems deverá assumir as responsabilidades do Conselho em relação à remuneração dos execu-

tivos que se enquadram na Seção 16b (Executivos) e administrar os planos de ações da empresa e o plano de aposentadoria e benefícios. O comitê é inteiramente responsável por aprovar e avaliar os planos, políticas e programas de remuneração dos executivos da empresa. O Comitê também revisará e acrescentará informações aos planos, políticas e práticas de desenvolvimento de executivos e da liderança que apoiem a capacidade de a Sun desenvolver e reter os talentos de executivos e líderes, que são necessários para apresentar resultados comerciais de curto e longo prazos (grifo nosso).[1]

O objetivo do Comitê de RH e de Remuneração do Conselho de Administração da Hewlett-Packard Company é:

- *Assumir a responsabilidade pela remuneração dos executivos e diretores da HP...*

- *Revisar e oferecer orientação quanto aos programas de RH a HP, tais como programas globais de mão de obra, revisão de talentos, desenvolvimento da liderança e iniciativas como, por exemplo, o melhor lugar para se trabalhar...*[2]

Essas diretrizes de governança corporativa estabelecidas pelo Conselho de Administração da Google Inc. fornecem uma estrutura dentro da qual nossos diretores e gerentes podem efetivamente buscar alcançar os objetivos do Google em benefício de seus acionistas ... Principais Obrigações do Conselho de Administração...

- Avaliar o desempenho e a remuneração da Diretoria. *Pelo menos uma vez por ano, o Comitê de Desenvolvimento e Remuneração da Liderança avaliará o desempenho do CEO e de outros executivos. Anualmente, determinará a remuneração do CEO e dos demais executivos. Também avaliará os planos, políticas e programas de remuneração dos executivos e funcionários para garantir que sejam apropriados, competitivos e que reflitam adequadamente os objetivos e o desempenho do Google.*

- Revisar o planejamento de sucessão da liderança. *O Comitê de Desenvolvimento e Remuneração da Liderança revisará e recomendará ao Conselho os planos para desenvolvimento, retenção e substituição dos executivos do Google.*[3]

Essas empresas inovadoras incumbiram o Conselho de zelar não só pela escolha do próximo CEO, como também de investir no desenvolvimento da próxima geração de liderança, ou o que chamamos de marca da liderança. Para garantir que haja uma marca da liderança, os Conselhos — como um todo ou por meio de comitês direcionados — devem fazer o que se segue.

ATUAR COMO UM CONSELHO EM SINTONIA COM A EMPRESA E A MARCA DA LIDERANÇA ESCOLHIDAS. A governança do Conselho deve refletir a marca da liderança que a empresa deseja criar. Ou seja, os membros do Conselho e o Conselho como um todo devem refletir o código da liderança descrito no Capítulo 1. Os membros do Conselho devem ter proficiência pessoal e manter compromisso com a aprendizagem, a integridade e a paixão. Também devem ter um ponto de vista sobre o futuro e dedicar algum tempo vislumbrando o que pode e deve ser almejado para que a empresa se posicione com vistas a vencer no futuro. Os Conselhos devem estar centrados na execução, monitorando a medida em que as promessas são mantidas e até que ponto as funções da instituição funcionam com eficiência e eficácia. Os Conselhos devem garantir um fluxo de talentos monitorando o moral e a atitude dos empregados. Também devem incentivar a próxima geração de talentos mantendo discussões e reuniões com futuros líderes. Além do código da liderança, o Conselho deve refletir a declaração da marca da liderança criada ao longo do Capítulo 3. Se a empresa optar por desenvolver uma identidade de cliente com base na inovação, o Conselho também deve agir com criatividade e inovação. Se a empresa adotar uma marca centrada na eficiência e na confiabilidade, o Conselho deve concentrar sua atenção em questões semelhantes. O Conselho e seus membros devem personificar a marca da empresa. As expectativas dos clientes devem fazer parte das discussões, de modo que os membros do Conselho reconheçam os comportamentos que devem demonstrar para refletir essas expectativas externas. Isso não significa que os membros do Conselho não tenham diferenças individuais e alternativas ou pontos de vista independentes, mas que precisam reconhecer e estimular a marca da liderança da empresa.

EMPREGAR GOVERNANÇA QUE DEFINA O PADRÃO PARA A EMPRESA. Tradicionalmente, os Conselhos são julgados por grupos externos (como Institutional Shareholder Services) em questões visíveis e públicas (por exemplo, quantos membros do Conselho são de fora da empresa *versus* quantos são da empresa, qual a sua experiência, quantos comparecem às reuniões). Cada vez mais, se o Conselho vai refletir a marca da liderança da empresa, ele deve ser responsável por sua forma de operação. Isso significa submeter os membros do Conselho a revisões periódicas de outros membros, de acordo com a declaração da marca de liderança da empresa; significa também que os Conselhos devem discutir como processam as informações, tomam decisões e distribuem seu tempo para garantir que seja consistente com a marca da liderança e com a marca da empresa. Além disso, significa que os Conselhos devem ser capazes de se autoadministrar com os padrões aos quais submetem os líderes em toda a empresa.

AVALIAR O CEO COMO PERSONIFICAÇÃO DA MARCA DA LIDERANÇA. Quando os Conselhos de Administração definem a remuneração do CEO (e dos executivos), os padrões aplicados não devem estar apenas "75% da média da indústria". Esse tipo de benchmarking numérico foi parcialmente responsável pela escalada dos salários dos

CEOs — quase todos querem estar acima da média nas pesquisas salariais. Em vez disso, o Conselho deve deixar claro para o CEO sobre a marca da liderança que a empresa deve personificar e, em seguida, avaliar o CEO e outros executivos medindo seu grau de compromisso com a marca. Essa avaliação pode ser feita por informações coletadas junta à equipe do CEO, funcionários, membros do Conselho, além de clientes externos e investidores. Esses dados podem e devem ser coletados anualmente, antes de definir a remuneração do CEO. Em outras palavras, o pagamento para o CEO pelo desempenho deve refletir não apenas sua capacidade de levar a empresa a atingir os resultados, mas a forma como esses resultados foram alcançados. É responsabilidade do Conselho reunir uma ampla gama de dados para fazer avaliações bem fundamentadas e precisas sobre o desempenho, em vez de usar como base apenas o fato de as orientações financeiras terem sido seguidas ou superadas, ou se a imprensa destacou as práticas da empresa, ou ainda se os subordinados diretos do CEO estão satisfeitos e envolvidos.

FOCO NA LIDERANÇA DE PRÓXIMA GERAÇÃO. Os Conselhos devem conhecer bem a liderança e como medidas concretas podem ser implementadas para identificar e desenvolver futuros líderes que possam gerar resultados. Embora a Diretoria administre a empresa e faça recomendações, os membros devem ser capazes de tomar decisões fundamentadas sobre a qualidade e o valor da liderança. Isso significa que os membros do Conselho devem relacionar-se com vários líderes na empresa, não apenas com o CEO ou o presidente. Esse contato pode ser feito por meio de apresentações ao Conselho, visitas ao local de trabalho ou conversas informais entre os membros e os gerentes sobre assuntos ligados à empresa. Os membros do Conselho precisam tomar decisões bem fundamentadas sobre a qualidade da liderança pelo menos alguns níveis hierárquicos abaixo na empresa.

REVISAR O PLANEJAMENTO DA SUCESSÃO. Atualmente, a maioria das empresas tem processos de planejamento de sucessão (chamados de gestão de talentos, sucessão da liderança, avaliações de alto potencial ou afins, conforme discutido no Capítulo 5). Todos os anos, os Conselhos devem analisar uma síntese do trabalho da liderança da próxima geração. Esse esforço incluiria uma revisão da marca da liderança, da qualidade dos líderes em cada nível, da distribuição dos líderes em cada estágio, da eficácia dos investimentos feitos no desenvolvimento da liderança e dos planos para os principais líderes. Os membros do Conselho de Administração que conseguem entender o pool de talentos da liderança podem reconhecer a próxima geração de líderes à medida que eles se desenvolvem dentro da própria empresa e têm confiança de que os interesses de investidores e dos proprietários serão protegidos.

A Avaliação 8-1 apresenta uma auditoria da marca da liderança para o Conselho que pode ser usada como diagnóstico para avaliar até que ponto os membros do Conselho trabalham para garantir a marca da liderança.

CEO, presidente e alta Diretoria

Em um mundo de transparência cada vez maior, o CEO tornou-se a face pública da maioria das empresas. Em pesquisas tradicionais de satisfação do trabalho, grande parte da realização dos empregados estava ligada à "liderança". Isso, em geral, queria dizer o supervisor imediato, que representava os interesses da empresa para com o empregado. Hoje, as pesquisas de comprometimento substituíram as pesquisas de satisfação, mas a liderança ainda é considerada um fator significativo para avaliar o comprometimento. Cada vez mais, o que está em jogo é a confiança que determinado empregado tem nos líderes seniores da empresa, não apenas no supervisor imediato. Com a onipresença da informação, os empregados (e clientes e investidores) passam a conhecer os executivos da empresa por meio de entrevistas na mídia, em sites e outros veículos de comunicação. Os líderes seniores vivem em constante exposição; seus estilos de vida, para o bem ou para o mal, se tornam visíveis, são enaltecidos e observados por muitos.

Como resultado, o CEO, o presidente e outros executivos seniores não só devem administrar a marca da liderança, mas vivê-la. A menos que exemplifiquem e personalizem a marca que adotarem, serão fonte de cinismo e ceticismo. Os empregados observam o que os líderes fazem, como tratam outros colegas, sobre o que conversam, a que dedicam seu tempo, como lidam com boas e más notícias e como tomam decisões. Os líderes que desejam

---

AVALIAÇÃO 8-1

Avaliação do Conselho

- O Conselho de Administração de sua empresa promove sua marca?
- O Conselho se dedica às questões certas?
- O Conselho toma decisões em tempo hábil?
- Os membros do Conselho refletem a marca desejada?
- Existem diferentes pontos de vista entre os membros do Conselho?
- Como o Conselho lida com as questões que causam discórdia?
- Como o Conselho auxilia o CEO e os altos executivos?
- O Conselho desempenha bem as obrigações necessárias (como, por exemplo, garantir responsabilidade fiscal o definir a remuneração)?
- Até que ponto a pauta das reuniões do Conselho reflete o que clientes e investidores gostariam de ver?
- Até que ponto o Conselho conhece as tendências da indústria e a análise da concorrência e oferece uma visão honesta sobre o desempenho da empresa?
- Como o Conselho lida com aspectos ligados a valores fundamentais?
- Qual o nível de supervisão que o Conselho oferece para a criação da próxima geração de líderes?
- Com que frequência e abrangência ocorrem as avaliações de desempenho do CEO realizadas pelo Conselho?
- Como o Conselho desenvolve políticas de remuneração que comunicam e apoiam a marca?
- Como o Conselho realiza a auditoria das capacidades da empresa?
- Até que ponto o Conselho responsabiliza as pessoas por suas decisões?

estabelecer uma marca da liderança capaz de sobreviver a eles precisam começar se olhando no espelho. Pergunte a si mesmo: "Qual é minha marca de liderança? O que estou comunicando sobre execução e estratégia da instituição, gestão e desenvolvimento de talentos, além de proficiências pessoais na empresa? Como os demais caracterizam minha marca da liderança — ela é consistente com o que desejo e com o que quero que os clientes saibam a respeito da empresa?" Se os líderes não são congruentes com a direção desejada, suas necessidades de unidade da liderança, ou de ter uma marca da liderança definida, não serão atendidas.

Os CEOs que personificam a marca da liderança são transparentes e visíveis aos empregados da empresa e aos clientes e investidores fora da instituição. Essa transparência muitas vezes se manifesta na forma como os líderes distribuem seu tempo. Uma maneira simples de os líderes diagnosticarem a marca atual é manter um registro ou diário de suas atividades.

Usamos esses registros ou diários de várias maneiras para explorar como o comportamento dos líderes reflete o que os funcionários consideram do trabalho realizado pelos chefes. Em uma empresa, por exemplo, identificamos as expectativas dos líderes por meio de discursos, manuais de diretrizes e outras orientações da sede corporativa. Listamos essas expectativas e, em seguida, pedimos aos líderes para estimarem quanto tempo seria necessário para concretizá-las. Em seguida, pedimos que um grupo de líderes mantivesse um diário de suas atividades durante uma semana: com quem se reuniram, quais tópicos discutiram, onde foram feitas as reuniões e assim por diante. Quando comparamos as duas listas, verificamos que os líderes achavam que seriam necessárias 72 horas por semana para atender às expectativas corporativas, mas que apenas cerca de 40% de seu tempo útil estava de fato dedicado a atender às determinações da sede, em função das inúmeras outras atividades diárias necessárias à operação da empresa. Isso criou enorme frustração entre os líderes que estavam tentando responder às expectativas corporativas e às exigências locais. Como resultado do estudo, os líderes corporativos mudaram drasticamente sua maneira de se comunicar com os demais líderes e se tornaram muito mais dispostos a ouvir do que a determinar o que fazer.

Também usamos diários desse tipo para pedir que os líderes calculassem o que chamamos de *retorno sobre o tempo investido*. Esse cálculo simples implica que os líderes devem investir seu tempo com o mesmo cuidado com que investem seu dinheiro. Quando a marca da empresa ou a estratégia determina que eles sejam mais inovadores, por exemplo, pedimos aos líderes que analisem os eventos da semana ou do mês anterior com os olhos de quem prepara um diário e considerem como eles poderiam ter gasto aquele tempo se estivessem mais propensos à inovação. Em geral, esse exercício resulta na identificação por parte dos líderes de medidas específicas que podem tomar para refletir pessoalmente a marca da liderança que precisam projetar — uma questão de colocar a marca onde está seu tempo. Em geral, não se trata de uma mudança dramática, mas representa mudanças sutis nas pessoas com quem os líderes se reúnem, nas questões em que se concentram, onde se encontram e como trabalham.

Os CEOs, em função de sua posição, têm enorme potencial para causar impacto a terceiros e na empresa. Manter contato com empregados em grupos de foco, almoços, equipes de resolução de problemas ou no próprio ambiente de trabalho permite aos líderes seniores comunicarem sua marca aos empregados. Um líder que conhecemos envia cinco a sete notas semanais com seu timbre pessoal a colaboradores que contribuem para o sucesso da empresa. Outro descobriu que escrever uma carta de agradecimento pessoal à mãe do funcionário tem enorme impacto, até mais do que enviar a nota ao próprio. Ainda outro CEO mantém uma sessão on-line de bate-papo, aberta a qualquer empregado da empresa que deseje conversar com ele. Em cada caso, o toque pessoal do CEO comunica e sustenta sua marca de formas que inspiram os colaboradores a melhorar o próprio trabalho.

Mesmo quando os líderes vivem pessoalmente a marca da liderança desejada, isso não é suficiente para incorporá-la. Eles precisam garantir que não seja apenas o seu exemplo que importe, mas o trabalho que realizam. No estudo de Hewitt das vinte principais empresas em termos de liderança, as empresas líderes tinham 35% mais envolvimento do CEO em atividades ligadas à liderança do que em empresas comparáveis, além de 34% mais envolvimento do Conselho. Esse envolvimento é consequência da atenção dada aos seguintes aspectos da liderança.

COMUNICAR A IMPORTÂNCIA DA LIDERANÇA. Os líderes comunicam que a liderança faz diferença de várias maneiras formais e informais. Podem falar sobre a qualidade da marca da liderança em fóruns públicos — a carta do CEO no relatório anual, convocações de acionistas e discursos. Levantam tópicos ligados à liderança com frequência em reuniões da equipe, em novas orientações dadas aos funcionários, grupos de focos e entrevistas dentro e fora da empresa. Podem monitorar a qualidade da liderança por meio de sistemas de acompanhamento, incluindo aqueles sugeridos no Capítulo 7. Em uma grande empresa global, o placar do desempenho do CEO na empresa inclui o número de líderes que são transferidos de uma área para outra internamente — um índice de quais líderes seniores são consumidores ou criadores de talento da liderança. Essa métrica comunica aos empregados a importância de criar a liderança. Em outra, toda vez que alguém de alto potencial pede demissão, o CEO recebe notificação por e-mail e uma contraproposta é apresentada dentro de 24 horas.

DEDICAR TEMPO A QUESTÕES LIGADAS À LIDERANÇA. Um CEO de sucesso disse que ele usa 40% de seu tempo em questões ligadas à liderança. Quando indagado sobre o motivo que o faz dedicar tanto tempo a essa tarefa, ele disse que revisava pessoalmente a lista de candidatos à promoção para todos os 1.500 cargos disponíveis (em uma empresa de 140 mil pessoas). Isso significava que ele conhecia pessoalmente os candidatos que poderiam ocupar essas posições, avaliava a lista dos potenciais indicados e a modificava conforme considerasse apropriado. Ele achava que "a estratégia segue as pessoas" e que conseguir colocar as pessoas certas no lugar certo garantia que a estratégia se sustentaria por si só. Pessoalmente dedicando tempo a questões da liderança, ele protegia e promovia a marca da liderança — e os resultados futuros.

ELABORAR E APROPRIAR-SE DA DECLARAÇÃO DA MARCA DA LIDERANÇA. Esta tarefa exige atenção direta. Não é suficiente enviar o chefe de RH com uma equipe para longe da empresa a fim de elaborarem a marca e fazê-los voltar e apresentar os resultados para a alta Diretoria em uma reunião posterior, como fez uma empresa quando se deparou com o conceito da marca da liderança. O fato de a marca da liderança nunca se ter tornado uma prioridade ou de nunca causar impacto para essa empresa não surpreende. Desde o início, tratava-se apenas de uma questão comercial que poderia ser delegada a terceiros e, em seguida, revisada pela equipe sênior. A marca da liderança precisa ser elaborada, vivida e apropriada pela equipe de liderança sênior. Eles precisam dedicar algum tempo debatendo e discutindo a declaração da liderança. Quando a alta Diretoria está presente de corpo e alma na marca da liderança, ela inspira mais confiança. O CEO deve estar pessoalmente envolvido na liderança desse esforço para que tenha legitimidade e impacto.

RESPONSABILIZAR TERCEIROS EM PÚBLICO E EM PARTICULAR POR AÇÕES COMPATÍVEIS COM A MARCA DA LIDERANÇA. Um dos testes definitivos de uma declaração de liderança é a medida em que ela orienta a ação. Os líderes que agem de forma consistente com a marca devem ser reconhecidos e vice-versa. Os CEOs devem estabelecer um padrão disciplinar para tornar a marca da liderança real. Pode significar remover determinado líder que não personifique a marca da liderança, por mais talentoso que ele possa parecer em outros aspectos. Quando alguém é substituído, isso significa uma mensagem muito clara para toda a empresa sobre o que mais importa e sobre o que não será tolerado.

O primeiro trimestre em uma nova atribuição é fundamental para qualquer novo líder. Nesse período, ele em geral precisa montar a equipe com a qual deseja trabalhar. Isso significa articular a marca da liderança, avaliando o pessoal atual em relação a ela e fazendo as devidas mudanças. Quando perguntamos aos líderes o que teriam feito de diferente no início de sua administração, quase todos dizem que deveriam ter agido de forma mais rápida ou atuado com mais ousadia. Quando pressionados para indicar onde deveriam ter sido mais ousados, quase todos mencionam a transferência de pessoas. Eles afirmam que não agiram logo porque eram amigos daqueles que precisavam ser transferidos ou queriam ter certeza para dar aos indivíduos várias oportunidades de aprender e crescer. Quase universalmente, eles sentiram, tempos depois, que esse atraso havia sido um erro; as pessoas que sua intuição gerencial tinha identificado como incapazes de vivenciar a marca da liderança deveriam ter sido tiradas mais cedo — para seu próprio bem e para o bem dos colegas na empresa.

Embora ações públicas comuniquem a marca e sua importância, conversas privadas em geral têm mais impacto. Ao falar em particular com outros líderes, os altos executivos comunicam o que realmente sentem e o que mais importa a eles. Essas conversas em particular podem ocorrer na sala de trabalho, em ambientes dentro ou fora da empresa. Em geral, os líderes seniores tendem a compartilhar seus desejos mais sinceros e profundos e suas avaliações da empresa em encontros mais casuais. Se, nesses momentos mais pessoais, a importância da liderança continua a ser discutida, ficará claro que o líder realmente está comprometido com o processo de desenvolvimento da liderança.

MONITORAR OS INVESTIMENTOS EM LIDERANÇA. Como já discutido, a quantidade de capital econômico e humano dedicada à liderança está aumentando. O adágio "O que é inspecionado é esperado" está correto — quando os CEOs se dedicam a monitorar os investimentos em marca da liderança e seus resultados, estão comunicando a importância da liderança e de construir líderes melhores. O monitoramento da marca da liderança pode concentrar-se nas pessoas: quem deve participar de determinada experiência de aprendizagem? Quem deve ajudar a elaborar ou apresentar uma experiência de aprendizagem dentro da empresa? Quem deve ser designado a exercer uma função permanente ou temporária? Quando os líderes sabem que a equipe sênior está pessoalmente envolvida no monitoramento de seu desenvolvimento, eles tendem a levar a sério as experiências de desenvolvimento.

O monitoramento também pode incluir uma revisão do impacto da experiência. Um líder fazia análise periódica do desenvolvimento dos executivos da empresa, perguntando que experiências tinham permitido seu sucesso. Ele descobriu que algumas experiências causavam mais impacto de desenvolvimento do que outras. Além disso, verificou que algumas funções, especialmente aquelas fora de seu país natal, eram críticas ao desenvolvimento desses executivos. Com o tempo, a empresa desenvolveu uma regra no sentido de que, para se tornar um executivo, era preciso um período longo fora do país natal. Essa orientação veio do

CEO, ao reconhecer a importância de uma ampla experiência no desenvolvimento de equipes de executivos. Em outra empresa, um líder estimulou pessoalmente a realização de atividades de desenvolvimento fora do ambiente de trabalho. Os futuros líderes da empresa eram estimulados a atuar ativamente em questões sociais e políticas fora do trabalho. Isso levou a uma política de licenças que incentivavam os líderes a participar de tarefas externas que estimulassem seu desenvolvimento.

ESTAR PESSOALMENTE ENVOLVIDO NO DESENVOLVIMENTO DA PRÓXIMA GERAÇÃO DE LÍDERES. Um estudo demonstrou que, em comparação com líderes ineficazes, os eficazes sabem os nomes de mais líderes potenciais em sua empresa. A conexão pessoal não é apenas uma questão de conhecer os nomes — os líderes eficazes também conhecem as inclinações, as aspirações, os pontos fortes e fracos dos potenciais líderes. As empresas que desenvolvem a próxima geração de líderes em geral começam cedo a elaborar um dossiê sobre um líder potencial. Em uma empresa, o chefe do desenvolvimento da liderança preparava uma síntese de uma a duas páginas sobre os pontos fortes e fracos de cada líder potencial que circulava entre os seniores. Essas sinopses mais pareciam artigos de revista do que avaliações de desempenho, mas captavam a essência da próxima geração. Os CEOs liam e devoravam essas sinopses para conhecer os futuros líderes.

Os líderes seniores também se tornaram modelos da marca da liderança. Na PepsiCo, Dell, P&G, GE e em outras empresas conhecidas por sua liderança, os executivos seniores ensinam a marca da liderança a outros líderes em sessões de capacitação. Ensinando a marca da liderança, esses líderes se comprometem publicamente em vivenciá-la. Como os líderes estão ensinando e vivendo a marca, os demais compreendem a importância crítica da marca e seu próprio compromisso em vivenciá-la melhora também. A PepsiCo também verificou que, quando os líderes ensinam liderança, isso resulta em mais colaboração na equipe, relacionamentos pessoais mais sólidos entre o líder sênior e os demais líderes, mais lealdade e maior alinhamento com a visão e questões estratégicas fundamentais.

Os CEOs personificam as marcas da empresa e da liderança. Eles são os gerentes de marca definitivos não apenas dos produtos e serviços, mas também o elo entre a liderança e as expectativas dos clientes e o comportamento dos empregados.

Líderes em todos os níveis

Na prática, a marca da liderança deve ser infundida nos líderes em todos os níveis da empresa. Como a marca da liderança é o elo entre os empregados e os clientes, e como as expectativas dos clientes tendem a evoluir, a marca da liderança também deve evoluir. Isso significa que os líderes em todos os níveis da instituição precisam demonstrar consistência com a marca atual (alinhando-se com os clientes atuais) e capacidade para se adaptar às expectativas variáveis dos clientes. Isso, em geral, estimula os líderes logo no início de suas carreiras a explorar uma variedade de experiências, a fim de desenvolver capacidades abrangentes à medida que as condições mudam. Quando o fazem, a empresa pode escolher futuros líderes que sejam diferentes dos atuais, mas ainda inteiramente integrados à cultura da empresa e à marca da liderança.

Embora possa haver diferenças individuais entre os líderes, eles também devem demonstrar níveis semelhantes de compromisso para com a construção da marca da liderança. Alguns líderes — os menos eficazes — agem como consumidores da liderança; outros são seus produtores. Os líderes que consomem minimizam e afastam talentos; os que produzem, promovem e estimulam talentos. Os líderes que consomem administram buracos negros dos quais poucos outros líderes emergem; os líderes que produzem levam a próxima geração de líderes para sua empresa e, muitas vezes, para um setor inteiro. Os líderes que consomem se sentem importantes; os que produzem compartilham o crédito e fazem os outros se sentirem importantes. Os líderes que consomem tomam decisões sozinhos; os que produzem envolvem os demais no processo de tomada de decisão. Os líderes que consomem guardam informações para si; os que produzem compartilham as informações. Os líderes que consomem vibram com as vantagens oferecidas pelos cargos que ocupam; os que produzem distribuem benefícios financeiros e não financeiros. Os líderes que consomem atrapalham o desenvolvimento de futuros líderes; os que produzem geram futuros líderes.

Assim como um líder é responsável por gerar caixa para a empresa, ele também deve ser responsável por ajudar a desenvolver a próxima geração de líderes. Uma forma de avaliar os líderes que produzem líderes é determinar quais líderes se desenvolvem e emergem de determinada empresa. Os executivos muitas vezes acompanham o número de líderes que emergem de uma empresa e que partem para o sucesso em outra. Essa genealogia da liderança pode ser vista nos esportes. No futebol americano profissional, por exemplo, Bill Parcells (ex-treinador do Dallas Cowboys) deu origem a um grupo de outros treinadores de sucesso:

- Bill Belichick, New England Patriots
- Tom Coughlin, New York Giants
- Romeo Crennel, Cleveland Browns
- Al Groh, University of Virginia
- Sean Payton, New Orleans Saints
- Charlie Weis, University of Notre Dame

O estilo de treinar de Parcells, sua marca distintiva, foi transferido para várias gerações, garantindo, assim, seu legado como treinador não só de seu time, mas também de toda a liga de futebol profissional. No basquete universitário nos Estados Unidos, outros treinadores que produzem talentos (John Wooden, Mike Krzyzewski e Dean Smith) ganharam fama por meio do trabalho de treinadores rivais que eles orientaram e inspiraram.

Os líderes que produzem talentos existem em qualquer nível da empresa. Podem ser mais visíveis nos níveis seniores, em que talvez tenham reunido um grupo de discípulos que aprendeu e implementou algumas de suas ideias. Mas também existem no nível intermediário, no qual estimulam os demais a se envolverem e serem criativos e em cargos de gerência de linha, onde desenvolvem empregados com autonomia. Em qualquer nível, os líderes que produzem talentos criam uma marca da liderança cultivando a competência, compartilhando a tomada de decisões e a autoridade, fornecendo informações e distribuindo recompensas.

Cultivando a competência

A competência não pode ser superficial. Vejamos um caso exemplar:

O aspirante a todo-poderoso

Uma vez trabalhamos com um líder que parecia ser competente. Ele tinha visão, tomava decisões de forma consistente com a visão e contava com funcionários que gostavam dele e se sentiam pessoalmente dedicados a ele. No entanto, ele tinha um problema: cercava-se de pessoas que não eram tão talentosas ou eficazes quanto ele, que dependiam dele para tomar a maioria das decisões. Ele o fazia de propósito, medindo seu sucesso pela estima que seus subordinados tinham por ele ou por sua capacidade de realização.

Apesar de sua influência, ele não era um líder que produzia talentos — poucos funcionários seus eram transferidos para outras funções na empresa e, quando ele saiu, a empresa não tinha um substituto à altura. Sua ausência criou um vácuo de liderança que levou anos para ser preenchido.

Os líderes que produzem talentos têm confiança suficiente para se cercar de subordinados competentes, em geral de pessoas mais talentosas que eles. Esses líderes gostam do desafio de trabalhar com pessoas que têm boas ideias e que os promovem a novas alturas, e não ficam na defensiva quando ouvem opiniões ou pontos de vista alternativos.

Em sua cuidadosa biografia de Abraham Lincoln, Doris Kearns Goodwin destaca que uma das mais raras e apreciadas qualidades de liderança de Lincoln era sua disposição e capacidade de se cercar de pessoas diferentes dele.[4] Ela chamou seu livro de *Team of Rivals*, ou equipe de rivais, porque quatro indivíduos que perderam as primárias do Partido Republicano nas eleições de 1860 foram graciosamente convidados para participar do gabinete de Lincoln. Em suas funções de gabinete, em geral discordavam entre si e do presidente. No entanto, a partir desses pontos de vista díspares, emergiram ações mais ponderadas que permitiram a Lincoln superar uma das maiores crises vividas pelos Estados Unidos em sua história. Da mesma forma, os líderes que produzem se cercam de subordinados que não são iguais a eles. Esses líderes demonstram, assim, sua confiança e competência pessoais ao convidar pessoas que são confiantes e competentes o suficiente para aceitar participar da equipe. Eles ouvem as ideias e opiniões desses indivíduos. Encorajam o diálogo e o debate, delegam autoridade e poder de verdade, e permitem o desenvolvimento e o crescimento dos demais.

Os líderes que produzem cultivam a competência investindo na próxima geração de líderes, ajudando a implementar a marca da liderança. Preparam e revisam pessoalmente os planos de desenvolvimento individual que conferem aos futuros líderes um senso do que podem alcançar e o que precisam fazer para concretizar suas aspirações. Eles designam tarefas difíceis a esses líderes, em que eles aprenderão e crescerão realizando um trabalho difícil e exigente. Ajudam esses líderes a aprender com os erros. Em vez de escondê-los, atribuem a eles funções visíveis e apoiam seus pedidos para atuar em outros cargos na empresa. Todas essas ações culminam no estabelecimento da marca da liderança.

Os líderes que produzem demonstram sua competência estimulando os demais a estabelecer a própria competência.

Compartilhando a tomada de decisões e a autoridade

Os líderes que produzem talentos compreendem bem como tomar decisões, mas também sabem compartilhar o processo de tomada de decisões e a autoridade com os demais. Podem conferir a seus subordinados direitos e oportunidades para que sejam responsáveis por decisões importantes e pela conclusão de projetos. Delegam autoridade com responsabilidade e consequências para que os subordinados aprendam e cresçam.

Às vezes, essa delegação de autoridade vem do desenvolvimento de relacionamentos e estruturas organizacionais que conferem aos líderes juniores oportunidades para se responsabilizarem por uma linha de negócios logo no início de sua carreira. À medida que as empresas se tornam mais completas, essa complexidade muitas vezes leva a organizações em matriz, em que alguns são responsáveis pela excelência funcional, outros pelo projeto de produtos e outros, ainda, pelas especificidades geográficas. Esses indivíduos formam equipes e colaboram para garantir que a organização em matriz leve conhecimento especializado a todas as decisões. Infelizmente, a organização em matriz complexa, em que os especialistas colaboram por meio de equipes, em geral não confere ao indivíduo a oportunidade de ser inteiramente responsável pela gestão de todas as dimensões de um negócio. Em outras instituições, os líderes recebem responsabilidades menores que vão aumentando com o tempo, e terão a oportunidade de demonstrar sua capacidade de realizar tarefas, projetos ou metas de sua divisão ou da empresa como um todo. Os líderes que produzem líderes futuros estruturam as empresas de maneira a permitir que as pessoas controlem os processos que lhes permitirão ser responsáveis pelos resultados.

Os líderes que produzem líderes também ajudam os futuros líderes a aprender sobre os processos de decisão. Os que consomem a liderança em geral tomam as decisões e partem para outra. Os líderes que produzem a liderança costumam revisar o que pensaram sobre o processo de decisão e compartilham a lógica e as razões usadas até chegar àquela decisão. Nas reuniões com a equipe, eles revelam por que agiram de determinada forma e ajudam os líderes em desenvolvimento a entender não só o que foi decidido, mas também qual foi o processo de raciocínio por trás da decisão. Além disso, desenvolvem líderes futuros revisando não apenas as decisões que tomam, mas as etapas e os processos lógicos usados para chegar à determinada decisão. Um líder muitas vezes usava a expressão não ameaçadora "me ajudem a entender" para explorar quais eram os processos de pensamento dos futuros líderes: *ajudem-me a entender* por que vocês escolheram a opção A, e não a B... *ajudem-me a entender* as informações em que se basearam para chegar à sua conclusão... *ajudem-me a entender* como pensaram em envolver as pessoas nesta decisão... *ajudem-me a entender* o que aprenderam com esta experiência... Essas perguntas forçam os futuros líderes a pensar sobre as decisões que tomaram — e também a avaliar por que e como elas foram tomadas, o que, por sua vez, levou a perspectivas interessantes que foram valiosas para a tomada de futuras decisões.

Em geral, os líderes que produzem envolvem os líderes futuros perguntando a eles: "O que você acha?" "Quais são as opções?" ou "O que você sugere?" Essas perguntas colocam o ônus da tomada de decisão de volta nas mãos do futuro líder. Em uma empresa, quando os empregados procuravam o líder com um problema ou desafio, ele repetidamente respondia dessa maneira. Com o tempo, os empregados aprenderam a procurá-lo com um problema somente quando já tivessem uma recomendação elaborada. Esse líder percebeu que, na maioria dos casos, os empregados que levantavam o problema já tinham pensado nele por mais tempo e tinham mais experiência com ele do que o próprio líder. Quando estimulados a pensar e a buscar soluções, os empregados assumiam a responsabilidade pelas decisões e aprendiam a ser líderes melhores nesse processo. Quando o líder tinha experiência própria com determinado problema, ele passava essa orientação explicando, ao mesmo tempo, os motivos que o tinham levado a agir assim, e os futuros líderes também aproveitavam muito bem essa experiência.

Os líderes que produzem tomam decisões sobre a alocação de recursos para criar a marca da liderança. Essas decisões podem ser tomadas em relação a dinheiro (como determinar o que gastar), pessoas (a quem se devem atribuir quais tarefas) e tempo (como os líderes dedicam seu tempo a projetos específicos). Pensando com cuidado — e explicitamente comunicando os benefícios para quem faz parte da instituição — sobre como gastar dinheiro, usar o tempo e administrar pessoas, os líderes produzem futuros líderes. Alguns cometem o erro de achar que qualquer um desses três tipos de recursos é suficiente para desenvolver a marca da liderança. Os três são necessários. Gastar dinheiro mas não alocar as pessoas certas ou o tempo necessário tende a resultar em orçamentos que começam com alto nível de energia e se esvai por causa da falta de competência ou atenção. Designar as pessoas certas mas não dar a elas dinheiro ou atenção necessários frustrará os empregados que não conseguirão alcançar seus objetivos. Dedicar tempo pessoal a um projeto sem as pessoas ou o orçamento necessário gerará cinismo e falta de sustentabilidade.

Fornecendo informações

Os líderes que produzem talentos não guardam as informações para si; pelo contrário, eles as compartilham. Como o acesso à informação em geral é uma fonte de poder, os líderes que produzem e compartilham informações também estão compartilhando poder. Às vezes, eles disseminam as informações que recebem. Outras vezes, pedem que os demais líderes coletem as informações em primeira mão.

Compartilhando informações, os líderes que produzem ajudam os futuros líderes a aprender como partir dos dados para chegar a uma decisão. No mundo da onipresença da informação, o desafio em geral é transformar informações e dados em perspectivas e decisões concretas. Os líderes que produzem ajudam os demais a entender que as informações devem ser usadas para se chegar a uma decisão, em vez de serem apenas guardadas. Quando os empregados apresentam ideias ou recomendações, os líderes que produzem em geral perguntam: "Que decisão você deseja tomar?" Essa pergunta muda o foco das informações para a decisão propriamente dita.

Os líderes que produzem também compartilham informações com sinceridade. Uma empresa com a qual trabalhamos tinha o que chamamos de *vírus cultural* — nesse caso, sempre eram bonzinhos e nunca davam más notícias. Essa "gentilezite" significava que, quando as coisas não iam bem, as pessoas tinham sempre desculpas e ofereciam justificativas plausíveis. Ninguém queria um confronto direto e honesto em relação ao que deveria ou poderia ter acontecido. Nessa empresa, os líderes não estavam crescendo, porque não estavam dispostos a analisar o que acontecia de errado com honestidade. Sem conversas sinceras que poderiam ter proporcionado correções, os erros continuavam e eram repetidos, sem gerar lições valiosas.

Conversas sinceras não precisam ser rudes. Com privacidade razoável e um clima de apoio, as pessoas podem ser levadas a explicar o que aconteceu e por que, além de aprender e melhorar para o próximo contato. Conversas sinceras não são ataques pessoais, e não se concentram unicamente no que deu errado; são uma oportunidade para observar e relatar padrões de comportamento que ajudarão o futuro líder a transformar informação em perspectiva e, finalmente, em ação. Ao compartilharem informações, os líderes constroem a marca da liderança nos outros.

Distribuindo recompensas

Outra equipe de líderes com a qual trabalhamos passou a ser formada por líderes que produzem talentos cultivando a competência por meio de capacitação e outras experiências, compartilhando o processo de tomada de decisões e autoridade envolvendo os demais, e compartilhando informações permitindo que todos soubessem o que estava acontecendo e por quê. Infelizmente, essa equipe tomou para si uma percentagem desproporcional dos benefícios financeiros e não financeiros.

Seus esforços para gerar futuros líderes se perderam à medida que os indivíduos foram desenvolvendo suas habilidades e partiram em busca de melhores recompensas — e a equipe não entendeu o motivo. A razão era clara: haviam desconsiderado a necessidade de distribuir recompensas com equidade, de modo que os futuros líderes tivessem um incentivo de continuar avançando.

Muitas vezes, usamos uma ilustração simples para abordar o conceito de distribuição equitativa de recompensas. Vamos supor que quatro níveis de liderança estejam envolvidos em determinado projeto. O projeto dá certo e a empresa acumula cem unidades de benefícios. Como o líder distribuiria essas cem unidades entre esses quatro níveis, considerando que você, como líder, está no nível 1:

Nível 1:

Nível 2:

Nível 3:

Nível 4:

Total: Cem unidades de ganho.

Geralmente, os líderes encontram alguma forma razoável de compartilhar as cem unidades de benefício: 40-30-20-10 ou às vezes 25-25-25-25. Em seguida, pedimos a eles que analisem a remuneração total (salário-base, bônus e outras formas de compensação, como ações ou unidades de valorização de ações) e verifiquem como a distribuição realmente ocorre. Com frequência, verificamos que os líderes projetam uma distribuição das cem unidades de forma muito mais equitativa do que normalmente acontece. Em algumas empresas, a apropriação real é mais do tipo 60-20-10-10. Os líderes seniores em geral recebem um percentual muito elevado das recompensas. A justificativa para conceder a eles esses valores mais altos pode ser a comparação de mercado (os líderes em outras empresas estão recebendo recompensas comparáveis), mas cria desigualdades. A razão entre a remuneração total do CEO e a remuneração do trabalhador médio aumentou drasticamente nos últimos anos, conforme indicado na Figura 8-1.[5]

Essa disparidade pode ser um incentivo aos líderes aspirantes para que cheguem ao topo da hierarquia — para, finalmente, conquistarem os benefícios da liderança —, mas acaba desanimando mais do que estimulando novos talentos.

As recompensas não financeiras também enviam sinais sobre a liderança. Tradicionalmente, os líderes em ascensão vinculam seu status ao tamanho e à privacidade de suas salas. Para combater isso, uma empresa criou um escritório aberto entre a equipe de executivos. Cada executivo tinha uma mesa individual em uma sala maior em que todos podiam se ver, conversar abertamente e compartilhar informações. Havia muitas salas de conferência em que conversas particulares poderiam ocorrer, mas a sala aberta permitia aos líderes estimular a próxima geração de líderes, permitindo que eles observassem o que os mais experientes estavam fazendo. Outras recompensas não financeiras podem ser usadas, como reconhecimento público, distribuição de prêmios, notas pessoais, folgas inesperadas, licenças sabáticas e elogios simples.

FIGURA 8-1

Razão entre a remuneração do CEO e a do trabalhador médio, 1965-2005

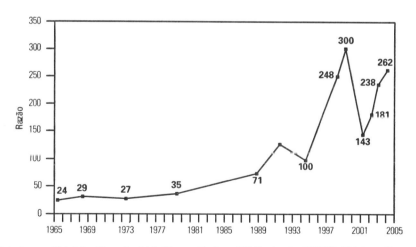

Fonte: Lawrence Mishel, Jared Bernstein e Sylvia Allegratto, *The State of Working America*, 2006/2007, 2006, Figure 3Z, www.epinet.org.

Líderes em todos os níveis da empresa podem tornar-se líderes que produzem talentos. Eles investem na próxima geração ajudando os demais a desenvolver competência, autoridade e informações, e conferindo recompensas adequadas. Esses líderes que produzem talentos criam um legado e uma marca da liderança que permanece para além de qualquer líder individual. A Avaliação 8-2 oferece uma autoauditoria que pode ser usada para determinar em que medida hoje você é um líder que produz e desenvolve a marca da liderança.

Líderes de RH ou Generalistas de RH

Nos últimos anos, os líderes de Recursos Humanos passaram a ocupar posições de influência na articulação e execução da estratégia e da direção da empresa.[6] Líderes seniores de RH que trabalham como generalistas para a empresa toda ou para uma importante divisão da empresa desempenham papel fundamental no desenvolvimento, apresentação e manutenção de uma marca da liderança. Como já discutido, o CEO é o proprietário final da marca da liderança, e os líderes em todos os níveis da empresa demonstram a marca pelo que sabem, fazem e apresentam em termos de resultados. Mas os líderes de RH promovem a marca da liderança de várias maneiras.

EM PRIMEIRO LUGAR, ELES PERSONIFICAM A MARCA EM SEU COMPORTAMENTO PESSOAL. Os líderes de RH são muito visíveis na maioria das empresas porque têm uma relação direta ou indireta com todos, definem os padrões e as normas de comportamento e treinam outros líderes para que demonstrem a marca da liderança. Trabalhamos em uma empresa em que o chefe de RH foi acusado de assédio sexual. Embora ele não tenha sido condenado, as evidências do comportamento inadequado vieram à tona e foram

AVALIAÇÃO 8-2

Consumindo ou produzindo a marca da liderança

Líderes como consumidores	Circule o número que corresponde à liderança	Líderes como produtores da liderança
Competência		
Contratar pessoas não tão competentes quanto você	-3 -2 -1 0 +1 +2 +3	Nomear subordinados mais talentosos do que você
Cercar-se de bajuladores	-3 -2 -1 0 +1 +2 +3	Cercar-se de pessoas de quem você discorda
Impedir o desenvolvimento da próxima geração	-3 -2 -1 0 +1 +2 +3	Investir no desenvolvimento da próxima geração
Punir terceiros quando eles falham	-3 -2 -1 0 +1 +2 +3	Estimular e treinar os demais para aprender com os erros e com os sucessos
Tomada de decisões e autoridade		
Gastar o tempo de forma aleatória e casual; não administrar o calendário agressivamente	-3 -2 -1 0 +1 +2 +3	Investir tempo de forma tão cuidadosa quanto dinheiro ou outros recursos
Tomar a maioria das decisões sozinho	-3 -2 -1 0 +1 +2 +3	Delegar autoridade e responsabilidade a terceiros
Atrasar decisões sobre pessoas difíceis	-3 -2 -1 0 +1 +2 +3	Tomar decisões difíceis, em especial com relação a talentos
Informações		
Esconder informações	-3 -2 -1 0 +1 +2 +3	Compartilhar informações com terceiros
Explicar o que deve ser feito	-3 -2 -1 0 +1 +2 +3	Explicar por que certas medidas devem ser tomadas
Não estar disposto a enfrentar ou compartilhar más notícias	-3 -2 -1 0 +1 +2 +3	Estar disposto a treinar os demais por meio de feedback o feed-forward
Recompensas		
Ficar com uma parcela desproporcional das recompensas financeiras	-3 -2 -1 0 +1 +2 +3	Compartilhar adequadamente as recompensas financeiras com terceiros
Acumular recompensas não financeiras da liderança	-3 -2 -1 0 +1 +2 +3	Distribuir as recompensas não financeiras a terceiros

Interpretação:
20-36: Você é um produtor de líderes; as pessoas querem trabalhar para você.
0-20: Você está avançando na direção certa; continue em frente.
Abaixo de 0: Cuidado — você tende a ficar solitário com a idade.

divulgadas. Devido a seu papel, seu comportamento foi ampliado várias vezes, e a empresa lutou para estabelecer um padrão claro e definitivo quanto ao mau comportamento de seus líderes. Os líderes de RH vivem expostos; os empregados da empresa observam o que eles fazem e como o fazem.

EM SEGUNDO LUGAR, ELES DESENVOLVEM POLÍTICAS DE RH QUE AFETAM TODOS OS FUNCIONÁRIOS, DA ADMISSÃO À APOSENTADORIA. Essas políticas orientam todas as decisões sobre contratação, remuneração, treinamento, promoção, avaliação e transferência que são feitas nesse ínterim. As políticas de RH precisam refletir a marca da liderança. Se, por exemplo, a marca da liderança da Apple estiver centrada na inovação, as práticas que sustentam a inovação resultam da forma como a Apple contrata, treina, paga e promove pessoas que inovam e a forma como comunica a inovação. Quando essas práticas de RH se alinham e integram com a marca da liderança desejada, ela se sustenta.

Infelizmente, em muitas empresas, os empregados são contratados por suas habilidades ABC, são treinados para fazer DEF, pagos por GHI e recebem comunicados via JKL. Essa falta de congruência entre as práticas de RH cria confusão. Os elementos críticos da marca da liderança da empresa devem aparecer de maneira consistente em todas as práticas e políticas de RH. Os líderes seniores de RH institucionalizam a marca da liderança, separando-a da personalidade do CEO e integrando-a na malha da empresa.

Uma das tendências nos Recursos Humanos é vincular práticas internas com expectativas de clientes e investidores externos, e isso é consistente com a marca da liderança que representa a marca da empresa. Se a marca da liderança é a ponte que liga os clientes externos e o comportamento dos empregados internos, as práticas de RH representam o tráfego nessa ponte. As empresas deixaram de ser a empregadora universal de escolha para se tornarem a empregadora de escolha dos empregados que seus melhores clientes escolheriam. Em muitas instituições, os clientes estão diretamente envolvidos na contratação, ajudando a definir os requisitos dos futuros empregados e entrevistando potenciais candidatos; os clientes estão envolvidos na remuneração, garantindo que seu processo de avaliação concentre-se nos comportamentos e resultados que eles percebem como valiosos; os clientes podem participar com feedback 720 graus (feedback que ultrapassa os limites da empresa, em oposição ao 360 graus, que se concentra apenas na própria empresa), e ajudando ocasionalmente a distribuir recompensas financeiras e não financeiras aos empregados.[7] Os líderes de RH garantem que suas práticas reflitam a marca da liderança desejada e conectem as expectativas dos clientes às ações dos empregados.

EM TERCEIRO LUGAR, OS LÍDERES DE RH TREINAM, PLANEJAM E FACILITAM O PROCESSO DE ESTABELECIMENTO DA MARCA DA LIDERANÇA. Como *treinadores*, os líderes de RH trabalham diretamente com os líderes das empresas individuais para alinhar seu comportamento com os resultados desejados.[8] Um dos resultados desejados para qualquer líder deve ser demonstrar a marca da liderança certa, para que os profissionais de RH possam *treinar* e, assim, ajudar a desenvolver essa marca. Isso pode ser feito construindo a confiança, fazendo observações sobre o comportamento, oferecendo feedback sincero e construtivo, e o feed-forward, sugerindo novos comportamentos consistentes com a marca da liderança desejada. Como *arquitetos*, os profissionais de RH transformam a marca da liderança desejada em um mapa para ação que se manifesta em práticas e políticas de RH. Como *facilitadores*, os profissionais de RH administram o processo de mudança para garantir que o que é desejado seja realmente alcançado.

Em nossa pesquisa, descobrimos que, para treinar, arquitetar e facilitar, os profissionais de RH devem ser ativistas confiáveis (ter credibilidade pessoal mas também um ponto de vista, ou o que chamamos de RH *com atitude*); representantes da cultura e da mudança (capazes de transformar eventos em padrões e de transformar o conhecimento em ação); gestores de talentos e desenvolvedores da empresa (alinhando e integrando as práticas de RH); e arquitetos da estratégia (garantindo que as pessoas certas estejam envolvidas na criação da estratégia e que a clareza estratégica surja desse processo).[9] Eis outro bom exemplo:

Vivendo a liderança

Jeff Childs, vice-presidente sênior de RH da U.S. Cellular, é um bom exemplo de líder de RH que ajuda a construir a marca da liderança por meio de palavras e ações. Ele acredita que o RH não está apenas alinhado com a estratégia, mas também é uma parte inerente da estratégia. Na U.S. Cellular, o modelo de negócios começa com uma liderança eficaz (com marca) que orienta a satisfação dos colaboradores (o termo que a empresa usa para designar seus funcionários), leva à satisfação do cliente e gera resultados comerciais. Esse elo entre liderança e resultados é chamado de organização dinâmica e serve de modelo para decisões tomadas pela equipe no comando. O modelo de organização dinâmica afirma que a empresa alcançará crescimento lucrativo por meio de uma estratégia de satisfação do cliente, e aumentará a satisfação dos clientes alavancando o poder do capital conforme impulsionado pela liderança.

Os líderes da U.S. Cellular ensinam os princípios da organização dinâmica aos colaboradores usando modelos e instrução em sala de aula. Lideram por inspiração, e não regulação, e garantem que os demais façam o mesmo. Embora esses conceitos soem fáceis, também geram mais responsabilidade nos líderes. As decisões devem ser bem explicadas. As discussões podem ser abertas e sinceras em todos os níveis. Como alto executivo, Childs demonstra seu estilo de comunicação em cada interação com os colaboradores, incluindo uma série de visitas de "conversas sinceras" que conduz no campo. Ele personifica o estilo que estimula nos outros.

Ele também capitaneia a filosofia da liderança por meio de práticas de RH. Sempre que possível, os líderes são promovidos dentro da própria empresa para ocupar cargos de liderança porque já estão bem adaptados aos princípios da organização dinâmica. Quando procura fora da empresa, a U.S. Cellular avalia os candidatos não só com base em suas competências, mas pessoas que se encaixem nos valores e comportamentos desejados. Recentemente, a equipe de aquisição de talentos da U.S. Cellular desenvolveu uma estratégia de propaganda que enfatizava a cultura da empresa, em vez dos requisitos técnicos necessários para ocupar a posição. Usando essa estratégia, o RH escolheu candidatos para atender à cultura ou à marca da empresa, em vez de apenas uma função específica.

Os atuais líderes devem demonstrar a marca da liderança certa. Um exemplo é por meio de um curso de uma semana intitulado "Oficina de Desenvolvimento da Liderança", que oferece aos colaboradores administrativos a oportunidade de determinar se eles têm ou não a capacidade básica para atuar como líderes na organização dinâmica, e oferece os princípios básicos de como usar a visão da empresa e como crescer como líderes. Um prosseguimento desse curso chama-se "Liderança servidora", que desenvolve a crença da empresa de que a liderança é um privilégio, não apenas um direito. Cada membro da equipe executiva, incluindo Childs, ensina uma parte do programa, reforçando a importância dos líderes ensinarem a liderança.

Ao usar a marca da liderança como modelo e incorporar em práticas de RH, Childs ajudou a empresa a alcançar suas metas. A rotatividade na U.S. Cellular é uma das menores da indústria, em torno de 1,5%, o que quer dizer que os clientes são fiéis. Os resultados das pesquisas com clientes são ótimos e o negócio continua a superar os padrões e as expectativas do setor.

A marca da liderança da U.S. Cellular tornou-se um sucesso porque Childs traduziu as necessidades dos clientes em expectativas da liderança, e ele entende a empresa e a estratégia bem o suficiente para saber onde investir para obter impacto máximo (nesse caso, colaboradores e seleção de candidatos).

Especialistas de RH

Apesar de os generalistas de RH trabalharem diretamente com os líderes de negócios para garantir a marca da liderança, os especialistas em treinamento e desenvolvimento de RH desempenham importante papel no estabelecimento dessa marca. No Capítulo 5, discutimos formas de investir na marca da liderança por meio de experiências de vida, treinamento e trabalho. Embora os CEOs e outros líderes sejam os donos desses investimentos, o indivíduo que, em geral, fica encarregado de sua estruturação acabou sendo chamado de *principal executivo de aprendizagem*. Esse título afasta o foco dos investimentos em liderança como eventos para a aprendizagem por meio de experiências de vida, treinamento e trabalho.

Os principais executivos de aprendizagem ou outros responsáveis por investir no desenvolvimento da liderança têm o desafio de criar o que nosso colega Warren Wilhelm chama de "Arquitetura de Aprendizagem Total".[10] Vincular a marca da liderança a uma arquitetura de aprendizagem garante que os investimentos em aprendizagem impulsionem a estratégia da empresa e ajuda a construir a marca da liderança, que metodologias de aprendizagem sejam usadas e adaptadas às necessidades individuais, e que a aprendizagem ocorra nos níveis individual, por equipe e organizacional. A metáfora da marca da liderança garante que os especialistas em aprendizagem concentrem os investimentos em aprendizagem conectando os comportamentos e ações dos líderes com a marca da empresa desejada. Na Avaliação 8-3, oferecemos um meio para diagnosticar em que medida nossos especialistas em aprendizagem organizacional estão desenvolvendo uma arquitetura de aprendizagem total adequada à marca da liderança.

AVALIAÇÃO 8-3

Medindo a eficácia do especialista em aprendizagem

Em que medida a arquitetura de aprendizagem da empresa inclui os seguintes aspectos:

	Pouca Alta
1. Responsabilidade por parte dos gerentes de linha pela supervisão e pelo direcionamento dos investimentos em aprendizagem	1 2 3 4 5
2. Uma linha clara de visão e ligação entre os investimentos em aprendizagem para líderes e para a marca da empresa	1 2 3 4 5
3. Uma avaliação da marca da liderança que possa ser administrada para a empresa e para cada indivíduo	1 2 3 4 5
4. Um enfoque personalizado à aprendizagem adaptado às necessidades de cada líder	1 2 3 4 5
5. Experiências de educação e treinamento que se concentram na educação	1 2 3 4 5
6. Atribuição sistemática de tarefas que conferem aos líderes oportunidade de aprender fazendo	1 2 3 4 5
7. Oportunidades de adaptar as experiências de vida para melhorar a liderança no trabalho	1 2 3 4 5
8. Envolvimento dos clientes na criação ou preparação de experiências de aprendizagem	1 2 3 4 5
9. Consciência dos participantes do motivo de seu envolvimento e do que precisam para aprender	1 2 3 4 5
10. Avaliação dos resultados da aprendizagem em termos da medida em que apoiam a marca da liderança	1 2 3 4 5
	Total

Resultado:
43-50: Os especialistas em aprendizagem da empresa são excepcionais. Mantenha-os na equipe — outras empresas tentarão atraí-los.
36-42: Você tem bons especialistas em aprendizagem.
28-35: Seus especialistas em aprendizagem são razoáveis.
20-27: Você talvez precise de novos especialistas em aprendizagem.
Menos de 20: Passe seus especialistas em aprendizagem para um concorrente, e espere que eles fiquem por lá.

Um especialista em aprendizagem eficaz desenvolve a marca da liderança prestando atenção ao seguinte:

- *Garantir responsabilidade dos gerentes de linha seniores.* O CEO é o proprietário final da marca da liderança, e os líderes de negócios em toda a empresa devem ser responsáveis e responder pela liderança. Se os líderes seniores não dedicarem tempo, energia e atenção à marca da liderança da empresa, eles passam a impressão de que a liderança não é prioridade. Suas diversas marcas pessoais tornam-se ícones que os outros seguirão — deixando resultados consistentes e previsíveis ao acaso. Os especialistas em aprendizagem devem reforçar continuamente o fato de que os executivos de linha são os proprietários da marca da liderança mantendo a liderança em suas agendas (reuniões do Conselho, reuniões da equipe), fazendo com que os líderes falem em público como representantes da marca, e garantindo que os líderes assumam propriedade pessoal pelo desenvolvimento da marca.

- *Vincular a marca da liderança com a marca da empresa.* O elo entre clientes e empregados deve ficar claro pela forma como os especialistas em aprendizagem investem em líderes futuros. Os especialistas em aprendizagem devem ter certeza de que todas as experiências de vida, treinamento e trabalho promovidas pela empresa refletem a marca da liderança desejada. Para tornar isso realidade, os especialistas em aprendizagem devem traduzir a identidade e as expectativas dos clientes em programas e em investimentos em aprendizagem.

- *Avaliar a marca da liderança.* Os modelos de competência devem basear-se na marca da liderança. As avaliações da liderança total dentro da empresa (por exemplo, a reserva de talentos) e as avaliações dos líderes individuais devem calçar-se nesses modelos da marca da liderança. Os especialistas em aprendizagem criam e moldam o estilo de competência e seu uso para avaliação.

- *Adaptar o desenvolvimento de líderes individuais em uma marca da liderança.* Os líderes têm inclinações e estilos de aprendizagem pessoais. Os especialistas em aprendizagem podem criar planos de desenvolvimento individuais que ajudam os líderes a reconhecer os próprios pontos fortes e fracos, e melhorar sua marca da liderança pessoal. Os especialistas em aprendizagem sabem equilibrar a marca da liderança da empresa e a marca da liderança pessoal do indivíduo.

- *Criar os investimentos em liderança no treinamento, no trabalho e na vida que moldam e desenvolvem a marca da liderança.* Os especialistas em liderança devem ser peritos e inovadores em investir no desenvolvimento da liderança. Isso significa usar e integrar os princípios e práticas que revisamos no Capítulo 5 em uma arquitetura de aprendizagem total.

- *Envolver as ideias e ações dos clientes em práticas de liderança internas.* Os especialistas em aprendizagem vencem quando os clientes ficam satisfeitos com a maneira como os líderes são desenvolvidos. Isso significa que as ideias e as expectativas dos clientes aparecem em experiências de treinamento e tarefas no trabalho. Significa que os clientes participam pessoalmente do desenvolvimento da liderança. Os especialistas em aprendizagem conhecem os principais clientes e os envolvem de maneira apropriada para ajudar a empresa a responder às suas necessidades.

- *Ajudar os líderes a serem responsáveis pelo próprio desenvolvimento.* Os especialistas em aprendizagem tornam-se treinadores individuais para desenvolver e gerar líderes auxiliando-os a aprender e a crescer a partir de suas experiências. Nas empresas com especialistas em aprendizagem talentosos, os líderes em toda a instituição sabem o que é esperado deles, como se comparam em relação a essas expectativas e como podem se desenvolver para atender a expectativas futuras.

- *Monitorar a marca da liderança.* A avaliação da marca da liderança vem da garantia de que as coisas certas sejam feitas da maneira certa, e também de mostrar um retorno sobre os intangíveis da liderança (veja o Capítulo 6). Os especialistas em aprendizagem têm um cartão da marca da liderança que ajuda os líderes de negócios a saber que a marca está evoluindo. Assim, eles são centrais à gestão de talentos.

Quando os especialistas em aprendizagem realizam essas atividades, suas empresas tendem a ter uma arquitetura de aprendizagem total dedicada à marca da liderança. Para tornar essa arquitetura realidade, os especialistas em aprendizagem devem não só dominar a teoria e a prática de aprendizagem, mas também ser capazes de adaptar esse conhecimento ao negócio. Quando essa adaptação ocorre por meio de uma metáfora da marca, eles podem falar várias línguas: a língua dos clientes e o que esperam alcançar, a língua da empresa e o que os investidores requerem e a língua dos empregados e o que eles valorizam. Falar essas línguas permite que os especialistas trabalhem em todos os domínios que criam ou destroem a marca da liderança.

Conclusão

A marca da liderança é um esporte em equipe. Requer que as pessoas em toda a empresa tenham talentos individuais e responsabilidade, mas trabalhem juntas como uma equipe para torná-la realidade. Os Conselhos de Administração supervisionam e regem a criação da marca. Os CEOs e os altos executivos personificam e administram a marca. Os gerentes de linha em toda a empresa vivem a marca em interações diárias e se tornam líderes que produzem talentos investindo na próxima geração de líderes para a empresa. Os especialistas de RH são treinadores, facilitadores e arquitetos do desenvolvimento da marca da liderança. Os especialistas de RH oferecem perspectivas de aprendizagem que transformam as expectativas dos clientes em atributos e resultados de liderança. Essa equipe coletiva é unificada em torno de um compromisso compartilhado de reunir as expectativas dos clientes e os comportamentos dos empregados por meio da marca da liderança.

9

Implicações para a marca pessoal

Os capítulos anteriores demonstraram o valor da marca da liderança de uma empresa e como desenvolvê-la. Essa marca torna-se uma capacidade essencial para empresas de sucesso porque transforma as expectativas dos clientes em comportamentos dos empregados. Este capítulo muda de direção e concentra-se em sua marca de liderança pessoal. Sem um compromisso pessoal e autêntico dos líderes individuais, mesmo a melhor marca da liderança torna-se uma farsa, criando mais cinismo do que valor. Os líderes que desempenham uma função de liderança na qual não acreditam rapidamente perdem a credibilidade. Quando a marca pessoal de alguém não corresponde à marca da empresa desejada, os empregados percebem e se tornam céticos. Por outro lado, eles percebem a verdadeira liderança. No final, os seguidores definem os líderes — e os seguidores admiram quem cumpre o que promete; eles passam a confiar nos verdadeiros líderes.

A marca da liderança pessoal é a identidade, reputação ou característica distintiva de determinado líder; ela identifica pontos fortes e inclinações, e inclui opções para mitigar os efeitos dos pontos fracos. Altos executivos e outros líderes que ocupam cargos visíveis em geral se tornam conhecidos por sua marca pessoal. Em nossas aulas, muitas vezes mostramos fotos de líderes famosos

(Winston Churchill, Bill Clinton, Margaret Thatcher, Desmond Tutu, Nelson Mandela, Tony Blair, Charles de Gaulle, Golda Meir, Abraham Lincoln, entre outros) e pedimos aos participantes que anotem suas impressões sobre as marcas pessoais desses líderes. Apesar da variedade encontrada nas respostas em função da política e do país de origem, inevitavelmente as descrições são bem consistentes. Cada líder tem uma marca pessoal que é compartilhada com o mundo e bem conhecida, chamando a atenção para as características dominantes do dono da marca.

Sua marca pessoal reflete quem você é mais do que quem você diz que é. Essa identidade pessoal torna-se uma reputação respeitada e reforçada pelos demais. Os líderes maduros percebem que, com o tempo, as pessoas tenderão a esquecer algumas ações dos líderes (reuniões de que participaram, palestras proferidas, metas definidas e alcançadas), mas se lembrarão dos resultados dessas ações e do estilo pessoal demonstrado pelos líderes. Quem somos fala mais alto e durante mais tempo do que o que fazemos e pode até se sobrepor a reais falhas de caráter. No entanto, o que fazemos é o que cria nossa marca duradoura. A marca duradoura de Winston Churchill realça sua capacidade de mobilizar cidadãos para lutar em importantes conflitos mundiais; ela ignora completamente suas dificuldades pessoais. Jack Welch será lembrado por sua capacidade de criar enorme riqueza por meio de clareza estratégica e disciplina organizacional; sua imagem inicial de "Neutron Jack" já foi esquecida há muito tempo.

A marca pessoal e o estilo característico de liderança não valem apenas para líderes seniores — todo empregado tem uma marca pessoal. Tom Peters argumenta que todos devem tornar-se uma marca, e não apenas um funcionário.[1] A seguir, outro caso para análise:

A marca pessoal

Kalpana Mistry, vice-presidente sênior de Recursos Humanos da VITAS Healthcare Corporation, tem ascendência indiana. Nasceu em Uganda, onde viveu até os 13 anos, quando ela e a família fugiram da ditadura de Idi Amin para a Inglaterra como refugiados. Ela concluiu seus estudos, trabalhou em uma fabricante de refrigerantes local e mudou-se para Miami, no estado norte-americano da Flórida, após um casamento arranjado ao estilo indiano.

Em sua vida pessoal, ela foi forçada a se ajustar a um ambiente muito tradicional, em que as mulheres eram consideradas subservientes aos homens. Mistry teve dois filhos, mas o abuso e o medo a levaram a fugir com os filhos, que tinham 3 e 4 anos na época.

A essa altura, Mistry começara a dar os primeiros passos em sua carreira. Sete anos depois, ela conseguiu chegar à vice-presidência de RH em um banco do sul da Flórida. Foi então recrutada como vice-presidente de RH de uma empresa nacional de assistência médica na mesma região, que crescera de setecentos empregados para oito mil nos 18 meses após sua nomeação. Ela ajudou a empresa a crescer e se expandir; depois, quando a empresa pediu concordata, ela ajudou no downsizing. Mistry mudou sua carreira e foi trabalhar no quinto maior distrito escolar dos Estados Unidos (Broward County, na Flórida), com mais de 260 mil estudantes e 28 mil funcionários. Era a responsável por todas as funções de RH, inclusive por oito acordos coletivos, além das políticas de segurança e gestão de risco. Durante sua permanência nesse cargo, também deu início a programas de planejamento escolar e gestão da qualidade, além de diretrizes disciplinares e para fins de contratação.

Em 2002, Mistry foi chamada para dirigir o RH da VITAS Healthcare Corporation, a maior operadora dos Estados Unidos de casas de saúde para doentes terminais. Ela atuou de forma consistente como o elo entre os pacientes dos serviços de internação e os funcionários. Para desenvolver a atitude e o comportamento dos empregados, ela implementou sistemas de sugestão, pesquisas, programas de gestão do desempenho, capacitação e introdução de novas tecnologias. A VITAS saiu de quatro mil para mais de dez mil empregados desde que ela começou a trabalhar lá e agora está voltada a um atendimento atencioso para os pacientes terminais e suas famílias. Por exemplo, quando a empresa foi atingida pela falta crítica de enfermeiros, Mistry iniciou uma parceria com seu empregador anterior, o Broward County School District, para desenvolver e lançar um programa para a formação de enfermeiros e técnicos com foco em pacientes terminais — a primeira iniciativa do tipo no país. Ela vem atuando em projetos comunitários, associada ao Himalayan International Institute of Yoga Science and Philosophy, uma organização sem fins lucrativos, com sede em Honesdale, na Pensilvânia, e agora é instrutora e professora certificada de ioga. Trabalha em projetos humanitários globais voltados a questões como analfabetismo, desigualdade, pobreza, fome, doenças e HIV/Aids, além de visitar Uganda e o centro-sul da Índia para trabalhar nesses projetos. Como resultado de seus esforços pessoais, a VITAS Healthcare Corporation ampliou sua função do setor de RH para representar a empresa em sua missão e contribuir para seu esforço. Por meio de todas essas atividades, Mistry adquiriu uma marca de liderança pessoal de respeito, profissionalismo, criatividade e ajuda humanitária. Ela vivenciou essa marca ao longo de toda a carreira e vida pessoal. Sua trajetória demonstra que uma marca de liderança pessoal pode manifestar-se em qualquer nível de uma organização.

Quando a marca pessoal de determinado líder se alinha com a marca da liderança da empresa, os líderes são congruentes e confiáveis. Jeffrey Immelt mudou a marca da GE do foco dado por Jack Welch nas disciplinas organizacionais, como o Seis Sigma e o planejamento estratégico, para o crescimento de ponta por meio da inovação e da inventividade. Para tanto, ele garantiu que sua agenda (tempo), paixão (entusiasmo), atenção (recursos e apoio) e retórica (discurso público e privado) estivessem focadas na inovação.[2] Ele patrocinou pessoalmente uma série de iniciativas (de cliente para cliente, sessões de brainstorming com clientes, avaliações e discussões sobre crescimento, oficinas criativas, laboratórios de inovação e assim por diante) que ajudaram a impulsionar o crescimento por meio da inovação.

Neste capítulo, apresentamos uma série de análises pessoais para ajudá-lo a discernir e demonstrar sua marca da liderança e criar características distintivas. Essas análises acompanham as mesmas dimensões usadas para caracterizar a marca da liderança de determinada empresa. Podem ser aplicadas no contexto da marca da liderança da empresa ou podem ser usadas para criar a marca pessoal da liderança, independentemente do contexto (no trabalho, na comunidade, nas relações pessoais) do qual você faz parte. Se achar que sua marca pessoal não corresponde à marca da liderança da empresa, você deve encontrar formas de diminuir essa lacuna mudando a marca, se apropriado, ou procurando uma solução melhor.

Justificativa para a mudança

No Capítulo 2, apresentamos argumentos a favor da liderança. A marca da liderança de determinada empresa existe porque a ajuda a alcançar suas metas de crescimento e a entregar valor aos principais acionistas. Em nível pessoal, a marca ou identidade existe e persiste, porque ajuda as pessoas a alcançarem suas metas individuais. O melhor argumento a favor do desenvolvimento da marca pessoal é que ela vai ajudá-lo a alcançar seus objetivos.

Outra marca pessoal

Nosso colega e amigo Marshall Goldsmith tem o desejo pessoal e público de ajudar líderes bem-sucedidos a alcançar resultados ainda melhores — mudando o comportamento para melhor para si, para outras pessoas e para suas equipes.[3] A fim de concretizar esse desejo, ele dominou, com êxito, sua marca pessoal da liderança como treinador executivo. Ele acredita que, por meio do coaching, ele tem condições de ajudar as pessoas a melhorar e perceber seu pleno potencial. Goldsmith se empenhou para criar e dominar uma filosofia de coaching e identidade. Ele escreve artigos, dá palestras e assina colunas em revistas sobre sua filosofia de ensino. Como resultado desse empenho, ele fundou a Marshall Goldsmith School of Management (faculdade de negócios da Alliant International University, que recebeu seu nome) e criou uma marca e uma filosofia de coaching. Ele também encontrou ligação entre o resultado desejado (ajudar os outros) e sua marca de liderança pessoal (ser o melhor treinador do mundo).

Em nível pessoal, a mudança exige que os líderes analisem sua disposição e compromisso para com a liderança. A liderança tem um preço pessoal. Os benefícios de ser um líder devem ser superiores ao preço pago para chegar lá.

Os líderes vivem sob o microscópio alheio — outras pessoas os observam e analisam com cuidado seu comportamento. Consequentemente, liderança significa perder espaço pessoal e pagar o preço da visibilidade e do escrutínio. Recentemente, Dave passou três anos treinando missionários para sua igreja. Nesse período, ele vestiu terno e gravata todos os dias, pois este era o traje esperado no grupo. Ouvindo os conselhos de um colega, ele experimentou durante seis semanas abotoar o paletó do terno todos os dias. Nesse curto período de tempo, a maioria dos missionários estava abotoando seus casacos também. Em seguida, durante alguns meses, ele deixou de abotoar o paletó, e os missionários também pararam de fazê-lo. Esse exemplo relativamente trivial destaca até que ponto os demais observavam e imitavam seu comportamento. Nas organizações, os comportamentos dos líderes são observados, ampliados e utilizados como exemplo. Quando um novo CEO de uma empresa automobilística dirige um carro da concorrência, os empregados observam. Quando um executivo sênior viaja na classe econômica, e não na primeira classe, para economizar, suas ações são observadas, imitadas e ampliadas, para o bem e para o mal.

Os líderes pagam o preço pessoal da exposição ao escrutínio público. Às vezes, esse escrutínio expõe atos indevidos, mas sempre coloca os líderes em posição de alerta. Um líder que se tornou CEO morava em um bairro cercado por seus empregados e todos eram vizinhos interessados e observadores. Ele contou que sempre tinha a impressão de que continuava trabalhando, até que se mudou para outro bairro onde viviam pouquíssimos funcionários da empresa.

Liderança também significa mais responsabilidade. Os colaboradores individuais são responsáveis por suas ações pessoais; os líderes assumem responsabilidade pela forma como suas ações afetarão outras pessoas. Assumir responsabilidade por terceiros significa que as ações dos líderes estão associadas aos benefícios que geram aos demais. Quando perguntamos ao empresário Gary Hamel o que ele considerava essencial aos bons líderes, ele afirmou:

Vivemos em um mundo cínico. Consideramos que todos só querem "se dar bem". Ainda assim, o egoísmo limita o impacto, pois a falta de empatia genuína dificulta conquistar apoio alheio para sua causa. Os verdadeiros líderes não perguntam, "O que você pode fazer por mim?", mas "O que posso fazer por você?". Em certo sentido, embora os grandes líderes sejam politicamente astutos, também são apolíticos, pois se elevam acima dos interesses pessoais e/ou de grupos específicos. Um exemplo seria Nelson Mandela. Um grande líder é um populista que, ainda assim, evita atender a interesses sectários. Grandes líderes são carismáticos e envolventes. Em nosso mundo, em que tudo está na mídia e tudo é comercializado, as pessoas sabem quando estão sendo manipuladas. A autenticidade é um enorme multiplicador de impacto individual. Em seu âmago, a autenticidade não envolve ser "verdadeiro consigo mesmo" (o que quer que isso signifique), mas ser verdadeiro para com os interesses daqueles cuja vida você deseja melhorar e mudar. Mercenários, carreiristas e egomaníacos são centrados em si mesmos. Os grandes líderes estão centrados nos outros.[4]

A liderança, inevitavelmente, envolve conflito. Uma das realidades de qualquer situação é que o chamamos de regra 20-60-20. Ou seja, 20% das pessoas concordarão imediatamente com suas decisões de liderança, 20% nunca concordarão e 60% estarão abertos para conversar e serem convencidos. Aceitar o fato de que grande parte das pessoas com quem você lida provavelmente nunca concordará com você faz parte da realidade da liderança. Os líderes que tomam decisões ousadas e corajosas em geral causam reações contrárias. Acreditamos que os líderes precisam tomar decisões 55-45 — que são difíceis e podem ter consequências positivas e negativas. (Será que instalamos a fábrica na localidade A ou B? Investimos no projeto A ou no B?) Se a resposta for clara (80% de chance de estar correta), provavelmente é melhor deixar que outras pessoas tomem a decisão. O trabalho do líder é garantir que a decisão será tomada. Uma vez tomada, uma decisão 55-45 requer um compromisso pessoal de 95-5 para com a ação e a implementação; caso contrário, a escolha será um fracasso. Isso significa que algumas pessoas teriam tomado a outra decisão e talvez não apoiem a sua.

A liderança requer que o líder assuma riscos e mude. Os líderes que se concentram no passado tendem a se identificar com o passado, e não com o presente ou o futuro. Os líderes devem evoluir e se adaptar a condições sempre mutáveis. Por exemplo:

Líder dos móveis

Mike Volkema tornou-se presidente e CEO da Herman Miller em meados da década de 1990. Ele tinha uma paixão pessoal pela inovação, tentando estruturar a Herman Miller como líder em inovação no ramo de móveis de escritório e estimulando a criação de novos produtos para ambientes de trabalho do futuro (cadeiras, mesas, estantes, espaço pessoal, entre outros). A Herman Miller era conhecida como uma empresa inovadora. Em seguida, a economia afundou, e as receitas do setor e da própria empresa caíram um pouco mais de 40% em um período de dois anos. As inclinações e a marca pessoal de Volkema deixaram de envolver a inovação e passaram a ser voltadas para racionalizar a forma de trabalho. Isso significava fechar fábricas, fazer cortes no orçamento e concentrar os investimentos em inovação. Embora todas essas ações fossem arriscadas e não fossem exatamente o que pretendia fazer, Volkema fez a mudança necessária. Como resultado, quando a economia se recuperou, a Herman Miller estava bem posicionada para se recuperar também.[5]

A liderança não é para todos. Ela tem um preço em termos de visibilidade, responsabilidade, conflito e pressão para adaptação. Quem não está disposto a pagar esse preço não deve sequer aceitar se tornar um líder. Ter uma marca pessoal requer que os líderes percebam que os benefícios da marca superam as desvantagens. Entender claramente o valor dos benefícios pessoais e o preço pessoal dos possíveis custos envolvidos antes de começar a moldar a marca da liderança ajuda a desenvolver uma força de vontade sólida o suficiente para enfrentar as dificuldades pelo caminho.

Domine o código da liderança

No Capítulo 1, apresentamos rapidamente o que chamamos de código da liderança, ou seja, elementos básicos que todos os líderes devem dominar para vencer. Os líderes devem conhecer bem o básico. Se não o fizerem, a marca não se sustentará. Esses elementos básicos da liderança explicam 60 a 70% do sucesso de um líder. O código da liderança também se aplica ao nível da marca da liderança pessoal. Os líderes devem alcançar um limite mínimo em cada uma das cinco dimensões do código da liderança a partir do qual desenvolvem a própria marca, ou estilo pessoal.

Em funções organizacionais, os líderes desenvolvem *proficiência pessoal* por meio de sua capacidade de aprender, trabalhar com vigor e demonstrar bom caráter, coragem, competência intelectual, sabedoria e moderação. Essa gama de atributos pessoais também é central à marca da liderança pessoal.

Os líderes também precisam ser *estrategistas* com uma bússola moral, princípios que os orientam, um objetivo ou um senso de propósito. Nas empresas, os líderes de sucesso têm um ponto de vista estratégico. Eles são *executores* quando garantem que as promessas serão atendidas e os resultados serão apresentados. Como indivíduos, os líderes precisam cumprir o que prometem, ser responsáveis pelos resultados e atender às expectativas. São *gestores de talentos* quando envolvem, motivam, informam, persuadem e orientam os demais. Por definição, a liderança não é um ato único. Da perspectiva individual, a marca pessoal surge apenas na medida em que os indivíduos conseguem se ver pelos olhos alheios. Os líderes são *desenvolvedores do capital humano* quando desenvolvem a próxima geração de talentos de modo que a empresa sobreviva a eles. Os líderes com uma marca pessoal também investem nos demais. Concentrar esforços em terceiros permite que os líderes expandam seu impacto. Isso significa compartilhar o crédito por tudo que dá certo e assumir a culpa caso contrário. Significa perguntar "O que você acha?" quando as pessoas fazem perguntas, para ajudar quem perguntou a ficar mais atento e reflexivo.

Os líderes devem ter, pelo menos, competência mínima nesses cinco fatores do código da liderança. Só que precisam ser excepcionais em um ou dois desses fatores. O código da liderança sugere os elementos básicos da marca pessoal. Indivíduos com uma marca pessoal sabem para onde estão indo; tendem a alcançar seus objetivos junto com os outros e também a ajudar os demais a chegar aonde precisam chegar. Assim como uma boa marca de produto ou da empresa inspira confiança, uma marca pessoal forte, baseada no código da liderança, dá a oportunidade para que essa pessoa influencie as demais.

Criar uma declaração da marca da liderança pessoal

O código da liderança define os elementos básicos, mas uma marca pessoal precisa ser diferenciada e única. Como observado no Capítulo 3, a declaração da marca da liderança é o que confere uma marca ao líder e fornece os outros 30 a 40% de eficácia oferecidos pelo código da liderança.

Ao criar sua marca da liderança pessoal, preste atenção à impressão inicial que você causa. As primeiras impressões não são necessariamente certas, mas podem criar imagens indeléveis que influenciam interações futuras.[6] Comportamentos físicos (vestuário, apresentação e linguagem), comportamentos emocionais (atitude e resistência) e comportamentos sociais (capacidade de interagir e colaborar) — tudo isso envia sinais às pessoas que nos cercam e reforçam nossa marca pessoal.

Às vezes, as marcas ou identidades pessoais emergem de uma série de ações incidentais e aparentemente discretas. Em geral, a maneira como determinada pessoa gasta seu tempo comunica prioridades e interesses. Descobrir e estruturar uma marca resulta das seguintes perguntas: A quem dedico meu tempo? Que aspectos tendo a abordar? Onde gasto meu tempo? Como tomo decisões e processo informações? Imagine um diário passado e futuro. Quando parar para analisar as últimas quatro a seis semanas, verá como investiu seu tempo. Que marca foi comunicada? Nas próximas quatro ou seis semanas, como você poderá investir seu tempo para moldar a marca desejada?

As primeiras impressões ou as marcas pessoais emergentes podem ser adaptadas por meio de um processo disciplinado. Identificamos seis passos que um líder pode seguir para criar uma marca da liderança intencional. Embora apliquemos esses passos em um contexto organizacional, eles também podem ser aplicados a outros cenários. Eles adaptam a lógica desenvolvida no Capítulo 3 para a marca da liderança da empresa. A Avaliação 9-1 apresenta as considerações básicas para cada etapa do processo.

AVALIAÇÃO 9-1

Criando uma marca pessoal

Passo	Pergunta	Plano de ação
1	Quais são os principais resultados que desejo alcançar nos próximos 12 meses em minha vida profissional?	Investidores: Clientes: Empregados: Organização: (Assinale os dois grupos de stakeholders mais importantes para o desenvolvimento de sua marca.)
2	Quais são os principais resultados que desejo alcançar nos próximos 12 meses em minha vida pessoal?	Bem-estar emocional: Bem-estar social: Bem-estar físico: Bem-estar intelectual: Bem-estar espiritual: (Assinale os dois grupos de stakeholders mais importantes para o desenvolvimento de sua marca.)
3	Quais são as seis palavras pelas quais eu gostaria de ser conhecido como líder? (veja a Avaliação 9-2)?	_____ _____ _____ _____ _____ _____
4	Quais são as três frases que combinam as seis palavras representativas de minha identidade almejada?	_____ _____ _____
5	Qual é minha declaração da marca pessoal, combinando resultados e identidade?	Desejo ser conhecido(a) por _____, _____, _____ de modo que possa apresentar _____ e _____ no trabalho, e _____ e _____ fora do trabalho

Passo	Pergunta	Plano de ação
6	Como posso tornar a identidade de minha marca real dentro e fora do ambiente de trabalho?	Principais stakeholders .... Pontos de contato Chefe Colegas Subordinados Clientes Família Amigos Vizinhos Conhecidos (Liste os tipos de encontros — os pontos de contato — em que o desenvolvimento da marca tende a ser mais eficaz para os stakeholders em cada grupo.)

Passo 1: Estratégia

Quais são os principais resultados que você deseja alcançar nos próximos 12 meses no trabalho?

A marca da liderança pessoal começa com clareza sobre os resultados que você deseja alcançar como líder. Seja nos negócios ou em outro contexto (comunitário ou social), esses resultados podem ser tangíveis ou intangíveis e devem refletir os interesses de quatro grupos de stakeholders: clientes, investidores, empregados e a organização como um todo.

O primeiro e o mais importante aspecto é identificar como você pode agregar valor para os clientes. Como já discutido, a marca da liderança é o elo que liga as expectativas dos clientes e o comportamento dos empregados. Cada líder precisa identificar os clientes desejados que, de forma direta ou indireta, recebem valor de bens ou serviços que são gerados pelo líder. Definir os resultados desejados pelos clientes o ajuda a descobrir o que é preciso apresentar como resultado.

Os resultados dos investidores podem ser definidos com foco nos investidores que você precisa atender. Os interesses desses investidores podem manifestar-se no preço das ações, conforme definido pelos acionistas da empresa, ou nos orçamentos definidos pela sede da empresa. Saber o que os investidores esperam ajudará você a ter clareza sobre a marca da liderança exigida para atender a essas expectativas financeiras.

Os empregados também têm expectativas e resultados almejados. Quando definimos os resultados dos empregados em termos de compromisso, produtividade, retenção ou competência, podemos ter mais clareza sobre a marca da liderança necessária.

Finalmente, falamos muito sobre os resultados organizacionais em termos das capacidades que determinada empresa deve demonstrar para apresentar a estratégia. Quando resolvemos estruturar ou aprimorar a marca pessoal, também pode ser interessante realçar as capacidades organizacionais de que sua unidade precisa.

Ao pensarmos nos possíveis resultados de clientes, investidores, empregados e organização, começamos a identificar padrões e temas que se materializam a partir desses stakeholders. Nesse aspecto, a marca pessoal surge com a resposta à pergunta "O que as outras pessoas querem de mim?"

Passo 2: Aplicação fora do trabalho

Que resultados você deseja alcançar nos próximos 12 meses fora do trabalho?

Observamos uma lacuna cada vez menor entre o que ocorre no ambiente de trabalho e fora dele. As fronteiras entre as duas áreas da vida estão se diluindo à medida que a tecnologia integra a vida profissional e pessoal dos indivíduos. A marca da liderança pessoal se aplica igualmente aos resultados obtidos no trabalho e aos resultados desejados na vida pessoal.

Assim, além de especificar os resultados desejados dos stakeholders, podemos articular os resultados almejados dos stakeholders pessoais. Esses resultados podem incluir bem-estar emocional (autoconsciência, administração do humor, automotivação, empatia), bem-estar social (relacionamentos com amigos, familiares e conhecidos), bem-estar intelectual (aprendizado, crescimento pessoal, hobbies), bem-estar físico (saúde, aparência, vestuário, hobbies) e bem-estar espiritual (senso de propósito e paz). Quando desenvolvemos uma perspectiva e um grupo de resultados desejados nesses estados em nossa vida pessoal, temos um senso de objetivo e direção.

Passo 3: Resultados

Considerando esses resultados pessoais e profissionais, pelo que você deseja ser conhecido?

Para começar o processo, procure na lista de possíveis atributos na Avaliação 9-2 e escolha os seis mais atraentes.[7] Escolher os seis principais descritores da lista pode ser difícil — todos são positivos. Entretanto, parte da criação de uma identidade envolve concentrar-se nas imagens desejadas e não tentar ser tudo para todas as pessoas.

Às vezes, verificamos que é interessante para aqueles que estão tentando criar uma marca da liderança pedir aos seus melhores amigos que identifiquem os seis principais atributos pelos quais eles são (ou poderiam ser) conhecidos. A dica é pensar no que as pessoas realmente sabem fazer bem. Quais são os principais atributos dessa pessoa como ser humano?

Independentemente de a seleção basear-se essencialmente na escolha pessoal, nas observações de terceiros ou no alinhamento com os resultados desejados, focar nos principais atributos define a identidade no âmago da marca da liderança.

AVALIAÇÃO 9-2

Possíveis atributos

Assinale as seis palavras que melhor refletem o atributo pelo qual você deseja ser conhecido

Compreensivo	Criativo	Independente	Pragmático
Responsável	Curioso	Inovador	Preparado
Voltado à ação	Decisivo	Perspicaz	Proativo
Adaptável	Dedicado	Inspirado	Produtivo
Ágil	Deliberado	Integrador	Voltado à qualidade
Agradável	Fidedigno	Inteligente	Baseado na realidade
Analítico	Determinado	Íntimo	Religioso
Fácil de lidar	Diplomático	Inventivo	Respeitador
Assertivo	Disciplinado	Gentil	Responsável
Atento	Entusiasmado	Culto	Responsivo
Benevolente	Fácil de lidar	Animado	Voltado para resultados
Ousado	Eficiente	Lógico	Satisfeito
Brilhante	Emocional	Carinhoso	Sábio
Calmo	Enérgico	Leal	Autoconfiante
Relaxado	Entusiasta	Incentivador	Generoso
Cuidadoso	Bem-humorado	Otimista	Sensível
Carismático	Rápido	Organizado	Voltado a serviços
Esperto	Flexível	Expansivo	Sincero
Colaborador	Centrado	Apaixonado	Sociável
Comprometido	Sabe perdoar	Paciente	Direto
Companheiro	Amigável	Tranquilo	Atencioso
Competente	Divertido	Pensativo	Profundo
Preocupado	Sabe ouvir	Persistente	Incansável
Confiável	Alegre	Pessoal	Tolerante
Confrontador	Prestativo	Brincalhão	Confiante
Consciencioso	Honesto	Agradável	De confiança
Considerado	Esperançoso	Polido	Obstinado
Consistente	Humilde	Positivo	Voltado a valores

Passo 4: Definição da sua identidade

Combine essas seis palavras em três expressões de duas palavras que reflitam sua identidade desejada.

A combinação de seis palavras em três expressões permite que você construa uma descrição mais aprofundada: pelo que você gostaria de ser lembrado e como terá de agir para alcançar esse objetivo. Por exemplo, "tranquilamente motivado" é diferente de "inventivamente motivado", ou de "incansavelmente motivado" ou "produtivamente motivado". Experimentar as muitas combinações que podem ser feitas com as seis palavras escolhidas ajuda a refletir sobre a descrição que melhor representa sua marca da liderança pessoal.

Passo 5: Declaração de sua marca da liderança pessoal

Estabeleça uma ligação entre o fato pelo qual você gostaria de ser conhecido e os resultados desejados.

Sua declaração da marca da liderança pessoal reúne a identidade desejada (do passo 4) com os resultados dessa identidade (passo 1 e passo 2). Para criar essa declaração, você pode completar a seguinte frase:

Quero ser conhecido por _____, _____ *e*
_____, *de modo a apresentar os seguintes resultados:*
_____ *e* _____ *no trabalho, e* _____
e _____ *fora do trabalho.*

Observe como essa declaração transfere a identidade pessoal para resultados concretos. Essa ligação estabelecida pelo elemento "de modo a" é o que torna a marca pessoal mais do que meramente uma declaração de valor pessoal e a alinha com os resultados. As marcas de produtos e da empresa vencem e duram porque fidelizam os clientes a essas marcas. Marcas de produtos vitoriosas não são apenas inerentemente interessantes aos consumidores, mas levam à ação. Da mesma forma, vincular a marca da liderança pessoal com um resultado desejado garante que a marca da liderança vai durar. Não é um fim em si mesmo, mas um meio de atingir objetivos importantes.

Essa declaração da marca da liderança pessoal pode ter validade com as seguintes perguntas diagnósticas:

- *Esta é a identidade de marca que melhor representa quem eu sou?* Sinto-me pessoalmente envolvido com essa declaração? Esta pergunta testa a validade pessoal da declaração da liderança. Você gostaria que as pessoas que mais o conhecem lembrassem de você pelo que você descreve como sua declaração de liderança? Ela é consistente com sua autoimagem? Você estaria disposto a chamá-la de identidade pessoal? Se você vivenciasse essa declaração da liderança, você se consideraria bem-sucedido? Você está disposto a dizer que essa é sua marca da liderança pessoal?

- *Esta identidade de marca cria valor aos olhos de minha empresa e dos principais stakeholders?* É necessária? A marca pessoal declarada se alinha com a marca da liderança da empresa? Em caso negativo, você conseguirá se encaixar na empresa ao longo do tempo? Será que aqueles que começarem a demonstrar sua marca da liderança pessoal tenderão ao sucesso?

- *Que riscos estou assumindo ao apresentar esta marca?* Em que ela afetará meu entendimento ou ação? Esta é uma pergunta importante — pode ser tentador escolher uma identidade de marca que apoie os valores da empresa em vez de seus próprios valores e pontos fortes pessoais. Por exemplo, na maioria das empresas com forte orientação tecnológica, o know-how e a capacidade técnica em geral são avaliados em relação à capacidade de vender ou em função de uma orientação interpessoal. Seria um erro, contudo, mesmo em uma instituição assim, fingir que você é um líder técnico quando, na verdade, é alguém com motivação completamente diversa. Identificar suas limitações ajuda você a montar uma equipe que possa compensar as áreas em que você não é tão forte e acaba aumentando sua eficácia na liderança.

- *Esta identidade de marca é algo para o qual tenho predisposição? Posso vivenciá-la?* Você tem condições de traduzir as imagens articuladas em sua marca em comportamentos diários? Se você analisar sua agenda nas últimas semanas, ela reflete sua marca? Você tem condições de assumir compromissos específicos para vivenciar a marca da liderança escolhida? Você consegue traduzi-la em decisões e escolhas?

A declaração da marca da liderança constitui o âmago da identidade e da reputação de um líder. Ela define quem é o líder, o que ele faz e como ele quer ser tratado pelos demais.

Passo 6: Expectativas

Como posso tornar minha identidade de marca real para os principais stakeholders dentro e fora do trabalho?

Como observado, as marcas sem vivência criam cinismo porque prometem o que não conseguem cumprir. No trabalho, sua marca da liderança pessoal deve ser comunicada a todos aqueles que entram em contato com você. Com seu chefe ou treinador de confiança, você pode dizer qual será sua marca e procurar saber se ela é congruente com as metas da organização. Você pode pedir ao seu chefe ou treinador para ajudar a definir comportamentos consistentes com esta marca. Pode também deixar implícito que se e quando a marca for vivenciada, bons resultados virão, como aumentos salariais e oportunidades de trabalho.

Com os colegas, você pode identificar como a marca permite complementar o trabalho deles. As equipes podem ser mais fortes do que todos os membros individuais somados, porque cada um agrega talentos específicos à equipe. Talvez você perceba como sua marca corresponde às de seus colegas e as complementa. Se você for muito parecido com eles, pouco valor será agregado. Se for pouco parecido, eles não aceitarão sua participação nem estabelecerão qualquer elo com você.

Com os subordinados diretos, você pode comunicar o que espera alcançar não só em termos de resultados, mas também em termos de como as pessoas devem apresentar esses resultados. Você pode ajudá-los a reconhecer os prós e os contras de sua marca de liderança à medida que estão tentando criar a própria marca.

Com os clientes e os que se valem de seus serviços, você pode buscar feedback regularmente para garantir que sua marca pessoal reflete o que eles querem e esperam. Como líder, você é o elo entre as expectativas dos clientes e as ações dos empregados. Estar afinado com os anseios dos principais clientes o ajudará a validar e a verificar a precisão e a sustentabilidade da sua marca.

No trabalho, com chefes, colegas, subordinados e clientes, você pode começar a monitorar seu comportamento em cada ponto de contato. Um ponto de contato é simplesmente uma interação com alguém, seja uma reunião, uma apresentação, uma conversa casual, uma sessão de discussão ou qualquer outro momento de reunião. Ao monitorar o próprio comportamento em cada uma dessas ocasiões, você poderá verificar até que ponto está vivenciando a marca da liderança.

Fora do trabalho, sua marca da liderança também tem grande impacto. A forma de se comportar com a família, com os amigos, vizinhos e conhecidos permite que você seja congruente e aprenda. Às vezes, os líderes aprendem sobre o impacto de sua marca pessoal ao manter contato com as pessoas fora do ambiente de trabalho. Por exemplo, trabalhamos com executivos seniores que desejam descobrir como envolver os empregados. Quando conversamos com eles sobre como lidam com seus filhos adolescentes, muitas vezes aprendemos como sua marca pessoal em casa afetará a maneira como eles atingirão as metas de envolvimento dos funcionários no trabalho.[8] Sua marca deve ser uma declaração positiva do que você deseja para si mesmo. Vivenciá-la pode ser difícil às vezes, mas deve ser natural.

Nelson Mandela tem uma declaração clara de marca pessoal. Ele quer ser conhecido por seu caráter, integridade e valores. Ele aplicou esses atributos pessoais à libertação de seu povo. Como outros grandes líderes que usaram suas marcas pessoais para gerar mudanças em grande escala (Gandhi, Martin Luther, Martin Luther King Jr.), ele percebeu o poderoso impacto de sua identidade pessoal nas metas públicas que pretendia alcançar. Sua marca é forte o suficiente a ponto de perpetuar um mito da internet; palavras lhe foram atribuídas que ele talvez tivesse — ou devesse ter — dito, mas não disse. Ele vem sendo citado como tendo dito (sem exageros), em seu discurso de posse em 1994:

> *Nosso maior medo não é que sejamos inadequados... Nosso maior medo é que sejamos desmedidamente fortes. É nossa luz, e não a escuridão, que mais nos assusta. Nós nos perguntamos quem sou eu para ser brilhante, bonito, talentoso e fabuloso? Na verdade, por que você também não o é? Você é filho de Deus. Sua subserviência não serve ao mundo. Não há nada construtivo em você se anular para que os outros não se sintam inseguros ao seu redor.*
>
> *Nascemos para manifestar a glória de Deus em nós. Ao deixarmos nossa luz brilhar, nós conscientemente damos aos outros permissão para fazer o mesmo, pois estão liberados de nosso medo, nossa presença automaticamente os libera.*[9]

Avalie-se periodicamente

A avaliação lida com uma pergunta simples: como estou me saindo? Continue se fazendo essa pergunta — os líderes melhoram aprendendo e aprendem avaliando. Não conseguir aprender significa não conseguir crescer e evoluir. Não conseguir avaliar resulta em não conseguir aprender. Infelizmente, a avaliação tem os próprios riscos; pode ser pouco trabalhada ou exagerada. A avaliação pouco trabalhada resulta em ações sem feedback ou ideias de outras pessoas, e tende a torná-lo arrogante e ignorante da necessidade de correção. A avaliação exagerada resulta em um estilo de liderança baseado principalmente na resposta a pesquisas de opinião ou pedidos — sujeito aos caprichos dos demais e sem contato algum com seu eu interior.

A avaliação da marca pessoal começa com uma atitude correta a respeito da avaliação. A avaliação — aceitar informações sobre sua marca da liderança — começa com a percepção de que você é dono de sua marca e, portanto, responsável por ela. Outras pessoas podem lhe apresentar opiniões e sugestões sobre o que mudar, mas você é a pessoa responsável pela própria marca. Como receptor, você é dono do feedback que recebe. É tão importante não reagir de forma exagerada e imediatamente fazer tudo que lhe disserem quanto ignorar por completo o que ouviu. Você precisa observar os padrões naquilo que as pessoas informam. Como o tempo, os padrões emergem e ações corretivas podem ser tomadas para ajustar esses padrões. A avaliação começa com uma mente aberta e inquisitiva, mas também com uma consciência de que as informações recebidas devem ser reunidas com outros dados, e que o resultado deve atender à sua marca pessoal, e não a de outra pessoa.

Além da disposição para aprender, a avaliação requer olhar no espelho e analisar com sinceridade seus pontos fortes e fracos, seus sucessos e fracassos. Todos os líderes têm pontos fortes e fracos. Em geral, as pessoas superestimam suas qualidades e subestimam seus defeitos.[10] Para identificá-los, mais uma vez procure encontrar padrões. Quando você tem escolha, que atividades geralmente prefere (pontos fortes)? E para quais protela até o último minuto (pontos fracos)? Quando você pergunta sobre o que funcionou ou não em determinada situação, quais são os padrões consistentes que emergem?

Obter informações dos outros é mais difícil do que parece. Às vezes, as pessoas não têm muita exposição ao seu comportamento de liderança, por isso não têm condições de fornecer um quadro completo. Quem vê você em um ambiente poderá interpretar sua marca da liderança conforme o ambiente e não conforme seu padrão geral de comportamento. As pessoas também podem ser tendenciosas em suas observações sobre a marca da liderança. Podem ver em você o que enxergam em si mesmos — é uma tendência humana comum reagir aos outros usando seus próprios filtros e inclinações. As pessoas também podem ter objetivos políticos ou pessoais ao lhe fornecer feedback. Assim, para uma avaliação sincera dos pontos fortes e fracos, é interessante reunir opiniões de várias pessoas; quanto mais, melhor. Também ajuda encontrar alguns consultores confiáveis que levem em conta seus interesses e que ofereçam sugestões positivas. Às vezes, a maneira mais fácil de identificar verdadeiros amigos no trabalho é sendo sincero e obtendo o feedback que eles estão dispostos a oferecer. Eles discordam sem serem desagradáveis; podem criar tensão sem contenção; concentram-se nos comportamentos, e não nas personalidades; não deixam que os erros permaneçam; cuidam e demonstram lealdade de longo prazo não vinculada a um único incidente; são diretos mas não direcionados.

A avaliação também inclui o monitoramento do estágio atual de sua carreira, como é seu desempenho nesse estágio e qual estágio você gostaria de atingir. Conforme discutido no Capítulo 4:

- Os aprendizes (no Estágio 1) devem avaliar até que ponto eles são capazes de seguir instruções e realizar as tarefas designadas no nível necessário de qualidade.
- Os colaboradores individuais (no Estágio 2) devem avaliar até que ponto são capazes de definir as tarefas que precisam ser realizadas de forma independente.

- Os gerentes (no Estágio 3) devem avaliar até que ponto eles direcionam os demais a realizar tarefas como treinadores, um líder de ideias ou um supervisor ou gerente.
- Os líderes (no Estágio 4) devem se autoavaliar para saber como precisam posicionar as tarefas para o crescimento futuro da empresa, fornecendo orientação, patrocinando os principais colaboradores e representando toda a empresa perante stakeholders externos.

Ao reconhecer seu estágio atual, você pode começar a avaliar qual o nível de desempenho esperado. Isso permite atingir alto desempenho no estágio atual e passar para o próximo estágio, se assim desejado.

Por fim, a avaliação pessoal ajuda você a saber como está se saindo na função, o que deveria melhorar ou parar, e onde investir suas energias para o futuro. A falta de uma avaliação precisa pode induzir os líderes a erros e ações equivocadas.

Invista em si mesmo

Mais pessoas aspiram à grandeza do que a se tornar grandes, e é mais fácil assumir uma marca pessoal relevante do que vivenciá-la. Ainda assim, isso pode ser feito, com o investimento certo em treinamento, experiência de trabalho e experiência de vida. Alguns princípios básicos sustentam o processo.

- *Seja honesto: faça o teste do espelho.* As pessoas acima do peso em geral não gostam de subir na balança ou de se olhar no espelho. Mas evitar os fatos não faz com que eles desapareçam. O investimento começa com uma avaliação sincera, conforme discutido na seção anterior. A avaliação sincera leva a um investimento franco. De todas as habilidades que você possui e escolhe desenvolver, algumas são qualidades características em que é possível prever que, com o trabalho adequado, você estará entre os 10 a 15% com melhor desempenho, enquanto outros, mesmo com grande investimento, tendem a alcançar o pico na faixa de 50%. Usar a avaliação para direcionar o investimento permite que você desenvolva qualidades características excepcionais em algumas áreas, em vez de abranger várias áreas sempre na média.

- *Comece devagar: defina expectativas realistas.* Investir em si mesmo requer a capacidade de mudar e aprender. Em momentos raros, a mudança é dramática e duradoura. Com muita frequência, é possível identificar efeitos cumulativos, embora pequenos passos agreguem valor. Investir em qualquer mudança funciona melhor quando começamos devagar, com expectativas realistas. Sucessos pequenos e simples desenvolvem a confiança e estimulam sucessos futuros.

- *Experimente: coloque-se no caminho de algo novo.* Investir em sua marca pessoal provavelmente significa sair de sua zona de conforto e experimentar algo novo. Embora todos nós tenhamos predisposições, também temos a capacidade de tentar novas ideias. Por exemplo, Michael se desenvolveu no setor de fabricação. Ele sabia como construir produtos com alta qualidade e dentro do prazo previsto. Ao conquistar o sucesso, ele passou a ser considerado um empregado de alto potencial com qualidades que o levariam à alta Diretoria. No entanto, para alcançar essa meta, ele teve de aprender a vencer fora do setor de fabricação. Isso significou assumir funções em marketing, vendas e finanças. Embora nenhuma dessas tarefas tenha sido fácil, cada uma delas o ensinou sobre como trabalhar com pessoas, sistemas e números. Em cada atribuição, ele se dedicou a aprender não só os aspectos técnicos da função, mas a cultura e os comportamentos do cargo. Ele se tornou um gerente geral de grande sucesso. Experiências que investem em sua marca da liderança podem significar participar de uma aula que o estimule a apresentar novas ideias; fazer exposições quando tiver dificuldade de falar em público; fazer uma revisão do desempenho de determinado funcionário quando seu desejo é ser apreciado; reunir-se com um grupo de clientes difíceis para tentar atender às suas necessidades ou assumir uma tarefa permanente ou temporária que esteja fora de sua zona de conforto. Os líderes investem em si mesmos fazendo experiências com algo novo.

- *Continue aprendendo com foco no futuro.* A experimentação sem aprendizado leva à aceitação do fracasso como um padrão. Aprender requer reflexão sobre o que funcionou e o que não funcionou. Se algo não funcionou, os aprendizes se perguntam o motivo e como as lições dessa experiência podem passar para outro cenário. Se algo funcionou bem, os aprendizes se perguntam o motivo e novamente tentam levar essa nova perspectiva para outro cenário. Os líderes que investem em sua marca aprendem constantemente perguntando a si mesmos o que funcionou e o que não funcionou, sintetizando lições e padrões e adaptando perspectivas ao cenário seguinte. Aprender requer excelentes habilidades de observação da situação, das outras pessoas na situação e de si mesmo. Muitas vezes assessoramos líderes que desejam melhorar sua marca pessoal a fim de tentar enxergar o que está acontecendo à sua volta, como estão respondendo a esses sinais e como estão se sentindo.

- *Seja resistente e alegre-se com a rejeição.* Uma das características marcantes dos líderes com estilo é sua capacidade de lidar com a frustração, sua resistência e habilidade de se alegrar mesmo com a rejeição. A frustração é inevitável para qualquer líder que aspire melhorar. Rejeição significa que você está tomando decisões difíceis. Nunca ser rejeitado significa nunca ter tentado. Embora a frustração com a rejeição em geral crie dor pessoal, embaraço público e angústia particular, também pode ser uma fonte de força. Se a rejeição e a frustração levarem a uma clareza sobre o que mais importa e sobre a sua vontade de buscar a marca desejada, você será um líder muito mais humilde (em função da rejeição) e resoluto (pela resistência). Também encontrará amigos que vão apoiá-lo pelo que você é, e não pelo que você faz. A resistência ajuda você a investir em novos cargos, tarefas e experiências de vida.

- *Aproveite as oportunidades inesperadas.* As oportunidades planejadas surgem quando você se esforçou para criar sua marca. Você planejou o caminho que pretende seguir e sabe o motivo, como chegar lá e a quem pedir ajuda ao longo do processo. Você fez seu dever de casa. Com muito mais frequência do que imaginamos, uma oportunidade inesperada surge. Algo que estava fora do escopo de seu plano original, mas é claramente interessante. Tendo feito o planejamento, você pode correr atrás da oportunidade, integrá-la a seu plano e avançar rapidamente.

Com esses princípios em mente e na prática, você tenderá a selecionar e participar de sessões de treinamento como um visitante, e não como um turista. O treinamento mais útil não se separa do trabalho, mas é uma experiência que o ajuda a trabalhar melhor. Você poderá participar de programas de treinamento que o levam a aprender. Você se tornará um participante ativo do treinamento e assumirá riscos para aprender. Levará as ideias da sala de aula para o local de trabalho.

Novas atribuições no trabalho também são oportunidades de desenvolver sua marca. Em vez de cair em uma armadilha e repetir a mesma tarefa recorrendo aos mesmos métodos antigos, você procurará por tarefas que desafiem seus conhecimentos e ofereçam novas experiências, ou encontrará maneiras inovadoras e diferentes de realizar seu trabalho atual. Novos desafios podem surgir na forma de uma tarefa (do marketing à fabricação), das pessoas (trabalhar com pessoas com formação diferente), do ambiente de trabalho (com ciclos comerciais de curto a longo prazo), ou da função (sair do Estágio 2 para o Estágio 3). Quando você assume novas tarefas, elas se tornam oportunidades de tentar algo novo, de se desafiar e de se deixar transformar em algo completamente diferente.

Experimentar e aprender com a vida também esclarece sua marca de liderança pessoal. A forma como você usa seu tempo transmite suas qualidades características não só para os outros, mas também para você mesmo. Dedicar seu tempo pessoal a atividades que ampliem sua compreensão vai ajudá-lo no trabalho. A curiosidade intelectual pode ser desenvolvida com novos hobbies, atividades ou estudos. Conhecer novos amigos resultará em expansão social. A maturidade emocional pode ser alcançada por meio de ações que foram difíceis de executar. Exercícios e boa nutrição geram energia física. O bem-estar espiritual resulta da sensibilidade para com o transcendental. A experiência e o desenvolvimento em cada um desses estados moldarão sua marca pessoal e sua marca profissional.

Meça seu progresso

É preciso aferir seu desempenho no desenvolvimento da marca da liderança. O progresso como líder surge de uma avaliação sincera de si mesmo. Parte dessa avaliação pode ser obtida de outras pessoas. Outro caso:

Quem sou eu de fato?

Trabalhamos com um líder que tendia a ofender seus subordinados e colegas sendo arrogante e dominador. Ele costumava dizer aos subordinados o que fazer em mínimos detalhes, depois observava e criticava o trabalho deles com constância. Seus subordinados rapidamente ficaram insatisfeitos com essas atitudes — e menos inclinados a fazer o que ele queria. Isso produziu um círculo vicioso, já que ele tentava controlá-los ainda mais. Quando alguns dos subordinados se revoltaram e se recusaram a seguir suas ordens, nós entramos em ação. Demorou um pouco para conseguir sua atenção e fazê-lo tomar pé das consequências de seu comportamento. Ele estava se julgando por suas intenções, que eram ajudar os subordinados a aprender a trabalhar de forma mais disciplinada, mas os subordinados o estavam julgando por seu comportamento, que era considerado dominador e arrogante. Ele havia criado, sem querer, uma marca pessoal de líder opressor e negativista.

Para que ele pudesse avaliar a própria marca, nós o incentivamos a procurar os ex-subordinados por e-mail, telefone ou carta e dizer que ele estava se empenhando para aprender mais sobre seu estilo de liderança e que gostaria de ouvir as opiniões deles a seu respeito. Pediu que comentassem sobre algumas de suas características marcantes de liderança ou outras qualidades; alguns de seus pontos fracos ou aspectos com os quais tinha dificuldades, e três ou quatro adjetivos que viessem à mente quando pensassem em sua marca da liderança. Ele estimulou as pessoas a responder e vários o fizeram. Quando ele identificou padrões nas respostas, conseguiu avaliar seu desempenho como líder de forma mais precisa. Ele agradeceu a todos que responderam e começou a criar alguns planos de ação específicos para melhorar.

Nesse caso, fomos contratados para treinar e ajudar um líder a medir e aprimorar sua marca. Analisamos outros líderes que fazem revisões periódicas por conta própria. Um líder reserva um momento para revisar seu progresso a cada seis meses. Ele bloqueia cerca de três horas para refletir sinceramente sobre seu desempenho em termos da marca da liderança que ele deseja demonstrar. Levam-se em conta os planos e as conquistas alcançadas nos últimos seis meses; em seguida, ele prevê as condições para os próximos seis meses e a forma como sua marca evoluirá. Em geral, este trabalho é feito por ele mesmo, que o acompanha pessoalmente para medir o nível de sucesso.

No Capítulo 6, apresentamos quatro quadrantes de avaliação. No quadrante 1, os líderes avaliaram seu impacto na organização. No nível pessoal, podemos medir até que ponto você está alcançando os resultados desejados da sua marca da liderança pessoal em nível profissional e pessoal. No quadrante 2, os líderes avaliam o impacto de seus investimentos ou esforços de desenvolvimento. No nível pessoal, podemos avaliar o que aprendemos no passado e que tipo de experiência de treinamento, de trabalho e de vida ajudou nesse aprendizado. Quando entendemos nossa forma de aprender, podemos começar a avançar no desenvolvimento da marca da liderança. No quadrante 3, os líderes avaliam até que ponto sua marca influencia importantes stakeholders. Em um nível pessoal, podemos avaliar até que ponto as pessoas importantes em sua vida se beneficiam ou prejudicam com sua marca. Até que ponto suas qualidades características apoiam e estimulam outras pessoas? Até que ponto seus pontos fracos inevitáveis o impedem de se relacionar com os demais? No quadrante 4, os líderes avaliam o impacto da marca da liderança da sua empresa, desenvolvendo a confiança nos outros. Em um nível pessoal, podemos avaliar como a marca da liderança desenvolve a confiança entre aqueles a quem você atende.

Também no Capítulo 6, propusemos o que chamamos de levantamento (ou auditoria) dos intangíveis, em que os líderes avaliam o valor intangível que criam para os demais. Esse tipo de levantamento pode ser feito também nas quatro dimensões dos valores intangíveis. O nível 1 sugere que os líderes mantenham suas promessas. Em um nível pessoal, podemos avaliar até que ponto as promessas são cumpridas mantendo um patamar razoável de expectativas e insistindo em respeitar os compromissos assumidos. O nível 3 sugere que os líderes articulem uma estratégia clara. Em uma auditoria pessoal, pergunte a si mesmo até que ponto você tem clareza sobre suas metas e objetivos. Em que medida você articulou o que deseja alcançar e compartilhou isso com os demais? O nível 3 propõe que os líderes vençam por meio da demonstração de competências técnicas. Em um nível pessoal, pergunte até que ponto você conseguiu obter e dominar as competências necessárias para atingir suas metas. O nível 4 sugere que você desenvolva as capacidades organizacionais para cumprir as promessas feitas em seu nome. Em um nível pessoal, as capacidades representam seus pontos fortes e como você alcança seus objetivos. Quando fizer um levantamento dos intangíveis pessoais, você poderá começar a medir o progresso da sua marca da liderança.

Essa medida permite que você desenvolva a marca e a adapte ao que deseja deixar registrado como marca pessoal. O mesmo pode ser feito com as outras pessoas: você pode observar a evolução da marca da liderança pessoal delas, medindo suas ações e seu desempenho. Por exemplo, Jimmy Carter deixou a presidência dos Estados Unidos depois de um período em que sua imagem foi abalada. A economia estava em péssimas condições, as tentativas de resgate dos reféns sequestrados no Irã haviam fracassado e a confiança em seu discernimento estava baixíssima. Entretanto, nos anos seguintes, com trabalho dedicado por meio da ONG Habitat for Humanity, esforços de paz e serviço incansável, ele conseguiu ressuscitar sua imagem e criar uma nova marca como Bom Samaritano, pacificador e diplomata. Em outra mudança, Bill Gates fundou a Microsoft e se tornou conhecido por sua agressividade e competitividade nos negócios. No entanto, após doar grande parte de sua fortuna pessoal e dedicar seu tempo a atividades filantrópicas, sua imagem mudou de crueldade para preocupação e compaixão.

As marcas pessoais evoluem. Quando elas evoluem por meio de uma avaliação periódica e rigorosa, podem ser moldadas de modo que comuniquem os resultados desejados. Sem avaliação, sua marca pessoal pode vagar sem direção. Você passa a ser conhecido por sua falta de direção, estabilidade e caráter.

Desperte a consciência da sua marca

Por fim, sua marca da liderança pessoal terá impacto quando atingir eficácia, por ser a marca certa, e consciência, por ser visível e poder ser trabalhada por todos. Conscientizar as outras pessoas sobre sua marca pessoal é resultado de palavras e ações. Ser capaz de articular suas qualidades para si mesmo e para os demais permite que o líder defina sua marca com palavras. Agir de forma consistente e previsível, de acordo com sua marca pessoal, permite que outras pessoas comecem a definir e a identificar o líder por meio da marca que ele criou. Quando os demais se relacionam com o líder e conversam com ele de forma consistente com a marca, ela tende a durar. Outro exemplo:

Segurando a linha

Enquanto Dave atuava como ministro de uma missão evangélica, ele e a esposa trabalharam com mais de quinhentos jovens voluntários que pretendiam atuar como missionários, em tempo integral, durante 18 a 24 meses. Nessa função, eles se dedicaram a prestar boas ações e a viver segundo regras de conduta rígidas. Nesse processo, a maior parte dos missionários desenvolveu uma identidade em relação a quem eram e quem gostariam de ser. No final de suas respectivas missões, voltaram para casa para alcançar metas pessoais e profissionais.

Um jovem conversou com Dave no final de seu período na missão e expressou grande preocupação. Algumas semanas depois de voltar para casa, ele iria se alistar. Ele temia que alguns dos hábitos e rotinas adquiridos durante o tempo como missionário pudessem ser mal interpretados entre seus futuros camaradas militares. Ele queria saber como reter os valores desenvolvidos na missão neste ambiente novo e diferente. Dave sugeriu a tática dos "quatro três" para incorporar sua marca ao convívio com os novos companheiros:

- *Três horas.* Nas suas três primeiras horas com os novos recrutas, todos estarão nervosos, fingindo e tentando ver como se encaixam no grupo. Viva seus valores durante três horas em tudo o que disser, na sua forma de falar e de se comportar.
- *Três dias.* Nos primeiros três dias, as pessoas tentarão assumir novos papéis no grupo recém-formado. Tentarão ser aceitas pelos demais pelo que dizem e fazem. Mais uma vez, de forma tranquila mas consistente, viva os seus valores. Isso pode influenciar suas leituras, sua linguagem, seu comportamento pessoal e sua maneira de se relacionar com os demais.
- *Três semanas.* Nas primeiras três semanas, algumas normas do grupo começarão a emergir. Continue a viver seus valores quando os recrutas tiverem a primeira folga, quando receberem seus passes de fim de semana e quando estiverem em locais públicos. Isso não significa que você deva excluir-se do convívio quando eles agirem de forma que lhe desagrade, nem que você deve julgá-los; significa apenas que você deve viver seus valores.
- *Três meses.* Depois de cerca de três meses, se você continuar a viver seus valores de forma sossegada e persistente, vai perceber que os membros de seu grupo lhe designarão uma identidade, e tratarão você conforme essa imagem. Quando alguém de fora do grupo convidá-lo para fazer algo que não esteja alinhado com esses valores, seus colegas provavelmente dirão aos demais que você não age assim, antes mesmo que você tenha de se manifestar.

No começo, disse Dave, talvez seja um pouco difícil viver os seus valores, porque eles podem ser diferentes da norma. Mas, após três meses, será fácil vivenciá-los, porque seus amigos esperarão este comportamento de você e vão comunicar aos demais suas crenças e os motivos que as sustentam.

Algum tempo depois, o jovem contou a Dave que, de fato, as primeiras horas, dias e semanas foram bem difíceis, mas que, com o tempo, ele começou a assumir uma identidade em seu pelotão. Depois de alguns meses, seus companheiros o protegiam contra qualquer coisa contrária à marca que ele representava.

Todos os que desejam sustentar uma marca pessoal o fazem por meio de pequenas ações simples e consistentes. Quando os demais veem essas ações e começam a acreditar nelas, respondem da mesma forma e as reforçam. A consciência pública de uma marca pessoal a consolida.

A expectativa pública também dificulta a mudança de determinada marca. Mas as marcas podem e devem evoluir quando novos comportamentos substituem os anteriores e quando quem está à sua volta percebe que você leva a sério a nova marca que está criando.

Conclusão

Este livro reestrutura sua forma de pensar sobre a liderança. Primeiro, é preciso concentrar-se nos aspectos externos da empresa, e não nos internos. Isso significa que as expectativas dos clientes (e dos investidores) devem estruturar, direcionar e influenciar o comportamento dos líderes. Quando os líderes agem de forma a agregar valor aos clientes, têm mais probabilidade de estar fazendo a coisa certa. Em segundo lugar, concentre-se não apenas nos atributos pessoais de um líder nobre ou bem-sucedido, mas na liderança, ou no quadro de líderes existentes em sua empresa.

Com base nesses dois princípios, uma marca da liderança constrói a identidade da empresa na mente dos que estão fora dela (clientes e investidores) com o comportamento de seus empregados. Quando determinada empresa tem uma marca da liderança, os clientes têm uma imagem positiva dela, os investidores percebem a empresa como tendo valor intangível, os empregados se sentem mais comprometidos e os líderes geram enorme valor.

Ainda assim, a marca da liderança da empresa começa com a marca da liderança pessoal. Até que cada líder individual tenha condições de demonstrar e vivenciar uma marca pessoal que seja congruente com a marca da empresa desejada, essa marca não será confiável. O caminho até alcançar a marca da liderança começa em cada indivíduo.

Apêndice A

Critérios para a marca da empresa

A MARCA DE UMA EMPRESA PODE traduzir-se na marca da liderança. Para ajudar a fazer essa transição, identificamos critérios para uma marca eficaz que levará aos critérios certos para a marca da liderança. A Tabela A-1 resume esses critérios e como eles se aplicam à liderança. Também apresenta exemplos de empresas que atenderam a esses critérios. Mostrando a conexão entre os critérios para a marca da empresa e a marca da liderança, este apêndice desvenda a metáfora da marca e mostra como ela informa o pensamento da liderança.

Quando os líderes respondem aos critérios de uma marca, mudam o foco do indivíduo como líder para a qualidade institucional da liderança em sua empresa e tiram o foco de dentro para fora.

Faça o básico bem

As marcas só funcionam se fizerem bem o básico. Marcas que prometem o que não podem cumprir criam cinismo e abalam a confiança. É melhor que determinada marca prometa menos e entregue mais, do que o contrário. Da mesma forma, a marca da liderança requer que os líderes dominem o básico. Líderes eficazes têm proficiência pessoal e podem realizar as funções de estrategista, executor, gestor de talentos e desenvolvedor de capital humano. Esses elementos básicos são o código da liderança que é necessário, mas não suficiente, para os líderes individuais e a liderança organizacional.

TABELA A-1

Critérios da marca para empresas e líderes

Critérios	Lições do produto e da marca da empresa	Aplicação à marca da liderança
Código da liderança: Faça o básico bem. A marca cumpre o que promete?	Uma marca deve estar alinhada com os atuais clientes à medida que o mercado muda (Pillsbury).	Todos os líderes devem dominar um counjunto essencial de competências da liderança (P&G).
Estima: Comece de fora para dentro. A marca gera valor e é bem avaliada?	Uma marca deve criar valor percebido na mente dos clientes ou usuários do produto (Rolex).	O sucesso da liderança é medido pelo valor (resultados) que os líderes criam para os empregados na empresa e para clientes e investidores fora da empresa (Starbucks).
Conhecimento: Comunique-se nos termos dos clientes. A marca gera uma resposta nos clientes?	Uma marca deve cumprir suas promessas garantindo que os líderes dominem o essencial da liderança (Lexus).	A marca da liderança dentro da empresa deve estar ligada com a experiência desejada para clientes específicos fora da empresa (American Red Cross).
Evolução: Evolua com os clientes. A marca está à altura das crescentes expectativas dos clientes?	Uma marca deve comunicar aos clientes suas intenções (FedEx).	A marca da liderança exige que os líderes em todos os níveis se adaptem às condições de mercado em constante mudança (Payless ShoeSource).
Exclusividade e diferenciação: Diga o que eles querem ouvir. A marca se destaca de forma única?	Uma marca cria uma visão única e diferenciada de um produto ou empresa (Rolls-Royce).	Os líderes na empresa desenvolvem uma reputação por cumprir promessas de forma consistente com a identidade da empresa (PepsiCo).
Penetração: Espalhe a notícia. A marca se relaciona com os usuários em todos os segmentos?	Uma marca ressoa em diferentes níveis de segmentação do mercado (Timex, P&G).	A marca da liderança está em todos os níveis da liderança na empresa (McKinsey & Company).
Sustentabilidade: Seja persistente e paciente. A marca é duradoura?	Uma marca abarca produtos ou serviços e se sustenta ao longo do tempo (Pampers).	A marca da liderança persiste e garante que não está vinculada a uma só pessoa ou era estratégica (General Electric).
Eficácia: Faça funcionar. A marca entrega e comunica o que pretende?	Uma marca de produto entrega e comunica o que pretende (Special K: perda de peso).	A marca da liderança comunica a identidade da liderança desejada (Johnson & Johnson: confiança, ética e integridade).
Relevância: Mantenha o interesse. A marca se alinha com a estratégia atual e futura?	A marca importa para os clientes (Kleenex).	A marca da liderança importa aos empregados, clientes e investidores (Apple).
Preço/valor: Sustente o preço e o valor. A marca permite cobrar preços mais altos?	Os clientes pagam em média um terço mais por produtos com marca (Starbucks).	Os líderes com estilo entregam mais valor do que os demais (General Electric, P&G).

Comece de fora para dentro

Assim como a marca de um produto ou empresa só tem importância se for valorizada pelos clientes, uma marca da liderança precisa gerar resultados que atraiam ou agradem os clientes; caso contrário, será inútil. As principais perguntas: "Os clientes querem que essa empresa seja conhecida pelo quê?" e "O que nossos líderes precisam saber, fazer e apresentar para fazer com que a identidade do cliente seja realidade?" Com esse enfoque, a liderança é importante não apenas porque os líderes dizem que ela é ou porque os empregados ficarão satisfeitos com ela, mas porque os clientes e investidores estarão dispostos a comprar seus produtos e a investir em sua empresa. A marca da liderança exige que os resultados da liderança sejam avaliados pela medida em que os líderes geram valor aos clientes e investidores fora da empresa. À medida que as expectativas dos clientes evoluem, a marca também evolui.

Comunique-se nos termos dos clientes

Uma marca deve comunicar aos clientes o que pretende alcançar. A FedEx deseja ser conhecida como a empresa que presta um serviço de entrega "na hora, toda hora". Essa mensagem simples deve comunicar aos que usam seus serviços o que a diferencia e a destaca da concorrência. No contexto da marca da liderança, construir conhecimento significa desenvolver a linha de visão dos líderes entre as expectativas dos clientes e o desempenho do líder. Se os clientes pudessem contratar as pessoas para administrar a empresa, eles escolheriam os atuais líderes? Se este for o caso, os líderes existentes conhecem e agem conforme os interesses dos clientes de forma a encantá-los.

Evolua junto com os clientes

As marcas mudam com os consumidores. O Pillsbury Doughboy era um ícone fofinho e simpático da linha de produtos Pillsbury. Com o advento das opções e estilos de vida mais saudáveis, o Doughboy ficou de dieta e se adaptou às atuais condições dos consumidores. A Kentucky Fried Chicken virou KFC; a March of Dimes deixou de curar a pólio para cuidar de doenças infantis em geral; a Marriott saiu dos hotéis para centros de retiro; a Nike deixou de atuar apenas no ramo de calçados e também entrou no de roupas. À medida que as marcas evoluem, os líderes também evoluem. Líderes bem-sucedidos vinculam constantemente sua marca ou identidade com as expectativas variáveis de clientes e investidores. Com a mudança dos clientes, a marca da liderança também deve mudar. Como demora (de sete a dez anos, dependendo de quem faz a análise) para desenvolver um líder forte, é importante que todos os líderes dominem o essencial sobre a liderança.[1] Quando eles tiverem dominado o essencial, serão capazes de adaptar suas principais capacidades e habilidades às circunstâncias exclusivas que enfrentam — aplicando o que sabem ao que precisam alcançar.

Diga o que eles querem ouvir

A marca é exclusiva e não genérica — e isso a torna rara no mundo da liderança atual. Vemos isso várias vezes em nossos programas de treinamento, em que um dos exercícios envolve fazer com que os participantes levem modelos de competência da liderança que são usados em suas próprias avaliações de 360 graus e os afixem nas paredes. Pedimos a todos que circulem pela sala e identifiquem a empresa que cada lista representa. Muitas vezes, eles não conseguem identificar as empresas, pois as competências são semelhantes e genéricas (têm uma visão, comunicam bem, constroem equipes, envolvem empregados e assim por diante). A marca da liderança força os líderes a saírem do genérico e partirem para um estilo de liderança mais direcionado. Uma pergunta simples é suficiente para dar início a essa passagem dos atributos genéricos para resultados focados. Para cada competência, perguntar, "Para que o quê?" leva a um resultado específico que está ligado à estratégia da empresa. (Veja o Capítulo 3 para obter mais informações sobre essa questão.)

Espalhe a notícia

A marca da liderança eficaz deve ser refletida pelos líderes em todos os níveis da empresa. Uma marca forte é universalmente compreendida, pois transmite uma mensagem específica: a Nike comunica qualidades atléticas a ricos e pobres — aos atletas em treinamento e aos atletas apenas na imaginação. Da mesma forma, a marca da liderança de uma empresa não pode ser algo que os principiais líderes da instituição vivenciem enquanto outros apenas observam — ou pior, desconsiderem. Em vez disso, deve envolver e estar refletida nas atitudes dos líderes em todos os níveis organizacionais. As instituições com uma marca da liderança eficaz devem ter líderes que "sejam", "saibam" e "vivenciem" a identidade da liderança. Se um líder dois ou três níveis abaixo na hierarquia não refletir a marca desejada, ele diluirá ou poluirá todo um segmento da instituição, afetando a resposta dos funcionários, clientes e investidores em relação à empresa e minando o desempenho. Os líderes que não refletirem a marca da liderança da empresa devem ser identificados e aprimorados ou removidos.

Seja persistente e paciente

A marca é sustentável, não está ligada a qualquer modelo individual. A marca da liderança não está vinculada a um líder específico. Está incorporada em toda a empresa. Quando Bob Nardelli assumiu as rédeas da Home Depot, levou consigo um estilo disciplinado, agressivo e envolvente. Este estilo foi logo implantado em toda a rede de lojas da Home Depot. A empresa começou a adotar a marca da liderança que ele criara. A marca foi reforçada por meio da administração financeira, da tecnologia da informação, dos processos de recursos humanos e dos sistemas da empresa. Quando dinheiro, dados e pessoas se ajustam à marca da liderança, comunicam e reforçam essa marca. Trabalhamos em empresas em que o principal líder queria ser "o" líder, aquele que personifica a marca da empresa, deixando os demais imitarem, em vez de executar, uma marca da liderança definida e centrada nos consumidores — e, a partir daí, concluímos que a identidade corporativa é *menos* bem focada do que o inverso (como desejam os líderes).

O teste final do sucesso ocorre apenas depois que o líder sai de cena. A marca da liderança é eficaz o suficiente e foi realizada de forma ampla o suficiente para ser reconhecida pelo sucessor? Embora um sucessor traga ideias novas e inovadoras, há uma diferença substancial entre desenvolver o trabalho de seu predecessor para estabelecer uma marca da liderança e criar uma nova marca para atender aos seus próprios interesses. Pode estar mais ligado a requisitos comerciais ou mais amplamente refletido na empresa.

Faça funcionar

Uma marca deve ser eficaz; caso contrário, não durará. Não cumprir promessas é pior do que não fazê-las. Os fregueses reclamam mais em restaurantes Four Seasons do que em lanchonetes Denny's, porque as expectativas são maiores nas cadeias mais caras. Os líderes que declaram uma marca da liderança devem viver segundo seus princípios ou sucumbirão (ou desviarão do seu caminho). A eficácia da marca da liderança ocorre quando funcionários, clientes e investidores acreditam que as promessas feitas pela Diretoria serão mantidas.

Mantenha o interesse

A marca precisa ser importante para o usuário. As marcas funcionam porque os consumidores as consideram relevantes. Um cliente precisa gostar das características de maciez e hidratação dos lenços Kleenex, do conforto da Dockers, ou da qualidade do som dos alto-falantes Bose. Da mesma forma, a marca da liderança precisa ser importante para quem está exposto aos líderes. Funcionários, clientes e investidores precisam acreditar que a reputação do líder é sólida e que suas contribuições exclusivas e coletivas fazem diferença na vida profissional e pessoal de todos aqueles que estão sob sua influência direta ou indireta.

Sustente o preço e o valor

Um teste simples de qualquer marca é a quantia que os clientes estão dispostos a pagar pelos produtos e serviços para adquiri-los, em vez dos da concorrência. A Starbucks cobra mais pelo café do que uma loja de conveniência ou mercado, a água da Evian custa mais do que a água mineral normalmente encontrada nos supermercados, e assim por diante. Os consumidores estão dispostos a pagar mais porque obtêm em troca valor em termos da qualidade percebida do produto ou da reputação que o uso do produto/serviço lhes confere. Da mesma forma, os líderes devem criar valor percebido pelo que fazem e apresentam e pela reputação que associam ao seu trabalho, ou ambos.

Esses princípios da marca da liderança podem ser usados para diagnosticar até que ponto determinada marca existe na empresa. A pesquisa apresentada na Avaliação A-1 pode ser usada como diagnóstico rápido para avaliar qual a marca da liderança existente na empresa.

AVALIAÇÃO A-1

Diagnóstico da marca da liderança

Pergunta para avaliar a marca da liderança *Até que ponto os líderes em minha empresa...*	Pouco Alto
Fazem o básico bem: demonstram um conjunto essencial de competências de liderança desejadas?	1 2 3 4 5
Começam de fora para dentro: vinculam suas ações dentro da empresa com as expectativas dos clientes?	1 2 3 4 5
Desenvolvem o conhecimento: comunicam aos empregados a marca pela qual gostariam que seus principais clientes identificassem a empresa?	1 2 3 4 5
Evoluem com o mercado: adaptam seus conhecimentos e habilidades a condições e estratégias de negócios em constante mudança?	1 2 3 4 5
Diferenciam-se: destacam-se do restante de forma única e distintiva?	1 2 3 4 5
Divulgam seu trabalho: demonstram comportamentos e resultados adequados em todos os níveis da empresa?	1 2 3 4 5
Fazem o trabalho durar: resistem ao tempo não se concentrando em um único indivíduo?	1 2 3 4 5
Fazem funcionar: conquistam a reputação certa junto aos stakeholders externos?	1 2 3 4 5
Mantêm o interesse: alinham suas ações e comportamentos com a estratégia presente e futura?	1 2 3 4 5
Sustentam o preço e o valor: conferem mais valor à empresa do que os outros líderes?	1 2 3 4 5
Total	

Resultado:
56 e acima: Faça uma camiseta com o nome da sua empresa; sua liderança tem estilo.
42-55: Você está no caminho certo, continue em frente.
28-41: Sua empresa precisa se esforçar, mas existe esperança.
14-27: Você tem muito trabalho pela frente.
13 e menos: Sinto muito.

Esses critérios definem as expectativas que os líderes devem atender. Com esses aspectos em mente, a retórica da liderança sai do campo dos termos ambiciosos e difusos como transformação, visão, aspiração, caráter e delegação de poder, e passa a se concentrar em termos comerciais, como participação de clientes e valor de mercado. O retorno final em um investimento em liderança deve ser um "retorno sobre intangíveis" (um novo ROI para a liderança) que aparece no preço das ações da empresa.[2] Quando a marca da liderança atende a esses critérios e se vincula à participação de clientes e ao valor de mercado, a justificativa para os investimentos em liderança é muito mais fácil de demonstrar. Por exemplo, quando Jack Welch se aposentou e Jeff Immelt assumiu o comando da GE, quem disputava o principal posto da GE partiu em busca de outras empresas. Por exemplo, James McNerney Jr. foi para a 3M e para a Boeing alguns anos depois. À medida que os líderes da GE partiam para outras empresas, as ações delas subiam e permaneciam altas, antecipando futuros resultados.

Apêndice B

Empresas com uma marca da liderança

É MAIS FÁCIL IDENTIFICAR uma boa marca de produto ou empresa do que uma boa marca da liderança, porque o produto é mais visível. Às vezes, os líderes que personificam sua marca da liderança atuam silenciosamente nos bastidores. É o que Jim Collins chama de "líderes de nível 5", que apresentam resultados consistentes sem chamar atenção para si. Eles conquistam seu próprio estilo de liderança quando transferem seus talentos aos demais e quando desenvolvem um quadro de líderes dentro da empresa com um estilo semelhante.

Existem algumas maneiras de identificar as empresas que possuem líderes com um estilo de liderança próprio. Este apêndice explora essas metodologias e a forma como foram utilizadas ao longo do livro. Em primeiro lugar, as empresas podem ser conhecidas pela qualidade da gestão. Uma das oito dimensões que o Hay Group e a *Fortune* identificam como a que confere o status de maior admiração é a qualidade percebida da gestão. As empresas com bons resultados nesta categoria tendem a demonstrar o tipo de marca da liderança que propomos. Elas têm mais de um líder competente ou conhecido; desenvolveram os líderes atuais ou os da próxima geração capazes de responder aos problemas atuais e futuros, conforme definido por agentes externos. A pesquisa da

TABELA B-1

Principais empresas em qualidade da gestão

Empresa	2000	2001	2002	2003	2004	2005	2006	Total
GE	2		1	3			2	4
Berkshire Hathaway				2		3		2
Enron	1	2						2
Omnicom Group	3	1						2
Citigroup		3	3					2
Altria Group				1		2		2
Walgreens			2					1
UPS					1			1
Liz Claiborne					2			1
Kinder-Morgan Energy Partners						1		1
Procter & Gamble					3		3	2
United Health Group							1	1

Fonte: "Most Admired Companies Survey," 2000-2006, *Fortune*, 19 de março de 2007, p. 88.

Fortune dá uma ideia de quais empresas conquistam essa reputação. A Tabela B-1 apresenta a qualidade da gestão de três principais empresas nos últimos sete anos.

Outros estudos procuraram identificar as empresas com líderes fortes e confiáveis de acordo com a reputação dos líderes, da liderança e dos esforços de desenvolvimento da liderança dessas empresas. No estudo da Hewitt, os pesquisadores identificaram trinta empresas que se tornaram exemplares da alta qualidade da liderança. Estamos atuando em parceria com a Hewitt e a *Fortune* para identificar empresas com uma marca da liderança. Esta pesquisa não só destacará que empresas demonstram uma marca da liderança, como também especificará formas de criar uma marca da liderança sustentável.

A pesquisa de Jim Collins utilizou indicadores econômicos de transformação para identificar empresas que saíram do patamar de "bom" para "excelente" e conseguiram sustentar essa posição. Um dos problemas encontrados por quase todos esses critérios para selecionar boas empresas é que o desempenho delas muda. Das 42 empresas originais no ranking *In Search of Excellence*, selecionadas de acordo com critérios financeiros, apenas 13 ainda atendiam a esses critérios alguns anos após o estudo. Entretanto, aquelas que atendiam aos critérios financeiros, mesmo que por um breve período de tempo, tinham mais probabilidade de apresentar uma marca da liderança. Claramente, é necessário fazer mais pesquisas sobre esses aspectos.

Decidimos identificar ainda empresas com uma marca da liderança fazendo uma pesquisa de opinião com os líderes no sentido de verificar quais, segundo a visão deles, demonstravam os critérios da marca da liderança que propusemos. A lista resultante é incrivelmente semelhante às outras listas: GE, PepsiCo, Johnson & Johnson, 3M, Motorola, Home Depot, Polaris.[1]

Finalmente, achamos que as empresas com uma marca da liderança deverão ser exportadoras de talento de liderança. É ideal para uma empresa gerar líderes que possam ser aproveitados internamente, mas nesse processo algumas acabam desenvolvendo muitos talentos que não são absorvidos na própria empresa e se tornam exportadoras de talentos para firmas concorrentes. Chamamos esse grupo de empresas de *mantenedoras de talentos*, porque elas atendem às demandas por líderes de próxima geração em outras firmas. Obviamente, poderíamos argumentar que empresas com uma forte marca da liderança poderiam absorver seus líderes internamente. De fato. No entanto, as que buscam candidatos externos tendem a procurar diretamente em outras com uma sólida reputação por gerar líderes ou tentam identificar líderes que tiveram experiências de liderança significativas no início de suas carreiras. As empresas mantenedoras seriam aquelas que produziram líderes em outras empresas.

São poucas as reais empresas mantenedoras de liderança. Em geral, os líderes que chegam ao topo da hierarquia da instituição são promovidos e, quando são procurados por outras empresas para assumir uma função de liderança, costumam ser originários de apenas dois lugares: General Electric e McKinsey. Isso não é novidade. A GE tem uma reputação de décadas no desenvolvimento de líderes que partem para o sucesso em outras instituições. Ex-líderes da GE estiveram no comando de empresas como Albertsons, Comdisco, Conseco, Home Depot, Honeywell, Intuit, 3M e Boeing. Embora sua taxa de êxito não seja perfeita, é incrivelmente alta. A McKinsey também produziu muitos CEOs e outros líderes seniores em várias empresas, incluindo GE, PepsiCo, American Express, Sotheby's, Ashland, Northeast Utilities, IBM, Westinghouse Electric Corporation, Duracell International, Levi Strauss, Merrill Lynch e Raychem. É claro que as experiências de consultoria em vários setores e a resolução de variados problemas ajudaram muitos dos ex-consultores da McKinsey a chegar a posições de Diretoria.[2]

Ao examinar as carreiras de líderes da *Fortune 500* para verificar suas origens, descobrimos que existem outras empresas mantenedoras da liderança em todos os setores. Este achado é interessante, pois sugere que parte do sucesso da liderança está em dominar não apenas os elementos essenciais da liderança mas também a aplicação desses elementos aos desafios estratégicos exclusivos de determinado setor. Assim, alguns setores da indústria parecem ter as próprias mantenedoras, ou seja, empresas que desenvolvem a próxima geração de líderes naquele próprio setor — como mostrado na Tabela B-2.

Então, o que aprendemos sobre a identificação de empresas com excelente marca da liderança? Em primeiro lugar, trata-se de um grupo seleto. As mesmas empresas continuam aparecendo nas listas de "boa reputação". Isso pode se dever à realidade da marca da liderança, ou a fatores sociais, como reputação geral das empresas de mais alto desempenho. Em segundo lugar, é um grupo variável. As reputações em termos de qualidade da gestão em geral evoluem com as condições e o desempenho comercial. Em terceiro lugar, quase sempre, não é uma perspectiva genérica para os negócios como um todo (exceto para a GE e a McKinsey); é um fenômeno encontrado em setores específicos.

TABELA B-2

Empresas mantenedoras da liderança

Setor	Fonte do líder	Exemplos
Automotivo	Johnson Controls	Michael Johnston (Visteon), Charles McClure Jr. (ArvinMeritor)
	General Motors	John Finnegan (Chubb), Michael J. Burns (Dana), Lewis Campbell (Textron)
Produtos de consumo	Kraft	Robert Eckert (Mattel), James Kilts (Gillette), Doug Conant (Campbell Soup), Rick Lenny (Hershey Company)
Serviços Financeiros	Merrill Lynch	Jeffrey Peek (CIT Group), Herbert Allison (TIAA-CREF)
Médico	Pfizer	Stephen MacMillan (Stryker), Fred Hassan (Schering-Plough)
Petróleo	Texaco	Clarence P. Cazalot Jr. (Marathon), Glenn Tilton (United Airlines)
Informática	Hewlett-Packard	Michael Capellas (Compaq, MCI), Antonio Perez (Kodak)

Notas

Capítulo 1

1. John H. Zenger e Joseph Folkman, *The Extraordinary Leader: Turning Good Managers into Great Leaders* (Nova York: McGraw-Hill, 2002).
2. Robert Eichinger (apresentação nas assembleias anuais da Human Resource Planning Society, Tucson, Arizona, 2006), citando David V. Day e Robert G. Lord, "Executive Leadership and Organizational Performance: Suggestions for a New Theory and Methodology", *Journal of Management* 14, n. 3 (1988): 453-464.
3. Bradford Smart, *Topgrading: How Leading Companies Win by Hiring, Coaching, and Keeping the Best People* (Paramus, NJ: Prentice Hall, 1999), 5.
4. Todos esses tópicos estão cobertos em livros sobre liderança publicados nos últimos cinco anos. Eles mostram a gama de metáforas para informar o pensamento e a prática da liderança. *Ver* Wess Roberts, *Leadership Secrets of Attila the Hun* (Nova York: Warner Books, 1990); Eric Harvey, David Cottrell e Al Lucia, *Leadership Secrets of Santa Claus* (Dallas: Walk the Talk Company, 2004); Jack Welch e Suzy Welch, *Winning* (Nova York: HarperBusiness, 2005); Mike Murdock, *Leadership Secrets of Jesus Christ* (Chicago: Honor Books, 1997); e John Wooden, *Wooden on Leadership* (Nova York: McGraw Hill, 2005).
5. Novamente, esses exemplos são tema de vários livros sobre liderança publicados nos últimos cinco anos. Mostram a gama de casos que são usados para descrever a liderança.
6. Ram Charan, Stephen Drotter e James Noel, *The Leadership Pipeline: How to Build the Leadership Powered Company* (São Francisco: Jossey-Bass, 2000).
7. As informações sobre a Canadian Tire são de entrevistas com os principais executivos e de seu site na Web (http://www.canadiantire.ca).

8. Esse material sobre a Bon Secours deriva de entrevistas com seus líderes comerciais, uma oficina realizada com o Conselho de Administração e um documento interno intitulado "Sistema de Desenvolvimento Contínuo".
9. http://www.bonsecours.org/us/our_mission/index.htm.
10. As informações sobre a drugstore.com provêm de conversas dos autores com Robert Hargadon, vice-presidente de recursos humanos.
11. Simpósio sobre Liderança e Psicologia Evolucionária, Society of Industrial and Organizational Psychologists, abril de 2006.
12. Este estudo não é rigoroso ou completo. Buscamos líderes que tenham moldado a investigação sobre liderança em várias empresas. Isso significou entrevistar não apenas líderes de uma empresas, mas também aqueles que estudam os de muitas outras. Queríamos descobrir com aqueles que realizaram pesquisas extensas quais foram seus achados. Nossa lista de indivíduos entrevistados e pesquisados inclui Jim Bolt (que trabalha com esforços de desenvolvimento de liderança); Richard Boyatzis (que trabalha com modelos de competência e liderança ressoante); Jay Conger (que trabalha com habilidades de liderança alinhadas com a estratégia); Bob Fulmer (que trabalha com técnicas de liderança); Bob Eichinger (que trabalha com Mike Lombardo para ampliar as atividades do Center for Creative Leadership e as técnicas de liderança); Mark Effron (que trabalha com grandes estudos sobre líderes globais); Joe Folkman, (que trabalha com a síntese do líder extraordinário); Marshall Goldsmith (que trabalha com habilidades de liderança global e como desenvolver essas capacidades); Gary Hamel (que trabalha com liderança e sua relação com estratégia); Jon Katzenbach (que trabalha com líderes de dentro da empresa); Jim Kouzes (que trabalha a forma como os líderes desenvolvem credibilidade); Morgan McCall (que representa o Center for Creative Leadership); Barry Posner (que trabalha a forma como os líderes desenvolvem credibilidade) e Jack Zenger (que trabalha o modo de os líderes apresentarem resultados e se tornarem extraordinários).
13. Existem análises muito mais profundas e abrangentes na literatura sobre liderança. *Ver* Bernard M. Bass, *Bass & Stogdill's Handbook of Leadership* (Nova York: Free Press, 1990); e Center for Creative Leadership, *The Center for Creative Leader-ship Handbook of Leadership Development* (São Francisco: Jossey-Bass, 1998).

14. Charles J. Fombrun e Cees B. M. van Riel, *Fame and Fortune: How Successful Companies Build Winning Reputations* (Nova York: FT Press, 2003).
15. Baruch Lev, *Intangibles: Management, Measurement, and Reporting* (Nova York: Brookings Institution Press, 2001); e Dave Ulrich and Norm Smallwood, *Why the Bottom Line Isn't! How to Build Value Through People and Organization* (Hoboken, NJ: Wiley, 2003).
16. Lev, *Intangibles*; e Robert S. Kaplan e David P. Norton, *Strategy Maps: Converting Intangible Assets into Tangible Outcomes* (Boston: Harvard Business School Press, 2004).
17. Líderes da Nordstrom, entrevista feita por Dave Ulrich, outubro de 2006.

Capítulo 2

1. Ray Oldenburg, *The Great Good Place: Cafes, Coffee Shops, Bookstores, Bars, Hair Salons, and Other Hangouts at the Heart of a Community* (Nova York: Marlowe, 1999).
2. Thomas J. Watson Jr., *A Business and Its Beliefs: The Ideas That Helped Build IBM* (Nova York: McGraw-Hill, 1963), 5.
3. Louis V. Gerstner Jr., *Who Says Elephants Can't Dance? Inside IBM's Historic Turnaround* (Nova York: HarperBusiness, 2002).
4. A justificativa de valor para o receptor ser maior do que o doador está em Ulrich e Wayne Brockbank, *The HR Value Proposition* (Boston: Harvard Business School Press, 2005).
5. Dave Ulrich e Norm Smallwood, *How Leaders Build Value: Using People, Organization, and Other Intangibles to Get Bottom-Line Results* (São Francisco: Wiley, 2006).
6. Darin Fonda, "Who Says GM Is Dead?" *Time*, 22 de maio de 2006.
7. Anthony Rucci, Steve Kirn e Richard Quinn, "The Employee-Customer-Profit Chain at Sears", *Harvard Business Review*, janeiro de 1998, 82-97.
8. *Fortune*, 27 de maio de 2002, 162.
9. Moira Herbst, "The Costco Challenge: An Alternative to Wal-Martization?" Labor Research Association, *LRA On-line*, 5 de julho de 2005, http://www.laborresearch.org/ print.php?id=391.

Capítulo 3

1. Libby Sartain e Mark Schumann, *Brand from the Inside: Eight Essentials to Emotionally Connect Your Employees to Your Business* (São Francisco: Jos-

sey-Bass, 2006); e Simon Barrow e Richard Mosley, *The Employer Brand: Bringing the Best of Management to People at Work* (São Francisco: Jossey-Bass, 2005).
2. Dave Ulrich, Jack Zenger e Norm Smallwood, *Results-Based Leadership* (Boston: Harvard Business School Press, 1999).
3. Robert S. Kaplan e David P. Norton, *Alignment: Using the Balanced Scorecard to Create Corporate Synergies* (Boston: Harvard Business School Press, 2006); Robert S. Kaplan e David P. Norton, *Strategy Maps: Converting Intangible Assets into Tangible Outcomes* (Boston: Harvard Business School Press, 2004); e Robert S. Kaplan e David P. Norton, *The Strategy-Focused Organization: How Balanced Scorecard Companies Thrive in the New Business Environment* (Boston: Harvard Business School Press, 2000).

Capítulo 4

1. Malcolm Gladwell, *Blink: The Power of Thinking Without Thinking* (Nova York: Little, Brown, 2005).
2. Lyle M. Spencer e Signe M. Spencer, *Competence at Work: Models for Superior Performance* (Nova York: Wiley, 1993).

Capítulo 5

1. Uma análise desse trabalho foi apresentada por Richard Arvey, Maria Rotundo, Wendy Johnson, Zhen Zhang e Matt McGue, "Genetic and Environmental Components of Leadership Role Occupancy" (estudo apresentado no 21st Annual Society for Industrial and Organizational Psychology, SIOP, conferência, Dallas, Texas, abril de 2006). *Ver também* Thomas J. Bouchard Jr. et al., "Sources of Human Psychological Differences: The Minnesota Study of Twins Reared Apart", *Science*, 12 de outubro de 1990; Judith Rich Harris, *The Nurture Assumption: Why Children Turn Out the Way They Do* (New York: Free Press, 1998); Judith Rich Harris, "Where Is the Child's Environment? A Group Socialization Theory of Development", *Psychological Review* 102, n. 3 (1995): 458-489; e M. McGue et al., "Behavioral Genetics of Cognitive Ability: A Life-Span Perspective", in *Nature, Nurture, and Psychology*, ed. R. Plomin e G. E. McClearn (Washington, DC: American Psychological Association, 1993), 59-76.

2. As pesquisas realizadas por Jack Zenger e Joe Folkman mostram como aproveitar os pontos fortes, indicando que, se os líderes estão no 90º percentil em pelo menos uma qualidade, eles serão considerados líderes eficazes (um terço no geral); se estiverem no 90º percentil em dois pontos fortes, seu resultado geral em termos de liderança alcançará o 72º percentil — praticamente o quartil principal. Marcus Buckingham argumenta que essa estratégia ajuda os líderes a se diferenciarem.
3. Morgan W. McCall Jr., Michael M. Lombardo e Ann M. Morrison, *The Lessons of Experience: How Successfiel Executives Develop on the Job* (Nova York: Free Press, 1988).
4. Cynthia McCauley, Ellen Van Vestor e John Alexander, eds., *The Center for Creative Leadership Handbook for Leadership Development* (São Francisco: Jossey-Bass, 2003).
5. Warren R. Wilhelm, *Learning Architectures: Building Organizational and Individual Learning* (Albuquerque, NM: GCA Press, 2003).
6. Adaptado de Hewitt Associates, "How the Top 20 Companies Grow Great Leaders 2005", http://www.hewittassociates.com/_MetaBasicCMAsset-Cache_/Assets/Articles/top_companies_2005.pdf.
7. Executive Development Associates, "Executive Development Trends 2004", citado por Robert Fulmer, Linkage OD Conference, Chicago, 2006.
8. Adaptado de Hewitt, "How the Top 20 Companies Grow Great Leaders 2005"; e Duke Corporate Education, Corporate Leadership Project 2005, http://www.apgc.org/PDF/bestpractices/studies/2006/Ids.pdf.
9. Michael Treacy, *Double-Digit Growth: How Great Companies Achieve It— No Matter What* (New York: Penguin Books, 2003); e Greg A. Stevens e James Burley, "3000 Raw Ideas = 1 Commercial Success!" *Research-Technology Management* 40, n. 3 (1997): 16-27.
10. Esse argumento é articulado por Michael M. Lombardo e Robert W. Eichinger, *The Leadership Machine: Architecture to Develop Leaders for Any Future* (Minneapolis: Lominger Ltd. Inc., 2000).
11. John Battelle, *The Search: How Google and Its Rivals Rewrote the Rules of Business and Transformed Our Culture* (Nova York: Penguin Group, 2005); ver também "The 70 Percent Solution: Google CEO Eric Schmidt Gives Us His Golden Rules for Managing Innovation", CNNMoney.com, *Business 2.0*, 28 de novembro de 2005, http://money.cnn.com/2005/11/28/news/newsmakers/schmidt_biz20_1205/.

12. McCall, Lombardo e Morrison, *The Lessons of Experience*.
13. Executive Development Associates, "Executive Development Trends 2004".
14. *Ibid.*
15. Paul Russell (apresentação em The Best of OD Linkage Conference, Chicago, maio de 2006).
16. Arthur Yeung, Dave Ulrich, Stephen W. Nason e Mary A. Von Glinow, *Organizational Learning Capability: Generating and Generalizing Ideas with Impact* (Nova York: Oxford University Press, 1999).
17. Jeffrey Pfeffer e Robert I. Sutton, *Hard Facts, Dangerous Truths, and Total Nonsense: Profiting from Evidence-Based Management* (Boston: Harvard Business School Press, 2006).
18. Bob Eichinger (apresentação na Human Resource Planning Society Conference, Tucson, Arizona, abril, 2006).
19. O conceito de autoavaliação por meio das intenções e da avaliação feita por terceiros com base em nosso comportamento foi extraído de conversas com Steve Kerr.
20. O conceito de "feed-forward" (em oposição a "feedback") vem de muitas conversas com Marshall Goldsmith.
21. Marshall Goldsmith e Laurence S. Lyons, eds., *Coaching for Leadership* (São Francisco: John Wiley & Sons, 2006); *ver também* Dave Ulrich, "Coaching the Coaches", in *Coaching for Leadership*, 145-152.
22. *Ver* D. C. Hambrick, T. S. Cho e M-J. Chen, "The Influence of Top Management Team Heterogeneity on Firms' Competitive Moves", *Administrative Science Quarterly*, dezembro de 1996; e D. C. Hambrick e G. Fukutomi, "The Seasons of a CEO's Tenure", *Academy of Management Review*, outubro de 1991.
23. Paul McKinnon (apresentação em The Best of OD Linkage Conference, Chicago, maio de 2006).
24. Thomas L. Friedman, *The World Is Flat: A Brief History of the Twenty-First Century* (New York: Farrar, Straus and Giroux, 2005); e Thomas L. Friedman, *The Lexus and the Olive Tree: Understanding Globalization* (Nova York: Farrar, Straus and Giroux, 1999).
25. Paul R. Bernthal, Sheila M. Rioux e Richard Wellins, *Leadership Forecast: A Benchmarking Study* (Bridgeville, PA: Development Dimensions International, 2003); e Robert M. Fulmer and Jay Alden Conger, *Growing Your Company's Leaders: How Great Organizations Use Succes-*

sion Management to Sustain Competitive Advantage (Nova York: AMA-COM, 2004).
26. Robert M. Fulmer, "Choose Tomorrow's Leaders Today: Succession Planning Grooms Firms for Success", *Graziadio Business Report*, 2002; e Robert Fulmer, "Keys to Best Practice Succession Management", *Human Resources*, 25 de janeiro de 2005.

Capítulo 6

1. Bersin & Associates, *The Corporate Learning Factbook: Benchmarks and Analysis of U.S. Corporate Learning and Development*, março de 2006.
2. New York State Department of Civil Service and Governor's Office of Employee Relations, "Report of the Competencies Working Group", 2002, http://www.cs.state.ny.us/successionplanning/workgroups/competencies/CompetenciesFinalReport.pdf.
3. Donald L. Kirkpatrick, *Evaluating Training Programs: The Four Levels* (São Francisco: Berrett-Koehler, 1996).
4. Jim Collins, *Good to Great: Why Some Companies Make the Leap ... and Others Don't* (Nova York: HarperCollins, 2001); e Lyle M. Spencer e Signe M. Spencer, *Competence at Work: Models for Superior Performance* (Nova York: Wiley, 1993).
5. Dave Ulrich e Norm Smallwood, *How Leaders Build Value: Using People, Organization, and Other Intangibles to Get Bottom-Line Results* (Nova York: Wiley, 2006).
6. Nosso livro anterior, *How Leaders Build Value*, realmente constrói valor.
7. Dave Ulrich e Norm Smallwood, "Capitalizing on Capabilities", *Harvard Business Review*, junho de 2004.

Capítulo 7

1. George Will, *Men at Work: The Craft of Baseball* (Boston: G. K. Hall, 1991).
2. www.McKinsey.com
3. All Music Group e MTV, "Milli Vanilli", http://www.mtv.com/music/artist/milli_vanilli/bio.jhtml#/music/artist/milli vanilli/bio.jhtml.
4. Three Chords and the Truth, "U2 Biography", http://www.threechordsandthe truth.net/u2bios/.
5. General Electric, Relatório anual, 2000.

6. General Electric, Relatório anual, 2003.
7. Thomas J. Watson, Jr., *A Business and Its Beliefs: The Ideas That Shaped IBM*, 2nd edition (Nova York: McGraw Hill, 2003).

Capítulo 8

1. *Sun Microsystems Leadership Development and Compensation Committee Charter.*
2. *Hewlett-Packard Company Board of Directors HR and Compensation Committee Charter.*
3. *Google Corporate Governance Guidelines.*
4. Doris Kearns Goodwin, *Team of Rivals: The Political Genius of Abraham Lincoln* (Nova York: Simon & Schuster, 2005).
5. Lawrence Mishel, Jared Bernstein e Sylvia Allegretto, *The State of Working America, 2006/2007* (Ithaca, NY: ILR Press, 2006).
6. Dave Ulrich e Wayne Brockbank, *The HR Value Proposition* (Boston: Harvard Business School Press, 2005); e Edward E. Lawler III, John W. Boudreau, and Susan Albers Mohrman, *Achieving Strategic Excellence: An Assessment of Human Resource Organizations* (Palo Alto, CA: Stanford University Press, 2006).
7. Veja muitos exemplos da participação de clientes e investidores em práticas de RH em Dave Ulrich, "Tic the Corporate Knot: Gaining Complete Customer Commitment", *Sloan Management Review*, verão de 1989; e Ulrich & Brockbank, *The HR Value Proposition*.
8. As formas como os profissionais de RH ajudam a construir a marca são adaptadas de um artigo de Dave Ulrich e Dick Beatty, "From Partners to Players: Extending the FIR Playing Field", *Human Resource Management* 40, n. 4 (2001): 293-308.
9. Wayne Brockbank e Dave Ulrich, *HR Competencies of the Future* (McLean, VA: Society for Human Resource Management, 2003).
10. Warren R. Wilhelm, *Learning Architectures: Building Organizational and Individual Learning* (Albuquerque, NM: GCA Press, 2003).

Capítulo 9

1. Tom Peters, *The Brand You 50: Or Fifty Ways to Transform Yourself from an "Employee" into a Brand That Shouts Distinction, Commitment, and Passion* (Nova York: Knopf, 1999).

2. Jeffrey R. Immelt e Thomas Stewart, "Growth as a Process: The HBR Interview", *Harvard Business Review*, junho de 2006, 60-70.
3. "Marshall Goldsmith: Biography", http://www.marshallgoldsmithlibrary.com/html/marshall/biography.html.
4. Gary Harrel, contato pessoal com os autores, 11 de abril de 2006.
5. Linda Tischler, "Herman Miller's Leap of Faith", *Fast Company*, junho de 2006, 52.
6. Malcolm Gladwell, *Blink: The Power of Thinking Without Thinking* (Nova York: Little, Brown, 2005).
7. Parte dessa lista é adaptada de Taylor Hartman, *Color Your Future: Using the Character Code to Enhance Your Life* (Nova York: Scribner, 1999); a lista também inclui dados do Professor Wayne Brockbank.
8. Ann Crittenden, *If You've Raised Kids, You Can Manage Anything* (Nova York: Penguin, 2005).
9. Essas palavras foram realmente escritas por Marianne Williamson, in *A Return to Love: Reflections on the Principles of a Course in Miracles* (Nova York: Harper Collins, 1992), 190-191. Entretanto, os admiradores de Mandela acreditam que ele foi o autor dessas palavras porque elas representam muito bem suas ideias. Os conceitos são a marca de Mandela, e o mito de que foi ele quem as disse é crível e é perpetuado porque elas estão muito alinhadas com essa marca pessoal.
10. Michael M. Lombardo e Robert W. Eichinger, *FYI: For Your Improvement* (Bloomington, MN: Lominger Ltd. Inc., 2004).

Apêndice A

1. Robert Eichinger e James Peters, "There are seven CEOs working for your organization today — do you know who they are and do you know what to do?" Artigo, Lominger Ltd, Minneapolis, MN.
2. Dave Ulrich e Norm Smallwood, *Why the Bottom Line Isn't! How to Build Value Through People and Organization* (Hoboken, NJ: Wiley, 2003).

Apêndice B

1. Entrevistamos uma série de líderes sobre aspectos ligados à liderança e perguntamos: "Quais são as empresas com um estilo ou marca de liderança distintivo?" Os resultados incluem: *Warren Wilhelm*: "GE, Dell, Pepsi, McKinsey,

Goldman Sachs, Bank of America, Southwest Airlines. Setor sem fins lucrativos: Drucker Foundation, UNICEF/outras subsidiárias da ONU, talvez o Banco Mundial, FMI". *Marshall Goldsmith*: "J&J, IBM, GE, Dell, General Mills, McKinsey". *Jam Kuatzenbach*: "Os Fuzileiros Navais norte-americanos são o melhor grupo que conheço no que diz respeito a atender o 'básico' da liderança — e o melhor no desenvolvimento de líderes em todos os níveis. Seu mantra é simples e contundente, e eu o ouvi ser articulado pela primeira vez pelo general John Ryan (ref.), da seguinte forma: 'Queremos que todos os nossos líderes — em todos os níveis — se concentrem apenas em dois aspectos: primeiro, a realização da missão; alcançaremos nossos objetivos de qualquer maneira [interessantemente, o gen. Ryan conquistou a Medalha de Honra por ter explodido sozinho uma ponte depois que todos os membros de seu pelotão haviam sido mortos ou feridos]. Em segundo lugar, e não menos importante, cuidamos de todos os nossos fuzileiros — vou repetir, cuidaremos de todos os fuzileiros em nossa unidade.' Muitas vezes, penso que, se todos os jovens líderes se concentrassem nesses dois aspectos, eles estariam no caminho certo para se tornar líderes admiráveis em qualquer nível em que atuem. Outras instituições também são bem conhecidas, por exemplo: General Electric (particularmente competente em liderança sênior), Southwest Airlines (particularmente competente em liderança de linha) e talvez a McKinsey (pelo desenvolvimento de liderança profissional)."

2. A Wikipedia informa que até oitenta empresas da *Fortune 500* são ou já foram administradas por ex-consultores da McKinsey. Veja http://en.wikipedia.org/wiki/McKinsey.

Índice remissivo

abordagem superficial, 196
Accelerating Change Together (ACT), 172
Accenture, 193, 194
Airbus, 48
Airwalk, 64
além das fronteiras da empresa, 126
Alliant International University, 290
Allison, Herbert, 335
Altria Group, 332
ambiente de trabalho, 67, 83, 108, 157, 158, 168, 169, 180, 182, 183, 184, 185, 220, 255, 260, 297, 298, 304, 312
ambiente humano, 174
American Eagle, 64
Amin, Idi, 287
análise de lacunas, 60
análises pessoais, 289
aplicação
  da marca pessoal, 289, 295, 306
  do treinamento, 150, 154, 165, 166, 167, 168, 170, 189, 192, 193, 194, 311
aprendizagem em ação
  principal executivo de aprendizagem, 141, 204, 278
arquitetura dos intangíveis, 207, 212, 213

ArvinMeritor, 335
Ashland, 334
Ashoka: Innovators for the Public, 223
as qualidades certas
  predisposição para a marca, 145
associações profissionais, 181
assumir riscos, 27, 85, 96
atitude, 14, 76, 126, 209, 210, 241, 249, 276, 287, 295, 306
atitude compartilhada, 215, 347
atributos
  avaliação, 24, 36, 42, 51, 53, 79, 107, 108, 109, 110, 111, 112, 113, 114, 115, 116, 117, 119, 120, 129, 137, 138, 139, 140, 141, 144, 145, 171, 192, 193, 195, 197, 199, 200, 201, 203, 205, 207, 208, 209, 214, 218, 224, 227, 251, 253, 273, 274, 275, 279, 280, 282, 296, 300, 305, 306, 307, 308, 309, 312, 314, 316, 328, 342
  na declaração da marca da liderança, 100
atributos pessoais, 22, 51, 294, 305, 318
auditoria da marca da liderança, 252
autenticidade, 292
autoaprendizagem, 172

autoavaliação, 108, 129, 342
avaliação da liderança
　as qualidades certas, 110, 145
　resultados certos da maneira certa, 62, 70, 110, 125, 137, 140, 146, 202
avaliação de resultados, 141
avaliação dos resultados
　valor intangível, 9, 25, 51, 52, 73, 206, 207, 211, 230, 238, 314, 319
　visão geral, 118
avaliações
　avaliação do Conselho, 253
　consumindo ou produzindo a marca da liderança, 273
　criando uma marca pessoal, 296
　diagnóstico da marca da liderança, 328
　indicadores da reputação da liderança externa, 227
　indicadores da reputação da liderança interna, 224
　índice da marca da liderança, 53
　índice de compromisso para com a marca da liderança, 79
　possíveis atributos, 300

Banamex, 69
Barlow, Scott, 67
Barney, Smith, 69
barreiras ao desenvolvimento, 137
Baxter Healthcare, 28
Belichick, Bill, 262
Bell Northern Research (BNR), 204
bem-estar, 33
Berkshire Hathaway, 332
Bersin & Associates, 193, 343
Blair, Tony, 286

BMW, 74
Boeing, 48, 329, 334
Bono, 230
Bon Secours Health System, 34
Bower, Marvin, 222
brainstorming, 95, 289
Broward County School District, 288
Burns, Michael J., 335
Business Week, 227

Campbell, Lewis, 335
Canadian Tire, 28, 29, 30, 31, 32, 337
capacidade de liderança
　avaliação da, 51, 107, 109, 117, 129, 195, 200, 279, 282, 306
Capellas, Michael, 335
Carmichael, Craig, 228
Carter, Jimmy, 315
Center for Creative Leadership (CCL), 158
centrado no cliente
　Canadian Tire, 28, 29, 30, 31, 32, 337
　drugstore.com, 37, 38, 39, 338
　exemplo de, 276
　General Motors, 74, 335
Central Utah Clinic (CUC), 66
CEOs
　Conselho de Administração e, 338
Champion, 64
Childs, Jeff, 276
Chili's, 46
ciclos de feedback, 241
ciclo virtuoso de avaliação e investimento, 214
clareza
　avaliação da, 51, 107, 109, 117, 129, 195, 200, 279, 282, 306

Índice remissivo 349

Cleveland Browns, 262
cliente
  marca do cliente externo, 30
  resultados e, 84, 127, 137, 209, 294, 296, 338, 360
clientes, 9, 10, 11, 12, 13, 14, 17, 18, 21, 22, 23, 24, 26, 27, 28, 29, 30, 31, 32, 36, 37, 38, 39, 40, 41, 43, 45, 46, 47, 49, 53, 54, 56, 57, 59, 61, 62, 63, 65, 69, 70, 72, 74, 75, 76, 77, 79, 81, 82, 83, 84, 85, 86, 87, 88, 89, 90, 91, 92, 93, 94, 96, 97, 98, 99, 100, 101, 104, 105, 106, 108, 109, 110, 112, 113, 122, 123, 124, 126, 127, 128, 139, 140, 141, 142, 144, 146, 147, 148, 149, 150, 151, 154, 155, 156, 157, 164, 165, 167, 168, 172, 174, 176, 177, 178, 179, 181, 182, 187, 188, 197, 204, 209, 210, 211, 213, 214, 215, 218, 220, 222, 227, 230, 232, 234, 235, 236, 238, 239, 242, 243, 250, 251, 253, 254, 261, 274, 275, 276, 278, 279, 280, 281, 282, 283, 285, 289, 297, 298, 301, 304, 310, 318, 319, 322, 323, 324, 325, 327, 328, 329, 344
Clinton, Bill, 286
código da liderança
  dimensões do, 294
  marca da liderança e, 17, 52, 55, 57, 79, 110, 140, 142, 147, 154, 184, 197, 208, 216, 236, 237, 238, 239, 244, 250, 259, 326
colaboração, 15, 38, 90, 102, 103, 115, 138, 141, 172, 209, 214, 220, 261
Cole Haan, 63
Collins, Jim, 331, 333, 343
comitês de governança, 247
comitês de remuneração, 247
comitês financeiros, 247
Compaq, 335
competências
  cultivando, 263, 269
competências básicas, 35
comportamento
  avaliando, 113, 198, 258, 305
  colaborativo, 141
  comportamento dos empregados, 12, 22, 59, 84, 85, 100, 218, 219, 261, 274, 287, 297
  dos líderes, 9, 11, 12, 13, 17, 21, 22, 35, 40, 41, 42, 43, 51, 54, 73, 84, 92, 95, 104, 105, 110, 113, 115, 123, 129, 140, 147, 154, 162, 163, 175, 179, 186, 196, 197, 198, 199, 200, 203, 208, 216, 217, 218, 219, 225, 227, 237, 242, 252, 254, 255, 277, 279, 280, 285, 286, 290, 291, 310, 318, 323, 325, 333
  expectativas dos clientes e, 40, 41, 85, 86, 106, 154, 168, 261, 283, 297, 304, 323
comportamento dos líderes
  avaliando, 113, 198, 258, 305
  comportamento observado, 174
  expectativas dos clientes e, 40, 41, 85, 86, 106, 154, 168, 261, 283, 297, 304, 323
comportamento pessoal, 12, 151, 317
comportamentos colaborativos
  avaliando, 113, 198, 258, 305
comportamentos dos líderes, 147, 290
compromisso
  em toda a empresa, 22, 59, 85, 88, 99, 106, 115, 117, 164, 165, 178, 186, 199, 209, 250, 280, 282, 326

comunicação
 aspectos da, 39, 109, 207, 237, 256
 conversas sinceras, 269, 277
 dos CEOs, 247, 250
 importância da liderança, 24, 225, 259
Conant, Doug, 220, 335
confiança dos clientes, 47, 87, 209
confiança dos investidores, 24, 48, 72, 73, 74, 204, 209
confiança dos *stakeholders*
 valor intangível e, 25, 207
conhecimento
 avaliando o, 258
conjuntos de experiências, 123
consciência da marca da liderança, 7, 219
conselhos de administração, 227
Continental Airlines, 96
Coughlin, Tom, 262
Courtyard by Marriott, 87
crenças, 12, 14, 64, 148, 318
Crennel, Romeo, 262
critérios para a marca da empresa, 321
cultura, 11, 39, 46, 56, 57, 65, 67, 70, 79, 82, 83, 91, 92, 94, 95, 99, 105, 115, 120, 123, 139, 140, 166, 261, 276, 277, 309

Dallas Cowboys, 262
da marca da liderança, 7, 26, 38, 40, 41, 42, 44, 51, 52, 53, 54, 55, 57, 63, 66, 72, 73, 78, 82, 83, 84, 85, 86, 88, 98, 100, 104, 106, 107, 108, 109, 110, 117, 123, 124, 126, 129, 139, 140, 142, 143, 145, 147, 149, 152, 153, 154, 155, 156, 158, 159, 160, 164, 167, 171, 172, 177, 188, 191, 199, 200, 201, 202, 206, 207, 208, 209, 216, 217, 219, 220, 226, 227, 229, 231, 232, 233, 235, 236, 237, 238, 239, 240, 244, 246, 247, 249, 252, 256, 257, 259, 260, 261, 265, 272, 274, 278, 279, 280, 282, 283, 285, 289, 294, 295, 299, 301, 302, 303, 312, 313, 314, 315, 323, 327, 328, 333, 335
declaração da marca da liderança pessoal, 295, 301, 302
Denny's, 326
desafios pessoais, 183
descarriladores, 43
desenvolvimento de terceiros, 39, 120
desenvolvimento pessoal, 184, 187
diagnósticos
 da marca da liderança, 53, 54, 55, 57, 63, 66, 72, 73, 78, 82, 83, 84, 85, 86, 88, 98, 100, 104, 106, 107, 108, 109, 110, 117, 123, 124, 126, 129, 139, 140, 142, 143, 145, 147, 149, 152, 153, 154, 155, 156, 158, 159, 160, 164, 167, 171, 172, 177, 188, 191, 199, 200, 201, 202, 206, 207, 208, 209, 216, 217, 219, 220, 226, 227, 229, 231, 232, 233, 235, 236, 237, 238, 239, 240, 244, 246, 247, 249, 252, 256, 257, 259, 260, 261, 265, 272, 274, 278, 279, 280, 282, 283, 285, 289, 294, 295, 299, 301, 302, 303, 312, 313, 314, 315, 323, 327, 328, 333, 335
Dickinson, Tom, 66
distribuição ideal, 131, 133, 135
Dockers, 327

Drayton, Bill, 223
drugstore.com, 37, 38, 39, 338
Dunlap, Al, 229
Duracell International, 334

Eckert, Robert, 335
Eddie Bauer, 91
efeito halo, 109
eficácia, 23, 28, 43, 46, 51, 52, 53, 67, 81, 114, 120, 124, 136, 138, 165, 178, 194, 195, 216, 226, 228, 229, 230, 232, 234, 240, 249, 252, 279, 295, 302, 316, 327
eficácia da liderança, 46, 81, 114, 195
Eichinger, Bob, 173, 338, 342
empregados, 9, 10, 11, 12, 13, 14, 17, 22, 23, 24, 26, 27, 28, 31, 32, 36, 38, 39, 40, 41, 43, 44, 46, 47, 49, 50, 54, 56, 57, 59, 67, 70, 72, 75, 76, 77, 79, 83, 84, 85, 86, 88, 89, 91, 93, 94, 95, 97, 99, 100, 103, 104, 105, 106, 108, 119, 125, 126, 127, 135, 139, 141, 146, 149, 152, 157, 158, 164, 174, 180, 181, 182, 185, 186, 190, 193, 195, 203, 204, 207, 209, 210, 211, 215, 218, 219, 220, 221, 222, 223, 224, 225, 234, 235, 237, 238, 243, 249, 252, 253, 254, 255, 256, 261, 263, 267, 268, 274, 275, 280, 282, 283, 285, 287, 288, 291, 297, 298, 304, 319, 322, 323, 325, 328
Enron, 74, 77, 137, 332
Ericsson, 48
especialistas em recursos humanos
 especialistas internos, 165, 166
estágio de aprendiz, 155
estágio de colaborador individual, 155
estágios com clientes, 178

estilo de comunicação, 277
estilo de liderança, 17, 22, 49, 50, 52, 53, 64, 75, 81, 127, 149, 151, 227, 306, 313, 325, 331
 diferenciação competitiva, 38
Evaluating Training Programs, 199, 343
Executive Development Associates (EDA), 153
expectativas dos clientes, 22, 30, 31, 40, 41, 53, 59, 79, 83, 84, 85, 86, 87, 91, 92, 93, 97, 98, 101, 105, 106, 122, 123, 124, 126, 127, 149, 154, 155, 156, 157, 165, 168, 181, 182, 197, 219, 250, 261, 275, 280, 281, 283, 285, 297, 304, 318, 322, 323, 328
experiência
 experiência de um terceiro lugar, 61
 experiências de vida, 52, 53, 160, 179, 184, 186, 208, 278, 279, 280, 311
experiência de trabalho, 175, 178, 189, 308
experiência de vida, 159, 308
ExxonMobil, 69

Fairfield Inn by Marriott, 87
famosos, 22, 23, 199, 285
Farian, Frank, 229
FedEx, 322, 323
feedback
 360 graus, 22, 42, 51, 112, 113 215, 217, 234, 242, 275, 324
 720 graus, 113, 275
 comportamental, 110, 112, 175
 treinamento, 22, 36, 52, 53, 91, 122, 147, 150, 153, 154, 157, 158, 159, 160, 161, 162, 163, 164, 165, 166, 167, 168, 169, 170, 171, 172, 173,

186, 188, 189, 192, 193, 194, 195, 197, 204, 205, 206, 208, 212, 215, 216, 274, 278, 279, 280, 281, 308, 311, 314, 324, 325
feedback 720 graus, 275
feed-forward, 273, 275, 342
filosofia do Sistema de Desenvolvimento Contínuo, 34
Finnegan, John, 335
foco, 9, 10, 13, 17, 20, 21, 22, 23, 26, 34, 37, 38, 42, 43, 54, 70, 84, 91, 92, 103, 114, 120, 136, 148, 153, 172, 200, 209, 213, 216, 232, 247, 255, 268, 278, 288, 297, 310, 321
Folkman, Joe, 23, 338, 341
follow-up, 243
força da marca, 34, 38, 224, 226
Fortune, 47, 73, 76, 78, 227, 331, 332, 333, 334, 339, 346, 359
Four Seasons, 326
frequência da comunicação, 240
Fry, Art, 128
funções críticas, 71, 79, 150, 202, 203, 206, 217
funções organizacionais, 294
fusões e aquisições, 68, 69, 70, 71, 112, 123, 203, 205, 217. Ver também crescimento por meio de aquisições
futuros líderes, 20, 25, 27, 59, 68, 167, 173, 203, 249, 251, 260, 261, 262, 265, 266, 267, 268, 269

Gates, Bill, 315
Gaulle, Charles de, 286
GE, 48, 141, 230, 231, 232, 260, 288, 329, 332, 333, 334, 335, 346. Ver também General Electric

General Dynamics, 48
General Electric, 48, 85, 157, 205, 230, 322, 334, 344, 346
gentilez-ite, 268
geografia, 217
Gerstner, Lou, 66, 172
Giuliani, Rudolph, 26
GMAC Finance, 75
Goldman Sachs, 141, 164, 346
Goldsmith, Marshall, 15, 289, 290, 338, 342, 345, 346
Goodwin, Doris Kearns, 264, 344
Google Inc., 248
Groh, Al, 262

Habitat for Humanity, 315
Hall, Ted, 223
Hambrick, Don, 176
Hamel, Gary, 15, 291, 338
Hassan, Fred, 335
Hatch, David, 153
Hay Group, 47, 331
Hershey Company, 335
Hewlett-Packard
HP, 103, 248
Hilmer, Fred, 223
Himalayan International Institute of Yoga Science and Philosophy, 288
Home Depot, 71, 326, 333, 334
How Leaders Build Value, 10, 73, 339, 343

IBM, 64, 65, 66, 103, 123, 153, 164, 172, 240, 334, 339, 344, 346
ideias com impacto, 163, 169, 172, 211
identidade da empresa
valores, 12, 17, 21, 30, 34, 36, 39, 53,

62, 66, 70, 79, 87, 88, 91, 92, 93,
  101, 102, 103, 121, 126, 127, 151,
  158, 163, 167, 179, 183, 201, 203,
  233, 237, 253, 270, 277, 300, 302,
  305, 314, 317, 318
identidade da marca, 245
imagem da marca, 63
Immelt, Jeffrey, 288
impacto na organização, 314
índice de confiança, 202
índice de qualidade, 202, 217
índice de reputação, 47
índice de retenção de talentos, 204, 217
índice P/L, 47, 48
indústria
  aeroespacial, 48
  assistência médica, 34, 36, 66, 75, 185, 287
  automobilística, 28, 291
  equipamentos sem fio, 48
  fabricação de bebidas, 48
  médica, 34, 36, 66, 67, 75, 185, 287
  petróleo, 29, 69, 121, 122
  produtos de consumo, 196
  serviços financeiros, 24, 29, 68, 69, 140, 196
In Search of Excellence, 333
Institutional Shareholder Services, 250
Intermountain Healthcare, 67
investidores, 9, 10, 13, 14, 17, 21, 23, 24, 26, 28, 37, 38, 39, 40, 47, 48, 54, 56, 57, 69, 72, 73, 74, 77, 79, 81, 84, 86, 88, 93, 94, 98, 104, 108, 113, 127, 139, 146, 148, 150, 154, 164, 165, 167, 168, 174, 201, 203, 204, 206, 207, 208, 209, 210, 211, 213, 215, 220, 227, 232, 235, 238, 243, 246, 251, 252, 253, 254, 274, 282, 297, 298, 318, 319, 322, 323, 324, 325, 327, 344
investimento
  na marca da liderança, 7, 50, 52, 53, 58, 68, 70, 79, 80, 124, 127, 147, 151, 154, 156, 161, 174, 184, 199, 200, 201, 207, 217, 240, 247, 257, 278, 280, 321
investimento na marca da liderança, 58, 79, 80, 217

Jain, Manoj, 223
Jobs, Steve, 129
Johnson Controls, 335
Johnson & Johnson, 322, 333
Johnston, Michael, 335
Jones, David, 36
Jr., Thomas J. Watson, 64, 339

Kentucky Fried Chicken. *Ver também* KFC
Kerr, Steve, 15, 141, 342, 359
KFC, 48, 324
Kilts, James, 335
Kinder-Morgan Energy Partners, 332
Kindler, Jeffrey, 74
King, Martin Luther Jr., 305
Kirkpatrick, Donald, 199
Kleenex, 322, 327
Knott's Berry Farm, 152
Kodak, 335
Kors, Michael, 64
Krzyzewski, Mike, 263

Lafley, Alan, 220
La Russa, Tony, 221
Lauren, Ralph, 91

Lay, Kenneth, 74
Lee, Georgia, 223
Lenny, Rick, 335
Lentz, Jay, 63
Lepore, Dawn, 38
Lexus, 28, 82, 101, 322, 342
liderança adaptada, 68
liderança eficaz, 10, 21, 25, 26, 42, 74, 82, 276, 325
líderes
    líderes de nível, 331
    líderes seniores, 68, 80, 225, 246, 252, 253, 255, 256, 259, 260, 270, 274, 280, 286, 334
    próxima geração de líderes, 11, 12, 20, 23, 26, 27, 46, 53, 110, 187, 252, 253, 260, 262, 264, 271, 282, 335
    líderes do estágio, 125, 126, 127, 128, 129, 130
    líderes famosos, 22, 199, 285
    líderes que consomem, 261, 262
    líderes que produzem, 262, 263, 264, 265, 266, 267, 268, 269, 272, 282
Lincoln, Abraham, 26, 264, 286, 344
linha de produção de líderes, 27
Liz Claiborne, 332
Lombardo, Mike, 173, 338
Lowe's, 71
Luther, Martin, 305
Lutz, Bob, 75

MacMillan, Stephen, 335
Mandela, Nelson, 286, 291, 305
marca da empresa, 7, 27, 28, 29, 31, 46, 82, 83, 84, 85, 86, 89, 90, 91, 93, 94, 95, 96, 97, 98, 99, 100, 101, 102, 104, 105, 149, 150, 151, 154, 159, 163, 168, 171, 172, 175, 176, 177, 186, 199, 203, 250, 255, 274, 277, 279, 280, 285, 319, 321, 322, 326
marca da instituição, 151
marca da liderança, 7, 10, 11, 12, 13, 14, 15, 17, 22, 25, 26, 27, 28, 31, 36, 38, 39, 40, 41, 42, 44, 45, 46, 47, 49, 50, 51, 52, 53, 54, 55, 56, 57, 58, 59, 60, 62, 63, 64, 65, 66, 68, 69, 70, 71, 72, 73, 74, 76, 77, 78, 79, 80, 81, 82, 83, 84, 85, 86, 88, 92, 96, 98, 99, 100, 101, 102, 104, 105, 106, 107, 108, 109, 110, 111, 114, 116, 117, 119, 120, 122, 123, 124, 125, 126, 127, 129, 130, 131, 139, 140, 142, 143, 145, 147, 148, 149, 150, 151, 152, 153, 154, 155, 156, 157, 158, 159, 160, 161, 162, 163, 164, 165, 166, 167, 168, 169, 171, 172, 173, 174, 175, 176, 177, 178, 179, 180, 181, 183, 184, 186, 187, 188, 189, 190, 191, 197, 198, 199, 200, 201, 202, 206, 207, 208, 209, 216, 217, 218, 219, 220, 222, 224, 225, 226, 227, 228, 229, 230, 231, 232, 233, 234, 235, 236, 237, 238, 239, 240, 244, 245, 246, 247, 249, 250, 251, 252, 253, 254, 255, 256, 257, 258, 259, 260, 261, 263, 265, 267, 269, 272, 273, 274, 275, 276, 277, 278, 279, 280, 281, 282, 283, 285, 288, 289, 293, 294, 295, 296, 297, 298, 299, 300, 301, 302, 303, 304, 306, 307, 310, 312, 313, 314, 315, 316, 319, 321, 322, 323, 324, 325, 326, 327, 328, 329, 331, 333, 334, 335
marca da liderança em, 14, 38, 59, 70, 71, 102, 109, 110, 124, 161, 180, 200, 201, 239, 240, 256

marca pessoal, 12, 14, 23, 125, 180, 183, 285, 286, 287, 288, 289, 290, 293, 294, 295, 296, 298, 301, 302, 304, 305, 306, 308, 309, 310, 312, 313, 315, 316, 318, 319, 345
marcas mais valiosas do mundo, 100, 103
March of Dimes, 324
McClure Jr., Charles, 335
McDonald's, 46, 91, 103, 164
McGuire, Ray, 205
MCI, 335
McKinnon, Paul, 15, 148, 342
McKinsey & Company, 222, 322
McKinsey, James, 222
McNerney Jr., James, 329
medidas a posteriori, 141
Meir, Golda, 286
melhorias, 134
Merrill Lynch, 334, 335
metáforas
  metáfora da marca, 11, 54, 153, 278, 282
metodologia teórica comprovada, 118
Mistry, Kalpana, 287
mobilidade no trabalho, 176
modelo de estágios, 120
modelo de livre mercado, 148
modelo de mestre de xadrez, 148
modelos de competência, 45, 85, 98, 195, 196, 280, 324, 338
monitoramento
  no planejamento da sucessão, 186
Morgan Stanley, 103, 205
Morvan, Fab, 229
mudança
  justificativa para, 70, 71, 78, 91, 218, 270, 329
mudanças estratégicas, 154

Nardelli, Bob, 326
necessidades da liderança, 58
  necessidades individuais, 278
  planejamento de pessoal, 58, 59, 68
New England Patriots, 262
New Orleans Saints, 262
New York Giants, 262
Nike Inc., 64
níveis de liderança
  linha de produção de líderes, 27
  treinamento horizontal, 162, 168
Nokia, 102, 103
Northeast Utilities, 334

pontos fortes, 109, 112, 124, 145, 149, 151, 152, 203, 260, 281, 285, 302, 306, 307, 315, 341
Powell, Colin, 26
práticas éticas
  CEO, 38, 52, 56, 63, 67, 69, 74, 113, 114, 115, 128, 129, 130, 139, 141, 143, 172, 191, 192, 194, 197, 198, 202, 210, 212, 215, 218, 219, 220, 222, 223, 228, 231, 236, 237, 238, 239, 240, 242, 243, 246, 247, 248, 249, 250, 251, 252, 253, 256, 257, 260, 270, 271, 272, 274, 280, 291, 293, 342
  despertando consciência, 228
  gestão do desempenho, 22, 31, 82, 91, 139, 140, 288
  todos os níveis da liderança, 71, 322
pressupostos hierárquicos, 116
previsibilidade, 207
primeiras impressões, 295, 296
Primerica, 69
Prince, Chuck, 69, 139, 234

princípio conceito-ilustração-ação (C-I-A), 172
prioridades internas, 69
processo
  liderança como, 20, 23, 25, 27, 46, 114, 117, 197, 199, 208, 247, 277, 278, 290
Procter & Gamble, 220, 332
produção enxuta, 163
proficiência pessoal, 45, 126, 249, 294, 321
programas de treinamento, 159, 160, 161, 311, 324
projetos que envolvem várias funções, 176
proposição de valor, 37, 82, 237
próxima geração de liderança, 54, 249

Qualcomm, 48
qualidade
  qualidades características, 151, 152, 308, 309, 312, 314
  quatro três, 317

Raychem, 334
recompensas financeiras, 273, 275
recompensas não financeiras, 143, 271, 273
reconhecimento e recompensas
  resultados certos da maneira certa, 62, 70, 110, 125, 137, 140, 146, 202
Recursos Humanos, 63, 272, 274, 359
rede de farmácias CVS, 91
reguladores, 69, 70, 139, 234, 238
rejeição, 181, 310, 311
reputação, 11, 22, 26, 27, 29, 45, 47, 51, 52, 83, 84, 89, 109, 123, 136, 151, 209, 211, 216, 221, 222, 223, 224, 226, 227, 231, 232, 285, 286, 303, 322, 327, 328, 333, 334, 335. *Ver também* marca pessoal
resistência, 66, 102, 136, 245, 295, 310, 311
resultados dos empregados, 298
retenção dos principais talentos, 200, 204
retorno sobre a marca da liderança, 198, 217, 218. *Ver* avaliação de resultados
retorno sobre o tempo investido, 255
RH, 9, 12, 51, 54, 84, 91, 193, 215, 239, 246, 248, 257, 272, 274, 275, 276, 277, 278, 282, 283, 287, 288, 344, 359, 360. *Ver* Recursos Humanos
Ritchie, Bonner, 101
ROI, 198, 206, 329
Rubel, Matt, 63

Sandholtz, Kurt, 117
satisfação no trabalho, 209
Saudi Aramco, 91, 101
Schultz, Howard, 61
Seis Sigma, 28, 163, 166, 288
serviço comunitário, 190
Shell, 150
Sistema de Desenvolvimento Contínuo, 34, 338
sistema para o desenvolvimento da liderança. *Ver* sistema de desenvolvimento da liderança
sistemas de gestão do desempenho, 31, 139
Sisters of Bon Secours, 33, 36
Skilling, Jeffrey, 74
Smart, Bradford, 337
Smith, Dean, 263
software de gestão de talentos, 134

softwares
 HRCharter, 187
 Lotus Notes, 187
 PeopleSoft, 187
 Pilat, 187
Sotheby's, 334
Southwest Airlines, 73, 91, 346
Spalding, 64
Sports Illustrated, 221
stakeholders, 13, 20, 26, 37, 45, 50, 51, 52, 53, 56, 74, 93, 94, 98, 115, 120, 121, 132, 165, 167, 198, 199, 206, 207, 208, 209, 210, 213, 215, 216, 217, 221, 224, 228, 231, 232, 233, 234, 235, 237, 239, 240, 241, 242, 243, 244, 296, 297, 298, 302, 303, 308, 314, 328. *Ver também* clientes; empregados; investidores
stakeholders externos. *Ver* stakeholders
St. Louis Cardinals, 221
Strauss, Levi, 334
Stryker, 335
Sun Microsystems, 247, 344

Taco Bell, 48
talento
 principais talentos, 200, 204
tarefas difíceis, 173, 189, 265
tarefas especiais, 176
taxas de rotatividade. *Ver* rotatividade dos empregados
Team of Rivals, 264, 344
técnicas de entrevistas sobre eventos comportamentais, 111
ter visão, 196
teste do espelho, 308
testes psicológicos, 111
Teva Pharmaceutical Industries, 98, 177
Textron, 335

Thatcher, Margaret, 286
The RBL Group, 15, 117, 132, 359, 360
Thompson, Paul, 15
TIAA-CREF, 335
Tilton, Glenn, 335
tomada de decisão, 245, 262, 267
Toyota, 73, 74, 75, 82
transparência, 229, 246, 252, 254
Travelers Insurance, 69
treinadores
 líderes de RH, 272, 274, 275
treinamento formal, 157, 159, 160
3M, 27, 84, 96, 101, 128, 329, 333, 334

valor de mercado, 10, 24, 47, 69, 72, 73, 194, 209, 217, 222, 329, 360
valor dos líderes, 198
Vanilli, Milli, 229, 344
VITAS Healthcare Corporation, 287, 288
Volkema, Mike, 293

Wagoner, Rick, 74
Watkins, Alison, 223
Weidmann, Shawn, 223
Weill, Sandy, 69
Weis, Charlie, 262
Welch, Jack, 26, 157, 230, 231, 286, 288, 329, 337
Westinghouse Electric Corporation, 334
Wilhelm, Warren, 15, 153, 278, 346
Will, George, 221, 343
Wooden, John, 263, 337

Younger, Jon, 15, 204

Zenger, Jack, 15, 23, 338, 340, 341, 359, 360

Sobre os autores

DAVE ULRICH é professor de Administração da Universidade de Michigan e sócio do The RBL Group, empresa de consultoria cujo objetivo é ajudar organizações e líderes a agregar valor. Ele desenvolveu ideias inovadoras com impacto nas áreas de liderança, organização e Recursos Humanos.

Publicou mais de cem artigos e capítulos de livros, além de 15 livros, incluindo *The HR Value Proposition* (com Wayne Brockbank), *Why the Bottom Line Isn't: How to Build Value Through People and Organizations* (com Norm Smallwood), *The HR Scorecard: Linking People, Strategy, and Performance* (com Brian Becker e Mark Huselid), *Results-Based Leadership: How Leaders Build the Business and Improve the Bottom Line* (com Jack Zenger e Norm Smallwood), *Human Resource Champions: The Next Agenda for Adding Value and Delivering Results*, e *The Boundaryless Organization: Breaking the Chains of Organization Structure* (com Ron Ashkenas, Steve Kerr e Todd Jick).

Ulrich foi editor de *Human Resource Management Journal* (1990-1999) e atuou na redação de quatro outras publicaçoes. É um dos diretores da Herman Miller, *Fellow* da National Academy of Human Resources, e cofundador da Michigan Human Resource Partnership. Recebeu vários prêmios e foi eleito a pessoa mais influente no setor de RH pela *HR Magazine*. Segundo a *Fast Company*, Ulrich é um dos dez pensadores mais inovadores e criativos de 2005. Atuou como consultor e pesquisador para mais da metade das empresas listadas na *Fortune 200*. E-mail para contato com Dave Ulrich: dou@umich.edu.

NORM SMALLWOOD é autoridade reconhecida no desenvolvimento de empresas e seus líderes para que otimizem os resultados e aumentem o valor. Seu trabalho atual envolve aumentar o valor das empresas desenvolvendo capacidades organizacionais, estratégicas no RH e de liderança que causem impacto significativo no valor de mercado.

Ele é cofundador (com Dave Ulrich) do The RBL Group, empresa de treinadores e consultores em gestão com amplo reconhecimento e larga experiência. Em 2005 e 2006, The RBL Group foi considerada a primeira empresa de desenvolvimento de liderança do mundo pela Leadership Excellence.

Smallwood é coautor de cinco outros livros, incluindo *Real-Time Strategy: Improvising Team-Based Planning for a Fast-Changing World* (com Lee Tom Perry e Randall G. Stott), *Results-Based Leadership: How Leaders Build the Business and Improve the Bottom Line* (com Dave Ulrich e Jack Zenger) e *Why the Bottom Line Isn't: How to Build Value Through People and Organizations* (com Dave Ulrich).

Smallwood contribuiu para a elaboração de vários capítulos e publicou mais de cinquenta artigos em importantes jornais e periódicos nos Estados Unidos, incluindo dois artigos na *Harvard Business Review*: "Capitalize Your Capabilities" (junho de 2004) e "Building a Leadership Brand" (julho de 2007).

Foi escolhido como uma das 100 Principais Vozes em Liderança pela revista *Executive Excellence* em fevereiro de 2005. E-mail para contato com Norm Smallwood: nsmallwood@rbl.net.

Este livro foi composto na tipologia Adobe Caslon Pro,
em corpo 12,5/16.6, e impresso em papel off-white 80g/m²
pelo Sistema Cameron da Distribuidora Record.